KB092743

김대중의 말

엮은이 **정진백** 鄭鎭伯

전라남도 함평 출생으로, 1982년 도서출판 남풍 설립 후 『사회평론』, 『사회문화리뷰』, 『아시아 문화』 등의 월간지를 창간, 발행했다. 현재 김대중추모사업회장, 김대중 대통령 탄생 100주년 기념영화 상영위원회 집행위원장을 맡고 있으며, 〈김대중 마라톤 대회〉 조직위원장을 역임했다. 저서로 『성자의 삶―청화 큰스님 일대기』가 있고, 편저 및 엮어 펴낸 책으로 『김대중 대화록』(전5권), 『김대중 연대기』(전6권), 『분단시선집』, 『다산학논총茶山學論叢』, 『조국은 하나 다』(김남주 옥중 시집), 『진리의 길―청화 큰스님 어록』, 『정의로운 역사, 멋스러운 문화―새로 쓰는 광주·전남의 참모습』(공편) 등이 있다.

김대중의 말

초판 1쇄 발행 2024년 1월 6일

엮은이 | 정진백

펴낸곳 | (주)태학사
등록 | 제406-2020-000008호
주소 | 경기도 파주시 광인사길 217
전화 | 031-955-7580
전송 | 031-955-0910
전자우편 | thspub@daum.net
홈페이지 | www.thaehaksa.com

편집 | 조윤형 여미숙 김선정
마케팅 | 김일신
경영지원 | 김영지
인쇄·제책 | 영신사

ⓒ 정진백, 2024. Printed in Korea.

값 25,000원

ISBN 979-11-6810-242-2 03340

책임편집 조윤형
북디자인 이윤경

김대중의 말

정진백 엮음

태학사

역사의 길

김대중 대통령께서 태어나신 지 어느덧 100년이다. 한국 현대사의 중심이었던 김대중 대통령은 삶이 곧 역사였다. 한국과 세계의 민주주의, 남북 화해와 한반도 평화, 국민 화합과 경제 번영, 그리고 인간다운 삶을 위하여 마지막 순간까지 최선을 다하신 한 시대의 큰 별이었다. 불굴의 삶을 살며 뚜렷하게 족적을 남겨 역사와 문명에 기여한 위대한 정신은 길이길이 기억될 것이다.

이에 탄신 100주년을 맞아 간절한 사모의 정으로『김대중의 말』을 펴낸다. 돌아보건대, 개인적으로 김대중 대통령을 귀감龜鑑으로, 사표師表로 모셔 온 세월이 아득하다.

1971년 4월, 고등학생 시절이었다. '김대중 대통령 후보 연설회'가 광주 무등경기장에서 열렸다. 나는 학교를 가지 않고 운집한 청중 속에서 천하제일의 웅변을 경청했다. 그것은 뇌수와 심장, 그리고 간담까지 사무치는 전율이었고 경이였다. 유세는 끝났는데 여진이 계속되어 차마 작별할 수가 없었다. 광주일고 교정에 있는 광주학생독립운동 기념탑을 참배하러 가시는 그분의 행로에 따랐다. 같이 열광하는 시민들의 행렬에서 환호가 폭죽처럼 터졌다.

1년여가 흐른 1972년 6월 말, 그분을 다시 뵈었다. 1971년 12월 6일 국가비상사태가 선언되고 12월 27일에는 국가보위법이 국회에서 변칙 통과되어 암울한 시국이었다. 「국가보위에 관한 특별조치법」은 김대중을 의식한 위인설법為人設法이었다. 모든 옥외 정치 집회를 금지한, 헌법에 어긋나는 악법이었다. 이 법을 파기하기 위해 광주시민회관에서 '옥내 연설'을 하셨다. 한여름인데도 광주공원 광장은 물론 인근까지 청중들로 진동했다. 나는 맨 앞좌석에 앉아 말씀 하나하나를 새겨들었다. 그리고 연설을 마치고 내려오는 순간, 연단 출입구로 달려 나갔다. 그분께서 손을 내미셨다.

그 후 민주화운동 시기인 1987년, 무수한 고난의 가시밭길, 상상 밖의 사선死線을 넘어온 그분의 말씀을 찾아 본격적으로 '순례'에 나섰다. 9월 8일 광주, 10월의 고려대학교와 대구 두류공원, 11월의 서울 여의도, 12월의 전주역, 부산 수영만, 광주 조선대, 서울 보라매공원에서 수십, 수백만 청중과 하나 되어 하늘에 솟는 기운을 받았다. 역사의 변혁을 단계적으로 추동하는 지도자의 풍모를 하염없이 경앙하며 사회 현실의 진화를 확신했다.

감흥의 계기는 이어졌다. 1991년 12월이었다. 월간『사회평론』인터뷰를 진행하면서 여섯 시간 남짓 그분의 식견과 정신을 바로 곁에서 체감했다. 그날, 무엇보다도 긴 투쟁의 험로와 역경 속에서도 심대한 면학勉學과 고매한 교양으로 삶의 격조를 높여 온 데 대하여 경탄했다. 아울러 천하의 모든 이치를 궁구窮究하고자 동서고금의 책들을 두루 읽어 그 대요大要를 꿰뚫은 사상의 극치를 견문하며 실로 감탄했다.

2009년 8월 18일 대통령께서 서거하신 후 이희호 여사님의 승낙을 받아 지금까지 김대중 대통령에 관한 다양한 분야의 기념사업을 전개하고 있다. 대표적으로 〈김대중 대통령 어록語錄 및 역사화歷史畵 전시〉(2010) 및 〈김대중 마라톤 대회〉(2017) 개최, 『김대중 대화록』(2018)과 『김대중 연대기』(2023) 출판, 다큐 영화 〈길위에 김대중〉(2024) 제작 등이 있다. 이러한 과정을 눈여겨본 태학사 조윤형 주간의 권유에 따라 '김대중 대통령 탄신 100주년'을 기념하는 『김대중의 말』을 편찬하게 되었다. 『김대중의 말』은 『김대중 전집』과 『김대중 대통령 연설문집』 등 1차자료에서 정선했다.

책을 엮으면서 김대중 대통령의 생애와 사상을 살피다 보니 그것은 마치 도도한 장강대하長江大河를 목도하는 바와 같았다.

김대중 대통령은 세계의 본질을 올바로 파악하는 훌륭한 사상을 갖고 계셨다. 그의 언어 체계는 고상하고 경이로우며, 그의 말씀은 특별히 "자신의 환경을 실천적으로 지배하고 이용한 결과로서 성립한 것"이다. 그러므로 그의 언어는 "시대적 현실 속에 있는 개인이나 집단이 자기가 처해 있는 현실에 정당하게 대처하여 목적의식적 행동을 하는 데 실천적 규준"을 제시한다. 한 시대를 움직이는 원동력이 되며, 정치·경제·사회·문화 일반을 지도하고, 때에 따라서는 변혁까지 일으킨다. 여기에 이르러 '김대중 사상'이라는 이름을 확보한다.

이 책을 엮은 사람의 역량이 부족해 걱정이 앞서면서도 외람되이 상재하는바, 눈 밝은 독자들의 질정과 성의를 기대한다. 끝으로 김대중 대통령 저작 출판을 허락해 주신 고故 이희호 여사님께 존경과 감사를 드리며, 김대중 대통령을 온 정성으로 모시는 김대중평화센터 여러분께 경의를 표한다. 그리고 출판에 노고를 아끼지 않으신 태학사 김연우 대표님을 비롯한 임직원들께도 마음 깊이 감사드린다.

2024년 1월

김대중 대통령 탄신 100주년을 기리며

정진백

· 차례 ·

2. 고난의 가시밭길, 사선을 넘어 1972~1982

3. 민중의 함성, 전진하는 역사 1983~1997

4. 명예 혁명, 국민의 정부 1998~2002

5. 다시 처음처럼, 민주·인권·평화를 위하여 2003~2009

1

도전의 시기,
불굴의 웅지 雄志

1955~1971

청년 시절. 1954. 이해에 열린 제3대 민의원 선거에서 김대중은 무소속으로 목포에서 출마했으나 낙선했다.

일본이 진실로 친선을 원한다면
과거부터 사과하라

일본이 진실로 양국의 우호·친선을 원할 경우 먼저 자기가 우리 민족에게 범한 그 포학무도暴虐無道한 과거를 사과하여야 할 것이다. 우리가 억지로라도 이를 일본에 요구함은 결코 우리의 그릇된 자존심을 만족시키기 위해서가 아니라 이것만이 과거의 숙원宿怨을 청산하는 길이며, 따라서 우호와 친선의 양국 관계를 이루는 데 절대 불가결의 출발점을 이루기 때문인 것이다. 거듭 강조하거니와 일본은 먼저 자기 과오를 우리 앞에 청산하는 성의를 가져야 한다. 일본이 진실로 이와 같은 성의를 표할진대, 우리도 구태여 지난날의 감정만을 고집할 협량狹量의 민족은 아닌 것이다.

민족 원한의 6·25동란이 일본을 위하여는 천래天來의 행운이 되었으니 웃지 못할 운명의 장난이 아닐 수 없다. 사실 일본은 한국전쟁 중 소위 특수 벼락 경기의 덕택으로 "패전이 누구의 일이었더냐?" 할 정도로 살찌고 기름졌으며 또 상상도 못 할 정도의 관대한 '구화조약媾和條約'(평화조약-엮은이)을 체결할 수 있었던 것이다. 동시에 한국 정부와 민간인으로 이루어진 수입 일방一方의 무역액도 결코 경시할 수 없는 거액이었다는 것은 일본인 자신도 이를 인정하고 있는 것이다. 그럼에도 불구하고 그들은 미국의 곤룡袞龍의 소맷자락에 숨어서 거만한 무역 태도와 무책임한 조악품粗惡品을 수출하는가 하면, 한국 경제는 일본이 아니면 존립할 수 없는 것같이 방언放言하여 왔으며, 심지어는 세계 각국에 수출하는 선박을 유독 우리 한국에만 이를 거부하는 해괴한 행동을 취하여 왔던 것이다.

일본이 진실로 현명하다면 차제에 한일 관계 개선에 적극 노력하는 동시에 한국 부흥에 성의와 관심을 경주하여 이웃 나라의 재건에 진심으로 협조하는 태도로 임함으로써 이와 같은 문제는 능히 해결할 수 있는 것이다.

특히 일언一言코자 함은, 한국의 일부 인사 중에는 현 정세하 한일 관계 개선이 요청되는 면에만 관심한 나머지 덮어놓고 양국 친선만을 운위하는 경향이 있는데, 이는 극히 위험한 견해가 아닐 수 없다. 우리는 남에게 교만을 부릴 하등의 필요도 심사心思도 없으나, 한편 남으로부터 받아야 할 당연한 예절을 포기함으로써 민족의 위신을 추락시키고 스스로를 욕되게 할 수는 없는 것이다. 더욱이, 그것이 한일 간의 금후 천년 국교의 기본적 출발점이 됨에서랴!

▶ 수록지 미상의 기고문, 1953. 10. 3. ◀

반민주·반민족적 요소를 쓸어 버리고,
내일의 구체적인 계획을 제시하라

위정자爲政者는 일체의 반민주·반민족적 요소를 과감히 청소하여 국민으로 하여금 그의 지도력에 깊은 신뢰를 갖고 이에 추종하도록 하며, 또 그들이 지도자를 추종함으로써 맞이할 명일明日의 생활에 보다 나은 희망과 기대를 가질 수 있는 구체적인 플랜을 보여 주어야 할 것이다.

그러나 국민 사기를 앙양시키기 위하여 허장성세虛張聲勢를 부리는 것은 더욱 위험천만한 것이다. 6·25 남침 당시 인민군의 치하에서 신음하던 우리들의 뇌리를 항시 떠나지 않던 것은 사변事變 전 일부의 우리 지도자 중에 "3일이면 평양 가고, 1주일이면 백두산에 태극기 꽂는다."는 위세 좋은 장담이었다. 이러한 무책임한 발언이 국민을 오도하는 데 얼마나 무서운 역할을 하였던가를 우리는 명심하지 않으면 안 될 것이다.

▶「내성內省에의 길—망진자亡秦者는 호야胡也라」, 『주간국제』, 1953. 11. 21. ◀

경제 재건은 민생의 안정과 복리 증진에 기여할 때만 가치 있는 것

민생의 안정을 위하여는 경제의 부흥이 무엇보다도 선결 조건이 되겠다. 그러나 경제부흥만 되면 민생이 따라서 안정된다는 것은 조급한 착각이 아닐 수 없다. 우리는 화려한 경제적 발전을 자랑하는 선진 국가에 있어서도 상상할 수 없는 빈궁 속에 신음하는 수다數多한 대중의 존재를 상기할 수 있는 것이다. 따라서 우리가 열원熱願하는 경제의 부흥·재건이란 그것이 직선적으로 민생의 안정과 복리 증진에 기여될 때에만 그 가치가 있는 것으로, 결코 한국을 이미 지나간 자본주의 만능의 시대로 역전시키기 위해서가 아니라는 것은 췌언贅言의 여지도 없는 문제이다.

우리는 우방 미국의 원조하에 개시되는 거대한 재건 경제의 목적이 어디까지나 이 치열한 전란 속에서 다 같이 신음하여 온 전 국민의 균등한 민생 안정에 있어야 한다는 사실을 명심하고, 부富의 편재와 기업의 독점으로 오는 가공可恐할 사회 불안의 후폐後弊를 미연에 방지하는 선견을 가져야 할 것이다. 동시에 무엇보다도 중산층 이하의 근로대중이 여하한 경우에도 인간 이하의 참경慘景 속에 전락하지 않을 뿐 아니라 재기再起와 향상의 발판이 되어 줄 수 있는 실업보험, 양로보험, 학업보험, 흉작에 대한 보장 등 사회복지제도가 조속히 실현됨으로써 민생의 기본적 안정을 확립하여야 할 것이다.

▶「갑오년 2대 과업, 자조自助의 노력으로 통일과 민생 해결」, 『새벌』, 1954. 1. 7. ◀

선거는 우리의
운명을 좌우한다

첫째로 무엇보다도 민중의 선거에 대한 자각, 다시 말하면 선거의 적부適否 여하는 직접 우리들의 운명—생명의 안전과 사회적 복리—을 좌우한다는 사실을 깊이 자각하고, 여하한 일이 있더라도 공정하고 명랑한 선거를 수호하려는 단호한 결의가 근본이 되어야 할 것이다. 따라서 먼저 스스로가 정실情實을 배격하고 어떠한 권력이나 금력으로 억압과 매수가 행하여질 때는 단호히 이를 거부하여야 할 것이며, 만일 그 즉시 거부할 만한 용기를 갖지 못한다 하더라도 투표에 있어서는 기어코 권력과 금력을 배경으로 하는 반민주적 무리들에 대해서는 조금의 주저와 가차 없이 투표를 거부하여야 할 것이다.

둘째로는 각 정당이 어떤 압력이나 책략만으로 자당自黨과 자파自派와 자기自己의 승리를 기하려고 하지 말고 진정한 민중의 지지를 받을 수 있는 '정강'과 '정책'을 민중에게 성실히 주장, 납득시킴으로써 그들의 지지를 받으려고 노력하여야 할 것이며, 한편 참으로 당의 '정강', '정책'을 이해, 공명하고 이를 실천할 수 있는 자만을 당의 입후보자로서 공천하여야 할 것이다. 정당은 민중과 민중의 대표자인 국회의원을 하나의 정치적 목표 밑에 굳게 결합시켜 원내·외의 조직된 힘으로써 그의 실현을 위하여 과감히 투쟁할 수 있을 때만 정당으로서의 존재 가치가 있다는 것을 재고, 숙려하여 주기 바라마지 않는 바이다.

셋째로 민중의 옳은 여론, 특히 언론은 과연 '목탁'으로서 옳은 선거를 위한 정략적인 계몽, 그리고 타락적 경향에 대한 엄격한 감시와 가책呵責 없는 적발을 요망하여 마지않는 바이다.

넷째로 입후보자 자신과 당국의 공정 선거를 위한 노력이 하나의 근본적 요소가 된다는 것을 강조하고 싶다. 막대한 재물과 시간과 그리고 정력을 소비하여 가면서 행하여지는 선거의 목적이 무엇이며, 타락한 선거의 결과가 우리들 전체의 운명을 어떠한 방향으로 몰아넣고 말 것이라는 점에 상도想到할 때, 구구한 설명이나 경고가 필요치 않을 것이다. '자유 분위기'의 보장과 '공정 선거'에 대한 당국의 굳은 결의와, 명랑하고 올바른 선거를 통해서 우리나라 민주주의의 굳건한 터전을 닦는 것을 자기의 당선보다도 소중히 생각할 수 있는 입후보자의 양심 없이, 어떻게 우리가 올바른 선거를 기대할 수 있으며 국가의 전도前途에 희망을 가질 수 있을 것인가?

▶「공정 선거에의 희원希願」,「신천지」, 1954. 4. 1. ◀

민족과 국가가 아닌,
국민에 최고의 가치를 두어야 합니다

이범석 장군과 족청계族靑系(조선민족청년단 계열—엮은이)가 항시 민주주의의 수호를 말하여 온 것은 사실입니다. 그러나 말한 바 민주주의가 '민족지상民族至上·국가지상國家至上'의 이념을 기저로 한 것이라면 그것은 결코 민주주의라고 할 수 없는, 양두구육羊頭狗肉의 허식밖에는 아무것도 아니라는 비판을 면치 못하리라고 사료되는 것입니다.

역사를 돌이켜 보면 자명한 일이지마는, 근대 민주주의는 봉건 지배자들이 국가와 민족의 미명하에 국민 대중을 억압, 착취하는 데 대한 반항의 결과로서 이루어진 것이며, 따라서 민주주의 정치는 어디까지나 국민 개개인의 자유와 창의와 권리를 존중하는 것을 그의 근본 사명으로 하는, 환언하면 '개인지상個人至上·인민지상人民至上'의 그것일 것입니다. 즉 민주주의란 법률적 개념에 있어서는 인민주의(of the people), 사회적 개념에 있어서는 인민을 위한 정치(for the people), 정치적 개념에 있어서는 인민에 의한 정치(by the people)를 말한 것으로서, 국가와 민족이란 것도 이와 같은 인민의 권리와 행복을 옹호, 증진시키는 역할을 하는 데서만 그 존엄성과 존재 가치를 인정한다는 것이 움직일 수 없는 원칙인 것입니다.

그럼에도 불구하고 인민의 그것보다 더욱 높은 자리에서 국가와 민족의 지상至上을 말한다는 것은 완전히 민주주의의 기본 원칙을 거부하는 것으로서, 이는 민주주의를 질시, 적대시하던 전제 파시스트 외에는 감히 손대지 못한 주장인 것입니다.

더욱이 우리 한국과 같이 아직도 봉건 잔재가 뿌리 깊이 버티고 있는 채 정치·경제·사회 모든 면의 형편이 아직도 민주주의를 공고히 뿌리박게 할 만한 정도가 채 못 되는 나라에 있어서, 또 장구한 기간을 두고 일제의 반민주적 파시스트 정치가 우리의 모든 생활양식과 사고를 지배해 왔으며 아직도 그와 같은 흔적이 완전히 불식되지 못한 나라에 있어서, 족청계가 '민족지상·국가지상'의 표어로써 민중을 규합, 성세成勢한다는 것은 그 본의 여하를 막론하고 전술前述한 바와 같은, 한국 사회가 포지抱持하는 민주주의에 저항하는 반동력을 악용함으로써 이 나라의 가뜩이나 유약한 민주주의를 질식, 역행시키는 결과를 초래한다는 것을 우리는 똑똑히 인식하지 않으면 안 되겠습니다.

▶「이범석 장군에게 올리는 글―족청族靑 재기에 앞서는 것 (中)」, 1955. 6. 6. ◀

노동자의 유일한 무기는
단결과 투쟁뿐

노동운동의 목적이 노동자의 사회적·경제적 지위 향상에 있음은 주지의 사실이지마는, 이러한 목적을 달성하기 위해서는 정치의 힘을 크게 움직여야 하는 때가 대부분이며, 따라서 노동조합 운동에 있어서 정당과의 결합은 필연적이고 또 불가결의 요청이기도 한 것이다.

이것은 지금에 시작된 것이 아니고, 일찍이 1864년 이래의 제1인터내셔널 운동이 실패한 최대의 원인의 하나도 각국의 노동자들이 자기의 조직 기반인 노동자 스스로의 당을 갖지 못했던 데 있었던 것이며, 따라서 이 실패에 각성한 각국의 노동자들은 서로 다투어 자기들의 당을 만들기에 이르렀던 것이니, 먼저 1875년 독일에서 사회민주당이 탄생하고, 이어서 벨기에에 사회노동당(1880년)이, 영국에 사회민주주의 연맹(1881년)이 결성되었다. 그 외에도 덴마크, 프랑스, 스웨덴, 노르웨이, 오스트리아, 스위스 등에도 각각 사회당 또는 노동당이 결성되기에 이르렀던 것이다.

즉 종래의 노동운동이 주로 노동자의 고용 조건의 개선과 생활 수준의 향상에만 집중하였던 것이나, 그것이 단순한 파업이나 자본가의 자비에 기대하는 것으로만은 도저히 불가능한 것이며, 결국은 노동자 스스로 정권을 장악하거나 그렇지 않으면 강력한 영향을 정치에 대해서 주지 않고는 이를 성취할 도리가 없다는 것을 체득하게 된 것이다.

지금 우리나라에서는 한국 경제의 후진성을 지양하고 근대적 생산을 급속히 확충, 발전시켜야 함을 서두른 나머지, 우선 자본주의를 발전시켜 놓고 그 후 서서히 노동자의 후생 대책을 강구하여야 한다는 논자論者가 많은 것 같다. 그렇지만 이것은 마치 수레바퀴가 지나간 자국에 고인 물 속에서 구원을 호소하는 고기더러 동해 물을 끌어들일 때까지 기다리라는 학철지어涸轍之魚의 장자莊子 고어古語와 마찬가지 모순으로서, 그간에 있어서의 노동자와 전 근로계급의 고초와 희생을 무엇으로 감당해 낼 것이며, 기술旣述한 바 공산당과 대항해서 노동자가 어떻게 굳센 민주 진영의 선봉으로서 싸우기를 기대할 수 있을 것인가?

우리나라 노동운동이 지향할 길은 죄악적인 착취와 지배를 자행하는 자본주의를 거부하는 일방一方, 우리의 실정이 용납지 않고 겸하여 전체주의적인 통제와 생산능률의 후퇴를 면치 못하는 사회주의 자체도 이를 받아들일 수가 없는 것이며, 결국 사유재산과 개인의 창의는 이를 어디까지나 존중하되 종래와 같은 자본만의 우위 지배를 단연 배격하고, 노동·자본·기술의 3자가 평등한 입장에서 서로 협동함으로써 생산의 급속한 향상을 기하고, 그 이윤의 분배에 있어서도 노동자와 기술자 역시 응분의 참여가 허용될 것을 주장하여야 할 것이다.

해방 이후 우리나라 경제를 파괴, 멸망시킨 것이 국토의 양단兩斷이나 6·25의 동란動亂보다도 오히려 관료 자본주의의 폐단이 더욱 커다란 것이며, 또 그 해독害毒은, 정치·사회 모든 부문에까지 실로 참을 수 없는 해독을 끼쳐 오고 있다는 것은 거의 식자識者의 일치된 견해가 되어 있는 것이며, 따라서 관료 자본주의에 대한 투쟁은 비단 노동계급에만 한한 문제가 아니라, 실로 전 국민적 과업이 되고 있는 것이다.

한국의 노동운동은, 일방에서는 노동자의 정당한 지위와 복리를 확보하기 위해서 기업주와 절충, 투쟁하는 것을 사양치 않는 반면에, 항시 정당하고 양심적인 기업가와 적극 제휴, 협조해서 우리나라의 낙후된 생산력을 향상, 발전시킴으로써 노동자를 포함한 전 국민의 복리 증진을 도모하여야 한다는, 일견 이율배반한 것 같은 한국적인 특수 사명이 있다는 것을 명심하여야 할 것이다.

토지와 생산수단으로부터 추방된 근대 노동자가 그들의 생존을 위해서 보유한 유일하고 최종의 무기는 오직 단결과 투쟁뿐이다. 그러나 그 단결과 투쟁이 정당한 이념과 합리적인 근거에 입각한 그것일 때에만 그 가치가 있는 것이지, 만일 비합리적 혹은 감정적인 방향으로 흘렀을 때는 오히려 노동자 자신을 위해서 치명적인 타격을 가져오고야 마는 것이다.

정당하고 합리적인 투쟁이라 하더라도 노동자 대중의 충분한 이해와 자발적인 참가 없이는 필연적으로 따라붙는 가지가지의 고난과 위협 또는 교묘한 유혹을 막아 낼 도리가 없는 것이다. 따라서 어느 나라 노동운동을 막론하고 그 창설 이래 노동자의 계몽교육에는 가장 진지하고 열성적인 정열을 경주하여 왔다는 것은 그 운동사運動史가 이를 역력히 증명해 주고 있는 것이다.

어느 운동을 막론하고 대중운동에 있어서 지도자의 역할이 얼마나 중요한가는 말할 나위도 없지마는, 특히 노동운동과 같이 고도의 단결과 현명한 전략, 그리고 임기응변하는 전술적 지도를 필요로 하는 운동에 있어서는 성실하고 현명한 지도자의 여하如何가 일의 성패를 결정한다고 하여도 과언이 아니다. 이것은 영국의 노동운동과 노동당이 19세기 말엽에서 20세기에 이르는 동안 맥도널드J. R. MacDonald가 발휘한 거대한 지도의 성과와, 미국 AFL(American Federation of Labor : 미국노동총연맹-엮은이)의 새뮤얼 곰퍼스Samuel Gompers가 1886년의 연맹 창설 이래 1924년까지 그간 단 1년을 제외한 37년간을 위원장으로서 베푼 찬란한 업적을 보더라도 가히 짐작할 수 있는 것이다.

우리 사회는 아직도 과거의 관존官尊과 숭문崇文 일변도의 낡은 인식을 완전히 불식하지 못하고 있으며, 따라서 노동자라고 하면 한낱 천민 계급시하고, 관리나 사무원이라 하면 무슨 벼슬아치나 선비같이 이를 월등하니 높이 우러러보는 것이다. 그러나 그들 역시 정신적 노력을 팔고 사는 하나의 노동자임에는 조금도 다름이 없는 것이며, 이들이 노동조합 속에 조직화됨으로써 그들의 권익 보장은 물론, 노동운동계 전체의 권위와 비중을 위해서도 그 의의가 큰 것이라고 믿기 때문인 것이다.

한국의 노동 지도자들이 현재와 같이 우선 당면 목적을 이해와 권모술

수에만 열중하지 말고 좀 더 성실한 태도와 스스로의 주체적 질의 향상에 깊이 관심하는 동시에, 진실로 이 나라 노동운동의 유구한 발전을 위해서는 먼저 능금나무 씨를 심는 현명과 원칙을 고수하여 주기 바라 마지않는 바이다. 이러한 노력만이 이 나라 노동운동의 장래를 위해서는 물론, 스스로의 전도前途를 위해서도 크게 도움이 될 것이라는 것을 거듭거듭 강조하여 두는 바이다.

▶「한국 노동운동의 진로」, 『사상계』, 1955. 10. ◀

이빨을 보호해 주는
입술을 왜 찢습니까

자유당 시절에 혁신 세력의 보스였던 진보당의 조봉암 선생은 공산당과 내통하고 있었다는 누명을 쓰고 사형을 당했습니다. 혁신계 여러 분들도 대부분 형무소 생활을 하거나 다른 고통을 받은 사실이 있습니다. 그때를 잊었습니까? 여러분에게 지금의 자유를 준 것이 어떤 정부입니까? 여러분이 마음껏 누리는 자유, 그런 자유를 보장해 주고 있는 정권을 무너뜨린다면 그 뒤에 등장하는 것은 군사정권뿐입니다. 그렇게 되면 여러분 혁신 세력에게는 또다시 고난의 세월이 옵니다. 이빨을 보호해 주는 입술을 왜 찢고 있습니까?

▶ 민주당 대변인 성명, 1961. 3. ◀

나의 소원은 국토의 통일과
특권 경제의 타파입니다

나는 정치인으로서 소원이 있습니다. 여러분! 나는 나의 비원悲願이 있습니다. 내 소원은 이런 것입니다. 나는 신라 삼국통일 이래 1500년 동안 처음으로 이렇게 국토가 갈라져 있는 사실을 그대로 둘 수가 없습니다. 해방 후 국토가 20여 년이나 분단된 이 사실, 나는 통일이 없으면 우리에게 절대로 영원한 자유가 없고, 절대로 영원한 평화가 없고, 절대로 영원한 건설이 없다고 확신하고 있는 것입니다. 그런 까닭에 이 김대중이가 앞장을 서서 이 나라의 통일의 한 역군이 되고, 기둥이 되고, 한 길잡이가 되는 것이 내 평생의 정치적 소원이라는 것을 여러분에게 말씀드려 두고 싶습니다.

나는 또 하나의 소원이 있습니다. 박 정권 아래에서 건설입네, 수출입네, 증산입네 하면서 몇 사람만 잘살게, 몇 사람만 부자 되게 만들고 부익부富益富, 재벌은 더욱 대재벌을 만들고, 모든 국민은 헐벗은 가난뱅이요, 모든 국민은 더욱 빈익빈貧益貧하게 만드는 이 특권 경제를 타파하고, 내가 주장하고 우리 당책黨策으로까지 채택된 중산층과 근로대중을 중심으로 한 대중경제 체제를 실현해서 나라의 혜택이, 국가의 혜택이 여기에 앉아 계신 여러분들 모든 사람의 피부에, 뼈끝까지 골고루 돌아갈 그러한 올바른 경제정책이 이 나라에서 실현될 수 있도록 하는 것을 나의 절대적인 소원으로 생각하고 있는 것이올시다.

내게 이 정권을 맡겨 주면, 내가 이 정권을 가지면, 오늘의 독재와 부패와 특권 경제를 타파하고 이 나라의 내일을 위해서, 이 나라 국민 전체가 잘살 수 있는 경제체제를 위해서, 이 국정을 바로잡을 수 있는 소신과 포부와 확고한 계획을 가지고 있습니다.

나는 저 유달산에 대해서, 저 흐르는 영산강에 대해서, 삼학도에 대해서 말합니다. 유달산이여! 너에게 넋 있으면, 삼학도여! 너에게 정신이 있으면, 영산강이여! 네게 뜻이 있으면, 목포에서 자라고 목포에서 커서, 그리고 이 나라를 위해서 무엇인가 해 보겠다는 이 김대중이를 지금 한 나라 정부가, 외지의 사람, 목포 사람도 아닌 외지의 사람을 보내서 나를 죽이고 나를 잡으려고 하니, 유달산과 영산강과 삼학도가 넋이 있고 뜻이 있으면 나를 보호해 달라는 것을 목포 시민 여러분과 같이 호소하고 싶습니다.

▶ 제7대 국회의원선거 유세, 목포역, 1967. 6. 4. ◀

제7대 국회의원 선거 유세장에서. 1967. 이 선거에서 김대중은 박정희 정권의 집중적인 '김대중 낙선 전략'에도 불구하고 목포에서 당선되었다.

국체의 변혁을 꿈꾸는
3선개헌을 분쇄하자

내 오늘 여기서 450만 서울 시민과 더불어, 내 박정희 대통령에게 한마디 얘기 좀 해야겠소. 박정희 씨여! 당신은 지금 입으로는 점잖은 소리 무어라고 무어라고 하지만, 당신 내심으로는 헌법 고쳐 가지고 1971년 이후에도 영원히 해먹겠다는 시커먼 배짱 가지고 있는 것 사실 아니오? 3선개헌은 무엇이냐? 이 나라 민주국가를 완전히 1인 독재국가로, 이 나라의 국체國體를 변혁하는 것이오? 3선 독재가 통과되는 날, 3선개헌이 통과되는 날에는 대한민국 헌법 제1조 1항 "대한민국은 민주공화국이다." 하는 조문은 장사 지내는 날이다, 이 말이오! 민주주의의 적은 공산 좌익 독재뿐만 아니라 우익 독재도 똑같은 적이오! 히틀러도, 동조東條(도조히데키-엮은이)도, 박정희 정권의 3선개헌 음모에 의한 이 1인 독재도 민주주의의 적인 데는 다름이 없다는 것을 여러분은 알아야 한다, 이 말이오! 아, 이 나라가 누구 나란데! 이 나라가 박정희 씨 나라요? 이 나라는, 대통령은 바뀌어도 헌법은 영원한 것이여! 헌법은 박정희 씨보다 위여! 박정희 씨를 위하여 헌법을 바꿀 수 없다는 것을 여러분은 알아야 한다, 이 말이오!

이 나라의 국시國是인 민주주의는 지금 빈사瀕死 상태에 들어갔소. 국체는 이미 변혁 중에 있는 것이오. 여러분! 이 더러운 민주주의에 대한 원수들, 이 용서 못 할 조국에 대한 반역자들, 나는 분노와 하염없이 통분된 심정을 금할 수 없으면서, 내가 호소하는 것은 "하느님이여, 이런 자들에게 벌을 주소서!", "국민이여, 궐기해서 이런 자에게 철퇴를 내리라!"는 말을 나는 호소하고 싶습니다. 여러분! 나는 저기 계신 김구 선생과 삼열사三烈士의 무덤 앞에서 여러분 앞에 맹세합니다. 나는 이 조국을 멸망으로, 국민을 불행의 진구렁 속으로 끌고 간 박정희 씨의 3선 개헌에 대해서는, 내 이 사람의 정치적 생명뿐 아니라 육체적 생명까지 바쳐서라도 의정 단상에서 내 목숨을 걸고 싸울 것을 여러분 앞에 맹세합니다.

이 사람은 온갖 정성과 온갖 결심으로써 박정희 씨에게 마지막으로 충고하고 호소합니다. 박정희 씨여! 당신에게 이 나라 민주주의에 대한 일편의 양심이 있으면, 당신에게 국민과 역사를 두려워할 지각이 있으면, 당신에게 4·19와 6·25 때 죽은 우리 영령들 죽음의 값에 대한 책임이 있으면, 어떠한 일이 있더라도 3선개헌만은 하지 마라. 만일 당신이 3선개헌을 했다가는 이 조국과 국민들에 대해서 말할 수 없는 죄악을 가져올 뿐 아니라, 박정희 씨 당신도 내가 몇 월 며칟날 그렇게 된다고 날짜와 시간은 말 못 하지만, 당신이 제2의 이승만 씨가 되고 제2의 아유브 칸M. Ayub Khan이 되고 공화당이 제2의 자유당이 된다는 것만은, 해가 내일 아침 동쪽에서 뜨는 것보다도 더 명백하다는 것을 나는 경고해 마지않는 바입니다.

국민 여러분이여! 국체의 변혁을 꿈꾸는 3선개헌을 분쇄합시다. 국민 여러분이여! 민주주의를 이 땅에 꽃피워서, 우리나라의 후손들에게 영광된 조국을 넘겨줍시다. 여러분! 다 같이 궐기해서 3선개헌 반대 투쟁에 한 사람 한 사람이 결사決死의 용사가 될 것을 호소하면서 저의 말씀을 그치겠습니다.

▶ 3선개헌 반대 시국 대강연회 연설 「3선개헌은 국체國體의 변혁이다」, 서울 효창운동장, 1969. 7. 19. ◀

서울 효창운동장에서 열린 3선개헌 반대 시국 대강연회. 1969. 7. 19. 수많은 인파가 운집한 가운데 김대중은 「3선개헌은 국체의 변혁이다」라는 제목으로 연설했다.

지도자가 바르면 국민도 바르고, 지도자가 근면하면 대중도 피나는 노력을 한다

역사의 진행 방향은 국민 대중을 정치권 밖으로 소개疏開시키는 데 있지 않고 정치권 안으로 끌어들이는 데 있음을 명시하고 있다. 따라서 '자유롭고 책임 있는 국민 대중이 참여하는', 대중의 정치를 보장하는 체제는 역사의 흐름과 보조를 같이하는 것이다.

대중은 언제나 자기의 올바른 지도 세력이 가리키는 방향에 따라 독재 정권의 타도에 앞장섰다. 대중은 언제나 역사의 편이었으며 또한 최후의 승리자였다.

내가 주장하는 대중정치는, 무질서와 무책임의 출혈을 필연적으로 수반하는 폭력혁명을 절대 거부하고, 동시에 정치적으로 중립을 지켜야 할 군軍이 총칼로써 집권하는 쿠데타도 엄격히 배격한다. 오직 대중정치가 바라는 혁명이 있다면, 국민이 그 노도怒濤와 같이 밀고 나가는 민의民意의 위력에 의하여 부정선거의 야망을 분쇄하고 투표에 의해서 정권을 평화적으로 교체하는 '선거 혁명'이다.

홀륭한 정치체제는 자유롭고 책임 있는 대중과의 밀접한 상호작용 속에서 그들의 지지를 확보하는 것이고, 그 체제의 진가는 바로 여기에서 부각되는 것이다.

불행하게도 지금까지는 대중의 자유를 보호하고 대중의 이해利害를 반영하여 대중에 대하여 책임을 지는 정치체제가 성립되지 못하였고, 경제체제 역시 부와 소득의 편재偏在를 국민적 규모에서뿐만 아니라 국제적 규모로까지 확대시켜 국민 대중이 복지에서 소외되고 대중의 창조적인 생산능력을 마비, 둔화시켰다.

결국 국민 대중은 궁핍한 생활을 영위해야 했으며, 지역 간, 산업 간, 계층 간의 상대적 소득 격차는 날로 벌어져 지역 간의 발전 격차, 농촌과 도시의 이중 구조, 빈부의 양극화라는 위험천만한 경제 병리病理가 우리 경제사회를 휩쓸게 되었다. 물론 이 같은 경제 병리의 발생은 무엇보다 박 정권이 이끄는 이 나라 정치 현실과 경제 현실이 반대중적이라는 사실에 크게 연유하는 것이다.

현시점에서 우리가 선택할 수 있는 길, 즉 경제의 성장과 분배의 공정을 똑같이 중시하며 민주주의의 기간부대인 중산 계층의 육성, 확대가 근간이 되는 경제가 실현될 수 있는 체제는 무엇인가.

나는 대중 민주 체제의 정치체제와 관련해서 우리의 현실에서 가능한 경제체제는 자본주의 경제체제와 사회주의 경제체제가 각기 갖는 모순을 대중민주주의와 산업민주주의에 의해서 극복하고 자유경제의 장점을 최대한으로 살려 나가는 한국적 형形의 혼합경제 체제라고 생각하며, 이를 '대중경제'라고 이름한다.

나는 사회체제 형성의 기본 목표를 '다수인의 이익이 우선하며 정직하고 부지런한 자가 성공하는 대중사회'를 건설하는 데 두었다. 이 같은 목표 설정은 우선 우리 사회의 기본적 병리가 다중의 이익보다는 개인의 그것에 치중하고, 근면과 정직이라는 근대 시민사회 형성의 으뜸가는 가치가 부정부패와 기회주의 타성으로 환치된 데 있다고 진단했기 때문이다.

박 정권 아래에서 오늘의 사회 현실은 건설과 자본축적이라는 이름 아래 근로대중과 중소 시민계층의 이익이 거부당하고, 소수 특권층의 범죄적인 치부만 조장되고 있으며, 정국 안정과 국가안보라는 명분 아래 이의 시정을 위한 투쟁조차 금압禁壓당하고 있다. 국가의 존립 가치는 국민 대중의 이익 옹호에 있는 것이며, 건설의 목적도 국민 대중의 소득 증대와 직결되지 않는 이상 아무런 의미가 없다. 오히려 그와 같은 반대중적인 건설은 발전하면 할수록 국민적 단층과 사회 부정만 조장하여 정국의 불안과 국가의 안보에 결정적 타격을 줄 뿐인 것이다. 소수의 특권층 이익이 최우선하고 다수 대중의 이익이 무시당한 사회, 이것이 바로 오늘의 국민 대중이 체험하고 있는 개발독재의 비극이다.

오늘날 국민 대중에게는 그들이 꼭 본받아야 할 체제 인상도, 경제 인상도 갖지 못하고 있다. 국민 대중이 그들의 소박한 감각을 통해 배울 수 있었던 것은 "사람 팔자 알 수 없다."는 퇴폐한 격언에 부응하면서

"나도 혁명만 하면 일조—朝에 대통령이 될 수 있다."는 상념이나 "줄 만 잘 잡으면 벼락 부자가 될 수 있다."는 병적인 관념뿐이었다. 이 같은 풍조가 지배하는 곳에서는 대중의 공동의 이익 향상이나 동질 의식에 의한 단결은 생각조차 할 수 없고, 오직 특정인의 편중된 이익 강점 强占과 국민 상호간의 반목·질시·투쟁만이 가중되어 나갈 뿐이다.

우리 사회는 과거 서구 세계에서처럼 진화와 발전의 계기를 자연적인 사회혁명에서 구하지 못하고 이와는 달리 타율적인 강제에 의하여 변화를 억지로 수락했기 때문에 사회의식의 구조가 질서 있게 순화되지 못했다. 이 결과 우리 국민 대중의 의식구조의 내면에는 전근대적인 것과 현대적인 것이, 발전적인 것과 퇴영적인 것이 하나의 테두리 속에서 병존하는, 의식구조의 이중성을 시현하고 있다.

우리 사회의 병리를 이같이 진단할 때 이것을 치료할 수 있는 최선의 방안은, 물론 앞에서 논급한 대로 정치체제와 경제체제를 대중의 자유와 복지를 신장하는 방향으로 전향시키는 데 있다.

대중사회 체제가 확립되기 위해 필요한 가장 중요한 조치는 언제나 어디서나 다수인의 이익이 우선하는 사회정의를 실현할 제도와 기구의 확립이다. 사회정의는 어느 면에서 보면 경제체제를 국민 대중의 경제적 건강을 보호하는 데 봉사시킴으로써 광범한 실현을 기할 수 있다. 그러나 사회적 부의 양적 확대와 지배의 균등화가 이루어진다고 해서 자유주의적 경쟁 체제를 기본적으로 인정하고 있는 한 빈민의 출현을 회피할 수는 없다.

국가의 모든 조세·금융·투자 정책은 다수인의 이익 조장을 위해 과감히 단행함으로써 대중사회의 여건을 확립해야 한다. 동시에 사회적 존립에 필요한 경쟁력을 상실한 노약자·고아·빈민이 인간다운 생활을 유지할 수 있는 환경을 마련하여, 어떠한 국민에게도 절망과 저주의 위험을 안겨 주어서는 안 된다.

대중사회 구현에서 가장 강조되어야 할 것은 국민에게 희망을 주는 것이다. 아무리 자유와 빵이 보장되어 있어도 희망이 없는 한 대중은 행복할 수 없다.

국가는 대중의 편이고 권력은 다수인의 이익을 위해서 선용善用되고 있다고 확신하며 정부에 협력하는 것이 자신의 이익을 증대시키게 되는 것이라는 희망을 대중에게 주는 사회의 실현이야말로 우리가 무엇보다도 주력해야 할 일인 것이다.

과거 우리 선조들은 모든 지도층들이 검약과 근면을 소중히 여기고 국민에게 이 같은 태도를 본보여 줌으로써, 즉 근면과 정직이라는 두 가지 윤리 의식을 사회화하는 데 성공시킴으로써 국민들의 단결과 충성심을 확보했다. 따라서 우리는 근면과 정직이 꽃필 수 있는 사회를 이룩하려면, 이 운동의 담당 주체는 마땅히 이 나라의 지도층, 특히 집권층이 되어야 한다고 확신한다.

지도자가 바르면 국민도 바르고, 지도자가 근면하면 대중도 피나는 노력을 아끼지 않는다. 정직하고 부지런하게 일한 자가 성공하는 사회,

이것이야말로 대중에게 희망을 주고 우리의 사회를 무한한 발전으로 이끌어 가는 원동력이 될 것이다.

우리는 우리 사회의 약점으로 되어 있는, 우수한 개인은 많아도 단결된 대중은 결핍되어 있다는 폐단을 시급히 시정해야 한다. 대중적 단결 기풍의 성취 없이 참된 대중사회의 구현은 기대할 수 없다.

우리는 사회의 모든 분야에서 개인의 능력보다는 단체나 팀워크의 능력을 숭상하는 기풍을 조성하는 작업을 고취해야 한다. 예로서, 교육이나 스포츠 경기에서도 천재 발굴이나 개인 경기보다는 건실한 국민 교육이나 단체 경기를 제도적으로 우대하고, 어떤 분야이건 개인 포상보다는 단체에 큰 비중을 두고 격려해야 한다.

성공한 한 사람의 독농가篤農家보다는 한 마을이 협동하여 큰 업적을 이루는 태도를 더한층 우대하고 권장해야 한다.

대중 민주 체제가 실현되려면 우선, 국민들이 이 제도의 가치를 정통적인 것으로 수락하는 것이 필요하며, 둘째, 이 체제는 이것을 사랑하고 신앙하고 여기에 집념하는 체제 세력이 결정의 중요점을 장악할 때만 가능하다는 점이다.

▶「70년대의 비전—대중 민주 체제의 구현」, 「사상계」, 1970. 1. ◀

나의 승리는
3천만 국민의 승리

오늘 제가 여기서 여러 선배, 동지 여러분께 말씀드리고자 하는 것은, 이 시간이야말로 우리들의 승리의 순간이라는 사실입니다. 이 승리는 결코 김대중 한 사람의 승리가 아니라 우리 신민당과 3천만 국민이 승리한 순간이라고 나는 확신하고 있습니다.

우리는 오늘 대회를 통해서 이미 세 가지의 승리를 거두었습니다. 하나는, 우리 신민당의 발전과 성공을 시기하는 이 정보 정치의 마수魔手로부터 우리가 이같이 훌륭한 대회를 치름으로써 승리를 거둔 것입니다. 또 하나는, 우리는 '만일 지명指名 대회에서 투표를 한다 할 것 같으면 커다란 혼란이 야기될 것'이라고 걱정하던 당 내외의 모든 걱정이 한낱 기우에 불과했으며, 우리 신민당 동지들은 자기 당의 당수黨首와 또는 자기 당의 대통령 후보를 선의의 경쟁을 통해서 훌륭하게 선출할 능력과 자질을 갖춘 당이라는 점을 과시한 데 있어서 승리한 것입니다. 마지막 셋째의 승리는, 우리 신민당은 전통을 가진 보수 야당이고 당에는 많은 원로 선배들이 계심에도 불구하고, 오늘 젊은 김영삼 동지와 저의 두 사람을 내세워서 이 나라의 장래를 맡길 일꾼으로 기르겠다는 그 훌륭한 당의, 선배와 동지들의 거룩한 뜻이 이 당을 더한층 젊게 하고, 발전의 길로 이끌며, 성공의 길로 이끈 데 성공한 것이라고 나는 확신하는 것입니다.

▶ 신민당 대통령 후보 지명 대회에서의 대통령 후보 수락 연설, 서울시민회관, 1970. 9. 29. ◀

자유는 전취戰取하는 자의 것,
승리는 용기 있는 자의 것

우리는 50년대의 '암흑 전제의 시대'와 60년대의 '개발을 빙자한 독재 시대'를 살아왔습니다. 얼마나 많은 우리들의 통분과 절망이 깃든 시절이었으며, 얼마나 많은 굶주림과 고난이 사무친 시절이었습니까?

이제 70년대는, 지금까지 소수가 지배하고 소수가 영욕을 누리던 반대중적 현상을 일소一掃하고, 대중이 지배하고 대중만이 행복을 향유하는, 희망에 찬 '대중大衆의 시대'를 현실화할 것입니다.

오늘날 우리의 현실은 언론, 학원, 문화, 그리고 경제계와 노동단체 등 모든 부문이 독재적 정치권력에 농단되어 그 독자적 기능을 상실하고 묘지 같은 침묵 속에 잠겨 있습니다.

우리 신민당이 집권하면 언론을 권력으로부터 해방하고, 지식인과 문화인을 해방할 것입니다. 기업과 금융, 그리고 노동단체를 위시한 모든 부문을 정치권력의 예속에서 자유화시키는 제2의 해방을 단행할 것입니다. 우리가 추구하는 것은 파시즘적 복종과 획일성이 아니라 시민적 자유와 균형 속에서 유출되는 '국민 총화'인 것입니다.

대중경제 체제 아래서는 먼저 기본적으로 자유경제의 원리를 충실히 받아들임으로써 국민 대중을 위한 경제의 능률을 극대화하며, 납세자와 소비자의 부담을 극소화시킬 것입니다. 주식의 대중화를 강력히 추진시켜서 자유경제의 독점화 폐단을 시정하고, 모든 기업이 대중의 참여 속에 성장해 나아가도록 유도할 것입니다.

민족을 분열시키고 국민을 상호 불신 속으로 몰아넣는 정보 정치를 단호하게 지양하겠으며, 모든 사회 활동이 두려움 없는 자유 공개 속에 이루어지도록 보장할 것입니다.

물질만능의 사조에 대항하여 정신과 도의道義의 소중함을 드높일 것이며, 목적과 성공을 위하여 수단을 가리지 않는 자들은 도태하고 정직하고 근면하고 성실한 자만이 성공하는 건전한 시민사회 육성에 가장 큰 중점을 둘 것입니다.

외교 방향으로 '민족 외교'를 제창합니다. 외교의 목적은 민족의 영예와 이익을 증진하는 데 있습니다. 우리는 세계 각국과 협조하고 평화에 기여하면서 우리 민족의 이익을 제1차적으로 추구하는 외교를 전개해야 할 것입니다. 미국을 위시한 자유 우방과의 협조는 우리 외교의 기본이며, 앞으로도 이를 더욱 강화하겠습니다. 그러나 이러한 협조는 어디까지나 민족의 이익과 주체성을 견지하는 선에서 이루어질 것입니다. 70년대의 우방 관계는 지금까지의 의존 일변도의 자세에서 상호 협조와 공동 이익 증진의 방향으로 크게 발전시킬 필요가 있다고 믿습니다. 전쟁을 억제하고 민족의 평화와 안전을 보장하는 데 비중을 둘 것입니다.

군軍 내 민주화의 강화, 부패의 일소, 정훈 교육의 여행勵行 등을 통해서 조국 수호의 신념이 투철한 이념군理念軍의 형성에 전력을 다하겠습니다.

자유는 전취戰取하는 자의 것이지 기다리는 자의 것이 아닙니다. 승리는 용기 있는 자의 것이지 주저하는 자의 것이 아닙니다.

우리들의 자유와 우리들의 행복은 우리들의 피와 땀과 눈물로써만 이룩될 수 있는 것이지 누구도 우리를 대신해 줄 수 없는 것입니다. 장엄한 민족의 새로운 서사시를 우리들의 손으로 엮어서 희망에 찬 '대중의 시대'를 구현해야 하겠습니다. 책임과 용기와 희망을 가지고 전진합시다. 승리는 대중의 것이요, 우리들의 것입니다.

▶ 제7대 대통령선거의 신민당 대통령 후보로 선출된 후 가진 첫 기자회견, 1970. 10. 16. ◀

제7대 대통령선거의 신민당 대통령 후보로 선출된 후 공약을 발표하며. 1970. 이 선거에서 김대중은
예비군 제도 폐지, 남북 대화 촉진, 4대국 협력을 통한 한반도 평화 정착, 대중 참여 경제 등을 공약으로 내세웠다.

'국민 대중의 시대'를
열어 나가겠습니다

여러분! 이제 이 나라에서 10년 동안 한 줌도 못 되는 소수가 우리 국민을 지배하고 우리 국민의 행복을 수탈해서 자기들만의 부귀영화를 누리던 '소수의 시대'는 지나가고, 이제 절대다수의 국민 대중이 이 나라를 지배하고 이 나라에서 행복을 향유할 수 있는 희망에 찬 '국민 대중의 시대'가 오고 있는 것입니다.

명년明年에는 어떠한 일이 있어도 정권이 교체되어야 할 것입니다. 민주주의 국가에서는 한 사람이 아무리 길게 집권하더라도 8년 이상 집권해서는 안 됩니다. 하물며 정권 10년 동안에 이 나라는 독재와 부패와 몇 사람만이 잘사는 특권 경제의 길을 달려왔습니다.

이제 이 나라는 중병을 앓는 환자의 신세와 마찬가지로 새로운 의사로 하여금 새로운 진단과 새로운 처방, 그리고 새로운 수술을 해야만 합니다. 그것이 절실히 필요한 것입니다. 만일 이 나라가 명년에도 정권교체를 하지 못하고 또다시 박정희 대통령이 지배한다 할 것 같으면, 우리의 조국과 우리 국민의 운명은 어떠한 비극 속으로 떨어질지 모르는 일입니다. 그러므로 나는 나 개인의 영화榮華보다도, 내 사랑하는 조국과 내 국민들을 이 고난으로부터 구출하기 위해서는 명년에 어떠한 일이 있어도 승리를 해야만 합니다.

국민 여러분! 나는 1950년대를 '암흑 전제의 시대'로 규정했습니다. 박정희 씨가 지배한 1960년대는 '건설을 빙자한 개발독재의 시대'로 규정했습니다. 이제 내가 이끌고 나가고자 하는 70년대는 국민 대중이 이 나라의 주인이 되고 이 나라의 행복을 차지하는, 희망에 찬 대중의 시대로 이끌고자 하는 것입니다. 나는 정치 면에 있어서 언론을, 학원을, 문화인을, 노동조합을, 경제인을, 모든 국민을 독재적 관권官權의 지배로부터 해방시키겠습니다. 국민 각자와 각 계층이 자유롭게 독자적인 발전을 하면서 국가의 큰 목적을 향해서 조화, 단결해 나가는 국민의 총화總和를 이룩하겠습니다.

나는 지방자치제를 실시해서, 오늘의 서울시에서 보는 바와 같이 막대한 예산이 한 사람의 뜻에 따라 좌우됨으로 해서 국민의 주택 문제와 상수도 문제, 하수도 문제가 버림받은 채 정치적 부패의 온상이 되고 있는데, 이러한 문제를 시정시켜야 하겠습니다.

또한, 여성의 지위 향상과 능력 계발을 위해서 대통령 직속하에 '여성지위향상위원회'를 둠으로써 우리 나라에 위대한 어머니, 훌륭한 아내, 그리고 정치·경제·사회 각 분야에서 여성의 능력이 최대한도로 발휘하도록 하겠습니다.

오늘날 학원이 마치 군대의 병영같이 강압에 눌리고 있으며, 정보 정치의 억압은 오늘날 학원을 모조리 창살 없는 감옥으로 만들고 있습니다. 교직자나 학생들은 학문 연구의 자유와 학원의 자유를 박탈당하고 있습니다. 헌법에 보장된 사회 참여의 자유가 학칙에 의해서 묵살되어 학생들은 학교로부터 쫓김을 당하고 있는 실정입니다. 박 정권이 가장 두려워하는 것은 학원의 자유입니다. 이 학원의 자유를 회복하고 교직자의 학문 연구의 자유와 생활을 보장하겠습니다.

또한, 나는 박정희 씨에 의해서 훼손된 이 나라 헌법의 3선 조항을 다시 환원해서, 대통령은 두 번밖에 하지 못하는 중임 조항으로 환원시킴으로써 우리 민주주의와 우리의 헌정에 찍힌 이 오점을 시정하는 동시에, 앞으로 이 나라에서는 누구나 자기 개인을 위해서 헌법을 만들어 유린한 자는 이 나라 역사가 용서하지 않는다는 이 교훈을 분명히 할 작정입니다.

나는 중앙정보부에 대해서 일대 개혁을 단행하겠습니다. 중앙정보부는 지금 이 나라 정치·경제·문화 모든 것을 지배하고, 은행의 융자를 지배하고, 외국의 차관 도입을 지배하고, 심지어 배우협회 회장 뽑는 것까지 중앙정보부가 지배하고 있어요. 지금 이 나라에서 중앙정보부가 하려고 하면 안 되는 일이 없습니다. 남자를 여자로 바꾸는 것 이외에는 다 하고 있습니다. 내가 정권을 잡으면 중앙정보부의 수사 기능을 분리해서 소속을 법무부로 환원시키고 중앙정보부장을 국무위원으로 만들어 국회에서 그 비위를 따지고 불신임할 수 있도록 하겠습니다.

나는 정권을 잡으면 대중 경제를 실시해서 이 나라 국민이 경제의 혜택을 고르게 맛보도록 하겠습니다. 여러분! 경제 건설의 목적이 어디에 있는 것입니까? 경제 건설의 목적은 높은 빌딩에 있는 것도 아니고, 고속도로에 있는 것도 아닙니다. 경제 건설의 목적은 국민 모두가 잘사는 데 있는 것입니다. 그런데 박 정권은 건설만 하면 잘산다고 국민들을 속이고 국민들에게 엄청난 세금을 뜯어 간 결과, 오늘날 박 정권의 권력 지도자 일부나 박 정권에 아부한 특권계층 이외에는 이 나라에 잘사는 사람이 없게 되고 만 것입니다.

나는 정권을 잡으면 생산의 증대와 분배를 병행해서 국민 모두가 잘살고 고르게 국가경제의 혜택을 볼 수 있도록 하겠습니다. 주식株式을 대중화해서 국민과 노동자가 병행해서 국가의 투자에 참가하도록 하겠습니다. 노사공동위원회勞使共同委員會를 만들어서 노동자와 사무원이 경영에 참가하고, 그래서 생산을 증대시키고 분배를 공정히 하겠습니다.

무엇보다도 농업 발전의 기초 위에 공업화를 추진해서 농촌이 잘사는 기술계 상업과 공업이 발전되도록 하겠습니다. 또한 세제를 개혁해서 근로소득세의 면세점免稅點을 올리고, 생활비를 공개해서 영업세와 소득세의 대중 부담을 줄이고, 부유세富裕稅를 따로 신설해서 특별히 돈 많이 버는 층에 대한 세금을 증가하도록 하겠습니다.

내가 정권을 잡으면 민족 외교를 추진하겠습니다. 내가 정권을 잡았을 때 신민당 정책의 외교 목적은 우리 민족의 이익이요, 민족의 영광뿐입니다.

나는 세계평화에 적극 협조할 것입니다. 특히 미국을 위시한 우리 우방들과 굳게 단결해 나가겠습니다. 그러한 단결과 협조는 지금까지와 같은 굴욕과 종속적인 것이 아니라 상호 동등한 입장에서 협조를 이룩해 나가겠습니다.

나는 조국의 통일 없이는 우리의 자유와 평화와 번영이 있을 수 없다는 사실에 유의해서 우리의 통일 역량을 배양하겠습니다. 그러나 이 통일 문제는 국제·국내의 여건이 성숙되어야 되는 것입니다.

나는, 내가 정권을 잡으면 무엇보다도 전쟁을 억제하고 국민의 생활을 보호하며, 또다시 6·25와 같은 참화가 일어나지 않도록 하는 데 중점을 둘 것입니다. 나는 국방에 있어서 정예精銳 국방을 주장합니다. 오늘날 박 정권 10년 결과는, 이 나라의 국방에 있어 과연 우리 군인들이 얼마나 민주 이념에 투철하냐, 군대의 사기는 나무랄 점이 없느냐, 인사 문제는 공정히 되고 있느냐, 훈련은 충분한가, 장비는 잘되고 있는가, 군인들의 봉급과 처우는 적당한가 하는 문제를 제기하고 싶습니다. 나는 전쟁을 막기 위해서 강력한 국방 태세를 갖출 것입니다.

▶ 제7대 대통령선거 서울 지역 유세, 서울 효창운동장, 1970. 11. 14. ◀

위대한
'대중반정大衆反正'의 해

나는 전태일 씨의 의거를 고발정신의 정수라고 본다. 그는 가난한 서민의 아들로 태어나서 가난한 서민을 위해 싸우다가 가난한 서민을 위해 그의 몸을 불살랐다. 그는 노동자의 무자비한 희생 위에 경제성장의 가화假花만을 추구하는 정부 권력과 싸웠으며, 그는 노동자의 신임을 외면한 채 권력과 기업주와의 결탁 아래 어용御用 봉사에 급급한 사이비 조합과 싸웠으며, 그는 18세기적 미몽迷夢에서 무력하고 어린 노동자들을 염가廉價로 혹사하는 기업주와 싸우다 더욱 큰 투쟁과 승리를 위해서 희생한 것이다.

오늘날 여성은 헌법상으로는 남녀평등이 보장되어 있지만 실제는 각 분야에서 심한 차별 대우를 받고 있다. 이는 비단 여성만의 불행이 아니라 우리 어머니와 아내와 딸의 불행이 되는 것이다. 뿐만 아니라 1,500만 여성이 갖가지의 차별로 인하여 그 능력의 개발이 저지당하고 있는 것은 국력의 반을 손실하고 있는 결과도 되는 것이다.

위대한 어머니와 훌륭한 아내 없이 위대한 국가와 발전하는 사회가 존재할 수 없다. 오랜 억압과 차별 속에 신음해 온 여성에게 우리는 어머니와 아내와 사회인으로서의 정당한 권익의 길을 열어 주어야 할 것이다.

나는 이해야말로 소수집단에 의해 농단되어 온 독재정권을 물리치는 위대한 '대중반정大衆反正'의 해가 될 것이라고 확신한다. 나와 우리 당은 국민의 슬픔을 우리의 슬픔으로 하고, 국민의 운명을 우리 운명으로 알고, 국민의 희망을 우리의 희망으로 삼고, 국민과 함께 살고, 국민과 함께 울고, 국민과 함께 싸우는, 국민 여러분의 충실한 봉사자가 될 것을 굳게 다짐하는 바이다.

▶ 신년 기자회견, 1971. 1. 23. ◀

이제 진군의 나팔 소리는
울려 퍼졌다

독재를 반대하고 자유를 사랑하는 모든 국민들, 소수 특권 경제를 배격하고 대중 균점均霑의 경제를 바라는 모든 인사들, 그리고 부정과 부패를 증오하면서 깨끗하고 희망에 찬 사회를 갈망하는 모든 동포들은 이번 선거야말로 마지막 운명의 갈림길로 믿고 10년 세도의 종식과 신정권의 등장을 목마르게 고대하고 있습니다.

나는 나의 사랑하는 조국과 국민에 대한 뜨거운 지성至誠을 가지고 내가 인간으로서 할 수 있는 모든 노력과 투쟁을 다하여 기필코 승리를 전취戰取함으로써 1971년 4월 27일을 민주 승리의 영광된 '부활절'로 이나라 역사에 영원히 기록할 것입니다. 나의 이러한 승리의 신념은 주권자인 국민의 유례없는 지지와 궐기, 그리고 국내외의 모든 정세의 변화에 근거를 두는 확고부동의 판단인 것입니다.

이제 진군의 나팔 소리는 울려 퍼졌습니다. 하늘의 뜻과 땅의 이利가 다같이 우리에게 있습니다. 민심의 소재는 더욱 우리의 것입니다. 우리가 자신을 가지고 전진할 때 우리의 앞에는 오직 승리와 영광만이 기다리고 있습니다.

▶ 제7대 대통령선거 후보 등록 후 발표한 성명, 1971. 3. 23. ◀

이번에도 정권교체를 못 하면
박정희 영구 총통의 시대가 옵니다

존경하고 사랑하는 서울 시민 여러분! 나는 먼저 내 연설을 시작함에 있어서 나와 같이 쌍벽을 이루고 있는 박정희 대통령후보, 그분의 건재와 그분의 집회에 많은 청중이 모이기를 충심으로 빕니다.

서울 시민 여러분! 나는 그동안 전국 방방곡곡을 돌아다녔습니다. 지금 전국에서는 모든 국민들이 "이번이야말로 정권교체를 기어이 이룩하자!"고 경상도에서, 전라도에서, 충청도에서, 강원도에서 궐기했습니다. 나는 전국 유세의 결과 필승의 신념을 가지고 살아왔습니다만, 오늘 여기 장충단공원의 백만이 넘는, 대한민국에서뿐만이 아니라 세계에 그 유례가 없을 이 대군중이 모인 것을 보고, 서울 시민 여러분의 함성을 보고, 이제야말로 정권교체는, 우리의 승리는 결정이 났다는 것을 나는 여러분 앞에 말씀할 수 있습니다.

여러분! 이번에 정권교체를 하지 못하면 이 나라는 박정희 씨의 영구집권의 총통總統 시대가 오는 것입니다.

여러분! 내가 정권을 잡으면 이 나라의 독재체제를 단호히 일소一掃할 것입니다. 다시, 대통령을 두 번밖에 못 하는 조항으로 헌법을 고치겠습니다. 민주주의 국가는 아무리 그 사람이 위대하다고 하더라도, 정치를 잘했다고 하더라도 대통령을 두 번밖에 안 하는 것이 민주주의입니다.

여러분! 나는 마지막으로 여러분에게 말합니다. 박정희 씨는 그동안에 내가 공명선거에 대해서 협의하자고 해도 안 해, 서로 만나서 얘기하자고 해도 안 해, 국민 앞에서 텔레비전이나 라디오 토론을 하자고 해도 안 해, 독재적인 수법만 취하고 있어요.

뿐만 아니라, 지금 공무원을 총동원해서 부정선거를 하고 있어. 나에 대해서 자유로운 보도를 못 하게 하고, 내 집에다가 심지어 폭탄을 던져 가지고, 그래 가지고 범인을 우리 쪽에 뒤집어씌우려도 안 되니까 중학교 2학년밖에 안 된 내 어린 조카아이를 데려다가 48시간 동안이나 잠을 안 재우면서 물고문을 하고 당수로 치고 이래 가지고 어린애의 강제 자백을 받아 가지고 그놈을 검찰청에서 마포경찰서 유치장에 넣었는데, 중학교 2학년 어린아이를 잡아가는 데 완전 무장된 기동경찰이 얼마나 동원됐느냐, 무려 20명이 동원됐어요. 아마 이북에서 김일성이 잡아 오려도 그렇진 않을 거야.

뿐만 아니라 우리 선거 사무장이신 정일정 박사 댁에는 불을 질러 놓고 범인을 조작할 수 없으니까 한다는 소리가, "고양이들이 불을 질렀다.", 정 박사 댁 고양이 두 마리가 이웃집 고양이 한 마리더러 오라고 해 가지고 고양이끼리 회의를 해 가지고, "우리 집에다 불 지르자." 이 래서 그 근방 종이는 모두 긁어다가 연탄불을 붙여 불 질렀다 이거

나는 여기서 정권에 대해서 얘기해! 부정선거를 하려면 해 봐라 그 말 이요. 부정선거를 하려면 해 봐라, 부정선거를 할 테면 해 봐라 그말이 요! 이제 나는, 내가 여기서 분명히 말해! 만일 끝까지 부정선거를 획책 한다면 국민의 지금 이와 같은 정권교체의 여망을 끝까지 짓밟겠다는 것이요. 박정희 정권은 제2의 이승만 정권, 제2의 4월 혁명을 각오하고 부정선거를 하라고 말하고 싶어요.

여러분! 4·19는 학생의 혁명이었소. 5·16은 군대가 저질렀어. 이제 오 는 4월 27일은 학생도 아니고 군대도 아니고, 전 국민이 협력해서 이 나 라 5천 년 역사상 처음으로 국민의 손에 의해서 평화적으로 정권을 교 체하는 위대한 민주주의 혁명을 이룩하자는 것을 여러분에게 호소하면 서, 나와 뜻을 같이하는 여러분이 총궐기하는 의미에서 박수 갈채를 보 내 주시기를 부탁합니다.

▶ 제7대 대통령선거 서울 지역 유세, 서울 장충단공원, 1971. 4. 18. ◀

서울 장충단공원에서 열린 백만 군중 앞에서의 제7대 대통령선거 유세. 1971. 4. 18. 이 연설에서 김대중은
"이번에 평화적 정권교체가 안 되면 가공할 만한 총통제 시대가 온다."고 공언했고, 이후 이 예측은 현실이 되었다.

중앙정보부에 의해 계획, 지령, 감독된
완전범죄의 부정선거

나는 개인적으로 지극히 담담한 심정이다. 그러나 이번 선거에서 보여준 국민의 평화적 정권교체에 대한 애절하고도 열화와 같은 열망이 이와 같은 불법·부정으로 짓밟히고, 이제 다시 선거에 의한 정권교체는 바라볼 수 없는 시점에서 3·15부정선거를 무색게 한 불법·부정 선거의 결과를 묵인할 수 없다. 나의 신명은 이미 조국과 국민을 위해서 바친 것이다. 최후까지 나의 책임과 신념을 다할 것을 명백히 하는 바이다. 국민 여러분께도, 당면한 결과에 낙심 말고 조국의 민주주의 소생을 위해 새로운 결의와 분발 있기를 바라는 바이다.

▶ 제7대 대통령선거 결과에 대한 성명 「4·27 대통령선거를 마치고」, 1971. 4. 29. ◀

"4·27 대통령선거는 조용한 선거였다."고 박 정권은 자랑한다. 그렇다! 중앙정보부에 의해서 계획되고 지령되고 감독된 완전범죄의 선거였으며, 전 국력을 동원하여 한 개 야당을 때려잡은 소리 없는 암살의

선거였다. 그러나 아무리 주도하게 계획된 범죄에도 증거는 있는 법이며, 아무리 면밀하게 진행된 하수下手(살인-엮은이)에도 지문은 남아 있는 법이다. 하물며 이번 공화당 정권의 부정선거에는 3천만의 눈이 이를 지켜보았으며, 수백만의 피해자들이 입은 뼈저린 상처가 아직도 아물지 않고 있는 것이다. 다만 그것이 소리 없이 진행되었고 너무도 기술적으로 자행되었기 때문에, 국민들이 부정을 당하고도 아직 그 전모를 충분히 파악하지 못하고 있을 뿐이다.

▶「4·27 대통령선거의 진상」, 1971. 4. 29. ◀

우리 국민은 얼마나
지혜롭고 준엄한 심판자인가

여야가 각기 두렵도록 반성해야 할 것은 우리 국민이 얼마나 지혜롭고 준엄한 심판자인가 하는 점이다. 변절자, 민족분열자, 권모술수 분자에 대해서 철퇴를 내리는 동시에 여당의 개헌 음모를 분쇄하고 야당의 몰락을 구제해서 역사상 최고의 여야 균형의 국회를 형성해 주었다. 참으로 절묘의 결정이라 할 것이다.

박 대통령은 국민이 결코 그의 장기 집권을 바라지 않는다는 사실을 통감해야 한다. 국민은 3선개헌도, 세 번 당선도 모두 반대였다. 다만 부정선거가 이를 강제로 조작한 것뿐이다. 이번 국회의원 선거 결과도 박정희 씨의 영구 집권 위협에 대한 반대가 절대적인 영향을 준 것이다.

민주주의에 대한 국민의 강렬한 욕망을 정시正視해야 한다. 우리 국민은 민주적 근대화가 아닌 개발독재형의 근대화를 배격하며, 대중적 분배가 따르지 않는 소수 집권층을 위한 비민주적 경제 건설을 반대하며, 국민의 자유와 기본 권리를 희생시키는 나치스적인 반공을 원치 않는다. 오늘날 국민의 부정부패에 대한 분노가 얼마나 격렬한 것이며, 또한 국민이 요구하는 것이 결코 말단 공무원의 비위 처단이 아니라 집권의 상층부, 특히 박 대통령 지척의 측근자들의 부패 축재에 대한 과감한 숙청에 있다는 점을 명심해야 할 것이다.

내가 대통령선거 기간 중 누차 제안한 기자·체육·서신 등 남북 교류의 실시, 평화애호 국가로서의 선언과 4대국 전쟁 억제 보장 요구, 그리고 공산국 외교의 추진 등에 대해서 선거 때의 찬반의 경위를 떠나서 선거 운명을 책임진 입장에서 심각한 배려 있기를 바란다.

▶ 제7대 대통령선거 및 제8대 국회의원 총선거 후의 성명 「양대 선거를 마치고」, 1971. 6. 2. ◀

국민의 모든 자유를 박탈하는 정보 정치를 타파하자

1789년 7월 14일 프랑스 바스티유의 감옥이 그 당시 민주주의 혁명 투사들에 의해서 파괴가 되어 가지고 그 안에 있는 정치범들이 석방이 되고, 그렇게 해서 마침내 오늘의 부르주아 민주혁명의 위대한 출발점이 되었던 것입니다. 그런데 그 당시 프랑스를 지배하던 루이 16세는 그 7월 14일 자기 일지日誌에 무어라고 썼느냐 하면, 무無, 나싱nothing, 아무 일도 없었다, 이렇게 썼습니다. 다시 말하면 집권자가 현실을 전혀 파악하지 못하고 왕조가 뒤엎히고 미구未久에 왕과 왕비가 단두대에서 목을 잘릴 그러한 위기가 닥쳐 옴에도 불구하고 여기에 대한 아무런 자각이나 위기의식이 없었던 것입니다. 왕비인 마리 앙투아네트는 빵을 달라고 아우성을 치는 군중을 보고 "빵이 없으면 과자를 먹으면 되는데 빵을 달라고 하느냐?" 이런 철없는 얘기를 했습니다. 정부건 개인이건 누구나 과오를 범할 수 있고, 또 범하지 않는 사람도 없고 정부도 없습니다. 문제는 그러한 과오를 범할 때, 위기가 닥쳐 왔을 때 그 정부가 과연 위기의식을 가지고 여기에 대처하느냐, 아니면 이것을 무시하고 자아도취하고 반성할 줄 모르고 나아가느냐 하는 데 그 정부의 운명이 결정되고 국민의 행복이 좌우되는 것입니다.

박정희 대통령의 10년 집권에서 그동안 많은 일도 했지만, 이제 10년 집권의 결과 정치·경제·사회 모든 분야에 중대한 위기가 도래했습니다. 이것은 결코 나 개인이나 우리 야당만의 생각이 아니라 많은 사람들이 지금 그와 같이 보고 있는 것입니다. 지금 이 나라에서 국민의 정부에 대한 불신과 원망, 반목, 이것은 과거 10년 동안 어느 때에도 볼 수 없는 극한의 상태에 달했다고 나는 보는 것이고, 내가 사적으로 얘기해 보면 여당에 계신 분들 중에도 오늘의 이 사태에 대해서 우려를 표시한 것을 우리는 많이 듣고 있습니다.

얼마나 많은 사건들이 터졌습니까? 불과 2, 3개월 동안에 사법파동, 광주 대단지 사건, 인턴들의 의료 파동, 동대문시장에서의 철시 사건, 부평에서의 시장 상인들의 사건, 또한 국내외를 놀라게 한 실미도의 군 난동 사건, 국회에서의 10·2 파동, 지금 문제가 되고 있는 학원 파동 등, 어느 하나를 보더라도 국가 운명, 정권의 존폐와 직결되는 중대한 사건들이 아닌 것이 없고, 그 저류를 더듬어 보면 이 나라의 정치·경제·사회의 모순과 비정枇政과 실책이 하나의 빙산의 일각으로 나타난 그러한 중대한 사건들인 것입니다. 그러나 우리가 볼 때 정부는 이 어느 사건도 국민이 납득할 만큼, 만족할 만큼, 전화위복이 될 만큼 실패를 딛고 내일의 발전과 성공의 길을 찾는, 그와 같은 방향으로 수습했다고는 볼 수가 없는 것입니다.

인간의 사회, 국가, 여기에서 질서가 지극히 중요한 것은 사실입니다.

그러나 우리가 원하는, 또 우리가 가져야 할 질서라는 것은 민주적 질서, 자유 있는 질서, 국민의 권리가 보장된 질서, 이것을 우리가 질서라고 하는 것이지, 만일 법도 없고 인권도 없고 민주주의의 방향도 없고 오직 묘지와 같은 침묵을 강요하는 그러한 질서, 민주정치의 특성인 다양성은 완전히 말살되고 획일적인, 그러한 복종만이 존재하는 질서라고 할 것 같으면, 이것은 민주주의의 적이요 우리가 원치 않는 질서인 것입니다. 만일 그런 질서조차 우리가 존중해야 된다고 할 것 같으면, 과거 일제 군국주의를 우리가 다 겪다시피 얼마나 질서가 투철하냐, 이것입니다.

오늘날 이 나라에서 질서라는 것은 정보 정치 아래서 국민의 모든 자유가 박탈됐습니다. 언론이 자유로운 비판을 가하지 못하고, 적어도 이 나라의 언론이 박정희 대통령이나 중앙정보부에 대해서 비판을 못 해요! 집권당의 국회의원들이 자기의 자유로운 의사를 표시 못 하고, 국회에서의 면책특권에 의한 의원들의 행동이 정보부에 불법 체포되어 가지고 구타당하고, 이러한 폭력에 의한 질서, 불법적인 위수령이 발동되고, 영장 없이 천여 명의 학생들이 체포되고, 민주국가에서 가장 죄악으로 여기는 고문과 구타가 자행되고, 이러한 질서, 이것이 과연 정부가 내세운, 금과옥조로 한, 우리 대한민국에서 우리들이 존중해야 될 질서라고 얘기할 수 있느냐, 오늘날 우리나라에서 법질서를 가장 어지럽힌 것이 바로 정부요, 이러한 반민주적인, 무법적인 질서 유지를 강요한 이 정권이야말로 국민의 규탄과 법의 엄격한 적용을 받을 제1차적인 대상이다, 나는 이렇게 생각을 하고 있습니다.

이러한 의미에서 이러한 정보 정치의 일소—掃와 부정부패의 지양, 그리고 특권 경제의 건설을 지양하고 분배를 병행하는 그러한 새로운 경제정책, 사회보장에 대한 획기적인 조치, 이러한 4대 계획을 단행한다고 할 것 같으면 나는 이제라도 국민의 마음은 정부를 지지하게 될 것이고, 정부가 주장하는, 우리가 바라는 국민의 총화 협력 체제는 이루어질 것이고, 우리가 비록 야당이라고 하더라도 정부가 그런 길을 갈 때에 우리도 대국적인 입장에서 협조를 아끼지 않을 것이다, 이렇게 생각하고 있습니다.

▶ 국회 본회의 발언, 1971. 10. 23. ◀

2

고난의 가시밭길,

사선을 넘어

1972~1982

일본 혼슈 나가노현의 시라카바호반에서 개최된 제9회 재일한국청년동맹 동계강습회 강연.
1973. 2. 18. 당시 재일 한국인 청년 250여 명이 참석했다.

이 나라의 운명을 좌우하는 것은
여러분 곧 국민입니다

옛날에 "춘래불사춘春來不似春"이라는 말이 있습니다. "봄은 왔어도 봄 같지 않다." 과연 지금 봄이 왔습니다. 그러나 이 나라에는 차갑고 어두운 바람이 계속 불고 있습니다. 지금 우리는 대한민국 헌정사상 처음 보는 독재에 시달리고 있습니다. 이런 독재는 경험해 본 일이 없어요. 엉뚱하니 전쟁이 일어난다고 떠들어 가지고 지금 국민들이 경제활동을 포기하고, 기업들이 위축되어 가고, 직장이 없고, 생활고는 심해 가고, 물가는 마구 뛰고, 살길이 없어요.

여러분! 대한민국은 법치국가예요. 대통령은 국민의 공복公僕이에요. 대통령은 취임할 때 국민 앞에 선서하고 "이 나라의 국헌國憲과 모든 법을 준수하겠다."고 약속을 했어요. 이것은 절대적인 의무예요. 그럼에도 불구하고 비상사태라는 터무니없는 것을 선언하고, 이래 가지고 '국가보위특별조치법'이라는 것을 만들어서, 헌법의 어느 조항에도 대통령에게 그와 같은 권한을 줄 수 있는 조항은 없음에도 불구하고 초헌법적超憲法的으로 국법을 무시하고, 대통령에게 예산을 멋대로, 자기 마음대로 하게 하는 권한을 주었어요. 국회도 필요없습니다.

노동자들이 자기의 권리로서 주장하는 쟁의를 못 하게 하고, 국민의 재산을 마음대로 징발할 수 있도록 하고, 국민의 재산을 10년 또는 20년간이나 징발하고도 거기에 대한 보상 조치를 요구하는 재판도 못 하게 하고 있습니다. 이와 같이 헌법을 유린하고, 헌법에 없는 권리를 대통령이 갖고, 언론 자유와, 야당과 국회와 국민의 모든 자유를 억압하고, 암흑 독재정치를 강행하고, 이런 짓을 하고 있는 이 사실이야말로 내가 선거 때 예언한 바 그대로입니다. "이번 선거에 우리가 정권교체를 못 하면 총통제總統制로의 길을 가는 것"이라고 했습니다.

박정희 대통령이 말하기를 "나는 총통이 무엇인지도 모른다."라고 말했어요. 이와 같이 헌법에도 없는 권한을 대통령이 멋대로 가지고 민주국가의 기본 질서인 국민의 자유를 짓밟고, 국회를 유린하고, 한 사람이 독재적 권리를 자행한 이 사실이야말로 이 나라가 총통 제도의 길을 가고 있는 것이 아니고 무엇이냐, 하는 것을 나는 여러분들에게 말하지 않을 수 없다 이거예요.

내가 여러분에게 말씀드리는 것은, 나의 소망은 오직 우리 국민에게 희망과 자신自信을 주는 정치, 이 세계 어디에서라도 부끄럽지 않은 떳떳한, 내 국민들을 위해서 이런 불행과 이런 고통을 이 이상 더하지 않고, 여러분들 얼굴에 희망의 광채가, 앞날에 대한 행복에 찬 그러한 웃음이 우리 국민의 얼굴에 나오는 그 정치를 내가 한번 해야 되겠다. 그런 나라를 만들어야 하겠다는 것이 나의 결심입니다.

오늘 여러분에 대해서도 마지막으로 내가 하고 싶은 말은, 내가 많은 말을 했지만, 최후에 이 나라의 운명을 좌우하는 것은 여러분이오. 우리 국민이오. 우리 국민이 자기의 운명에 대해서 하나하나 생각을 하고 우리들의 살길을 위해서, 우리들의 후손에 희망 있는 나라를 주기 위해서, 우리가 용기를 내서 희생을 무릅쓰고 싸울 사람은 싸우고, 거기까지 못 가는 사람은 희생까지는 안 하더라도 우리가 할 수 있는 여러 가지 길을 택해 가지고, 우리들의 의사가 대통령을 움직이고 이 정권을 움직이기를 바라는 것입니다.

비록 박정희 씨와 공화당으로부터 미움을 받고 어떠한 박해를 받는 한이 있다 하더라도 나는 내 국민의 이익을 위해서, 내 국민의 장래를 위해서, 고립되고 망하고 세계로부터 버림받고 이 불행 속에서 허덕이고 있는 내 동포와 나라를 위해서는 내가 열 번 쓰러지면 열한 번 일어나고, 백 번 쓰러지면 천 번 일어나서 여러분들 선두에서 싸워야 한다는 나의 결심이기 때문에 내가 이런 주장을 하는 것입니다.

여러분이 나라의 한 주인으로서, 여러분이 이 나라 운명을 우리가, 내가 쥐고 있다고 생각하시고 앞으로 이 암흑 독재를 헤치고 우리의 민주주의를 되살리기 위해서 여러분 한 사람 한 사람이 새로운 결의를 해 주시기를 부탁하고, 그러한 의미에서 여러분이, 찬성하시는 분은 대단히 외람되지만 다시 한번 박수가 있어 주시기 바랍니다.

▶ 미국·일본·유럽 순방 후 귀국 강연회, 서울 천도교회관, 1972. 3. 11. ◀

통일은 평화 공존, 평화 교류,
평화 통일의 3단계로 해야 합니다

통일에 대해서 국제적으로는 어떻게 보고 있느냐, 세계의 권위자들이 얘기하는 것을 몇 개 소개해 보면, 미국의 브루킹스연구소Brookings Institution의 중국 문제 전문가인 도크 바네트A. Doak Barnett 교수는 어떻게 말하고 있느냐 하면, "지금 남북 간은 무엇보다도 접촉을 확대시키는 것이 제일 중요하다. 통일 한국은 아시아의 안전을 위해서 중요한 요건이다. 중공도 아시아의 안전을 원하고 있기 때문에 궁극적으로는 한국의 통일을 반대하지는 않을 것이다.", 그러나 자기가 볼 때는 "단기적으로는 한국 통일은 불가능하고 오히려 이 단계에서는 유엔의 동시 가입을 생각하는 것이 현명하다."는 말을 하고 있습니다.

프랑스 파리대학의 유명한 레이몽 아롱Raymond Aron 교수는 "한국 통일은 한국 사람 스스로가 결정할 문제이고, 누구도 이것을 방해할 수가 없다. 그러나 현재 양쪽의 성격이 너무도 뚜렷이 틀리기 때문에 이것이 통일에 대해서 큰 장애물이다." 이렇게 말하고 있습니다.

영국의 세계적으로 권위가 있는 전략연구소의 부소장으로 있는 케네스 헌트B. Kenneth Hunt 씨는 "한국의 분단은 당분간 반半항구적으로 계속될 것이고, 이러한 분단이 계속적으로 시끄러운 문제를 야기시킬 것이다.", 영국의 유명한 역사학자이며 20세기의 양식을 대표하는 아널드 토인비A. J. Toynbee 교수는 "중공은 한국에 있어서 미군 철수를 강력히 원한다. 그러나 미군이 철수한 데 대해서 중공이 한국에서 미군을 대체하려고 하지 않을 것이고, 또 북한에 위협이 오는 것은 반대하지만 북한이 남한을 침략하는 것을 도와주지는 않을 것이다. 그것은 6·25 때보다라도, 유엔군이 38선을 넘었을 때 중공이 비로소 참전했지 38선을 넘기 전까지는 참전하지 않았다." 이런 것을 지적하고 있습니다. 그러면서 이 토인비 교수는 "한국의 통일은 거의 불가능하다. 그 이유는 어느 쪽 다 상대방의 정권이나 이데올로기에 굴복하려 하지 않는다. 다만 동·서독의 예로 보아서 통일 일보 전까지 서로 교류하고 무역을 확대해서 접근할 수가 있을 것이다."라고 말하고 있습니다.

일본의 동경대학에 있는 유명한 중국 문제 연구가 에토 신키치衛藤瀋吉 교수는 "한국은 서독과 같이 당분간 현 상태 유지를 해야 할 것이 아니냐." 이렇게 말하고 있습니다. 이분이 이번에 소련에 갔다 왔습니다. 소련에 가서 준準국빈 대우를 받고 왔는데, 돌아와서 하는 얘기가 "소련은 한국의 현실에 지극히 만족하고 있다."는 얘기를 들었습니다.

일본의 경응대학慶應大學(게이오대학-엮은이)에 있는 한국 문제 전문가인 미야 오키라는 교수는 "한국에 있어서 4대국의 보장에 의한 문제의 해결이 필요하다."고 말하면서 로카르노 조약을 예로 들고 있습니다. 대체적으로, 국제적으로는 한국 통일에 대해서 낙관하는 견해는 별로 없습니다. 이것을 자세히 살펴보면 일단 현상을 그대로 인정하면서 당분간은 교류를 확대하고 최종적으로는 한국 민족이 자기 문제를 해결하는 것이 옳다는 견해를 표시하고 있습니다.

나는 여러 가지로 연구한 결과 한국의 통일은 다음 세 가지 단계로 나누어서 우리가 추진하고, 이 세 가지 단계로 나누어서 추진해 갈 때 '어느 땐가, 멀지 않은 장래에 우리는 통일에 대한 실마리를 찾고 통일을 이룩하고야 말 것이다, 우리가 바라는 자유민주주의 통일을 할 수 있을 것이다.'는 확신과 신념을 가지고 있습니다. 먼저 제1단계는 우리가 남북 간에 평화적으로 공존하고, 우리가 하나로 합치려면 서로 평화적으로, 현재 살고 있는 이 자유를 확보해야 합니다. 현재 살고 있는 평화적 공존이 없이는 결코 우리가 더 친해질 수도 없고, 하물며 통일이 될 수도 없습니다. 그래서 남북 간에 평화적 공존이 해결되면, 그다음에는 남북 간에 평화적 교류를 확대시켜 나가야 합니다. 그 결과가 확대되어서 동포 간에 동질성이 회복되고, 동포애가 회복되고, 신뢰가 회복되고, 이렇게 됐을 때, 우리가 안심하고 같이 살 수 있다는 그러한 여건이 성숙될 때, 조성될 때 비로소 통일의 시대가 온다, 이렇게 3단계로 보고 있습니다. 따라서 남북의 3단계 통일은 '평화적 공존, 평화적 교류, 그리고 평화적 통일', 이 세 가지 단계로 우리가 보완해 나가야 합니다.

▶ 시국 대강좌 「3단계 통일정책의 제창」, 서울 명동 대성빌딩 대강당, 1972. 6. 6. ◀

유신과 개헌에
국민의 심판이 내려질 것

박정희 대통령의 이번 조치는 통일을 말하면서 자신의 독재적인 영구 집권을 목표로 하는, 놀랄 만한 반민주적 조치이다. 나는 박 대통령의 행위가 세계의 여론으로부터 준엄한 비판을 받는 동시에, 민주적 자유를 열망하면서 이승만 독재정권을 타도한 위대한 한국민의 손에 의해 반드시 실패하리라는 것을 확신하는 바이다.

▶ 10월유신 조치에 반대하는 성명 「계엄령에 대하여」, 일본 도쿄, 1972. 10. 18. ◀

이번의 개헌안은 한마디로 말해서 독재적 군림과 영구 집권의 야망으로 불탄 박 대통령의 목적을 달성시켰고, 직접선거로는 도저히 승리할 가능성이 완전히 없어진 그의 안전한 당선을 노린 일종의 총통제總統制의 개헌이다. 이에 따라 그가 작년의 대통령선거 당시 자신의 3선을 국민에게 호소하면서 "이번이 마지막"이라고 말한 국민과 세계에 대한 공약은 휴지 조각이 되어 버렸다.

나는 선거 당시 "만약 이번에 평화적으로 정권이 교체되지 않으면 박 정권의 교체 가능성은 완전히 말살되며 가공可恐할 만한 총통제 시대가 온다."라고 되풀이 경고했는데, 불행하게도 이 예언이 적중했다.

이번의 개헌안은 민주주의의 생명인 의회민주주의와 3권분립을 부정했으며, 북에 있어서의 공산 획일 체제에 대한 대폭적인 접근을 보여주고 있다. 박 대통령은 통일을 위한 개헌 운운해 왔지만 결과는 통일과는 아무런 관계도 없는, 그의 권력의 영속화와 강화를 위한 개헌으로 집중시켰다. 나는 국민과의 공약을 깨고 민주주의적인 건국이념과 헌법을 짓밟은 박 대통령의 행위에 대해 계속 투쟁해 나갈 결의를 명백히 다짐하는 동시에, 자유를 사랑하는 우리나라 국민의 준엄한 심판이 반드시 내려질 것을 확신한다.

▶ 정부 비상국무회의에서 공고한 헌법 개정안의 문제점을 지적하는 성명 「개헌에 대하여」,
일본 도쿄, 1972. 10. 27. ◀

개헌을 위한 국민투표는
완전한 불법이며 무효이다

박 정권의 각본대로 헌법 개정을 위한 국민투표가 실시되었다. 그러나 나는 이것이 완전한 불법이며 무효임을 선언한다. 그 이유로서는 첫째, 개헌안이 현행 한국 헌법에 규정된 대로 국회의 심의를 거치지 않고 국민투표에 부쳐진 점, 둘째로는 개정안의 내용이 의회민주주의와 3권분립을 부정하고 대통령 1인의 총통적 독재체제를 규정하는 것으로서 자유민주주의의 국시國是를 유린한 점, 셋째로는 개헌안에 대한 모든 반대를 금지하고 계엄령하의 박 정권과 그 지지 세력에 의한 찬부贊否의 자유만이 보장된 반민주적 방법에 따른 점, 넷째로는 부정을 감시하는 선거관리위원회에서 야당 대표가 제외됨으로써 투표율이 얼마든지 날조될 수 있었던 것 등을 지적하지 않을 수 없기 때문이다.

▶ 유신헌법으로의 개헌을 위한 국민투표 실시에 반대하는 성명, 미국 워싱턴, 1972. 11. 21. ◀

국민은 최후의 승리자이며
양심의 근원이다

나는 작년 10월 11일에 도쿄에 왔습니다. 이쪽으로 온 것은 선거 때 입은 원인 불명의 부상, 그것을 정부 측에서 했다는 것이 거의 틀림없다는 증거를 나는 가지고 있지만, 그때에 받은 상처를 치료하기 위해 온 것입니다.

세 번째 치료를 하고 10월 19일에 돌아갈 생각이었지만, 10월 17일 오전 중에 후쿠다 다케오福田赳夫 씨에게 들었고, 또 오후에는 고노겐조河野謙三 참의원 의장을 만나 보고 오니 그런(계엄령에 대한-엮은이) 뉴스가 들어와 있었습니다. 그 이후, 나는 대통령의 조치에 단호히 반대하며 일본과 미국을 왕복하고 있는데, 내가 한국에 돌아가면 여러 가지 위험한 일이 기다리고 있는 것도 객관적인 사실일 것입니다. 그러나 나는 그런 상태이더라도 금년 1월에 귀국하려고 생각했습니다. 그래서 본국에 있는 동지들에게 언더그라운드로 이 사실을 연락했는데, 본국에 있는 동지들의 생각은, 지금 내가 한국으로 돌아오면 결정적으로 생명이 위태롭다. 설사 신변의 안전이 확보된다 하더라도 국민들은 돌아온 사실조

차 모른다. 또 한 가지 중요한 일은, 박정희 정권은 현재 국민의 지지에
의해 서 있는 것이 아니라 미국의 무기와 일본의 돈으로 서 있는 것이니
까 이들 두 나라로부터의 원조가, 방금 야스에 씨가 말씀하신 것처럼,
한 정권의 연장을 위해 쓰이는 일이 없도록 양국의 지도자나 양식 있는
사람들에게 호소하는 것이 절대로 필요하다, 이것이 나의 동지들의 일
치된 의견이었습니다. 그래서 현재 나의 가족은 모두 한국에 있지만,
나 혼자서 일본과 미국을 왕복하고 있는 것입니다.

7·4 성명을 매우 높이 평가하면서도, 이것이 진실로 민족적 양심을 바
탕으로 해서 행하여진 것이 아니라, 박정희 씨의 독재정권을 영구화하
기 위한 방편에서 내놓은 의도가 짙다고 보았습니다. 그래서 공동성명
이 발표된 직후인 7월 13일에 나는 "통일이라는 명분하에 독재의 영
구화를 꾀할 우려가 있다."고 내외 기자회견에서 말한 바 있습니다만,
2월에 발표된 미국 상원 외교위원회의 보고에도 나의 회견 발언이 인용
되고 있습니다.

한국의 현실을 이해하기 위해서는 박정희 정권이란 어떤 정권인가, 또
어떻게 해서 그런 독재가 성립됐는가를 생각해 볼 필요가 있다고 생각
하지만, 그 전에 먼저 한국 국민이 그렇게도 민주주의를 열망하고, 아
시아에서는 일본 다음가는 높은 교육 수준을 가지고 있으면서도 어떻
게 이렇게 민주주의가 뿌리를 내릴 수 없는지, 그 원인을 찾아보아야
한다고 생각합니다.

첫째는, 한국의 민주주의는 우리 스스로의 힘으로 얻어진 것이 아니라

는 점에 기본적인 원인이 있습니다. 주지하는 바와 같이, 영국이 민주주의를 획득하는 과정에서는 3백 년 이상에 걸쳐서 많은 피를 흘렸습니다. 민중이 일어나서 바스티유 감옥을 깨뜨린 행진곡이 현재의 프랑스 국가가 되어 있습니다. 미국이 민주주의와 독립을 얻는 데는 156년이라는 세월을 필요로 했습니다. 우리들 한국인은 물론 3·1운동을 일으켰고, 광주학생독립운동도 일으켰고, 중국이나 미국에서 항일독립운동도 펼쳤습니다. 하지만 기본적으로는 연합국의 승리에 의해 증여된 민주주의와 해방이지, 스스로 충분한 대가를 치르고 쟁취한 것이 아니었습니다. 그렇듯 민주주의를 쟁취한 역사적 전통이 없기 때문에, 민주주의를 지켜 가는 주체 세력과 국민의 자각 의식이 부족한 셈이죠. 이 점이 우리에게는 기본적으로 결여되어 있는 것입니다.

둘째는, 우리는 불행하게도 지도자라는 면에서 충분하지 못했습니다. 민주주의의 성립을 위해서는 두 가지 조건, 하나는 스스로의 힘으로 쟁취한다는 것과, 또 하나는 인도의 예에서 볼 수 있듯이 뛰어난 리더십이 필요하다고 나는 생각하는데, 이런 점에서 우리는 충분하지 못했습니다. 한국에서 집권한 것은 제1대 지도자인 이승만 씨와 현재의 박정희 씨, 두 사람이 있을 뿐입니다. 그 중간에 장면 씨가 있지만, 그는 겨우 8개월밖에 정권을 유지하지 못했습니다. 따라서 한국의 정치 체질에 책임이 있는 것은 이승만 씨와 박정희 씨인데, 이들 두 사람은 모두 국민의 의사를 존중한다는 민주주의적인 생각을 가지고 있지 않은, 자기중심적인 지도자입니다.

셋째로 큰 원인은 미국의 정책입니다. 제2차대전 후, 많은 후진국이 미국을 민주주의의 메카처럼 생각해 왔고, 미국도 처음에는 그들 나라에게 민주주의를 심어 주려고 노력한 것이 사실입니다. 그런데 냉전이 격화되자 미국이 '반공'이라는 정책을 강력하게 내세웠고, 반공만 하면 아무리 부패한 정권이라도, 어떤 독재정권이라도 무기를 대 주고 돈을 주는 등 계속 원조를 했습니다. 반공의 목적은 본래 '민주주의를 위하여'인데도, 민주주의를 짓밟는 정권을 반공 때문에 원조했다는 잘못된 미국의 정책이, 한국에서도 독재자들을 계속 고무해 왔던 것입니다.

박정희 정권의 특징은, 그것도 세 가지가 있다고 할 수 있습니다. 이 정권은 첫째 군사정권이다, 둘째 정보정권이다, 그리고 셋째 변신이 재빠른, 무원칙을 원칙으로 하는 정권이다, 이런 점을 들 수 있을 것입니다.

박정희 정권에게는 '힘이 전부'라는 군인적인 체질이 강하다고 하셨는데, 군대의 발상은 적敵만 있지 라이벌이라는 것이 없습니다. 적이라는 것은 죽여 버리지 않으면 안 된다는 사고방식입니다. 언론도 야당도 모두 이를 철저하게 짓밟지 않고는 성에 차지 않는 것이 박정희 정권의 특징이 되어 버리고 말았습니다.

두 번째로 정보 만능의 정권이라고 했는데, 현재 정권을 지탱해 나가고 있는 사람들, 위로는 박정희, 국무총리인 김종필을 비롯해서 얼마 전에 체포된 윤필용 수도방위사령관, 청와대의 경호실장으로 상당한 힘을 가지고 있는 박종규 등이 있는데, 이들은 한결같이 정보장교 출신입니다. 정보장교라는 것은, 옛날 일본의 헌병정치, 특고정치特高政治를 생각하면 어떤 멘털리티를 가지고 있는지 짐작이 가리라 믿습니다. 그들은 어디고 일을 정면으로 본다든가, 민중을 설득하고 손을 잡고 나가는 일은 체질적으로 할 수가 없습니다. 상대방을 보면 즉각 약점을 찾으려 하고, 그 뒤를 캐려고 합니다. 지금 그들이 국민에 대해서 하고 있는 것이 무엇인가 하면, 그 하나는 협박과 유언비어를 흘리는 일입니다. 예를 들면, 전화는 정부에 도청당하고 있으니까 조심해야 한다는 정보를 흘립니다. 그러면 국민은 전화를 거는 데도 겁을 먹고 맙니다.

셋째로 재빠른 변신인데, 이것은 정말 멋지다고 표현할 수밖에 없을 정도입니다. 참으로 놀랄 만큼 전에 한 말을 뒤집지요. 예를 들면, 박정희 씨의 진퇴 문제 하나만 보더라도, 1961년 5월의 군사쿠데타 때에는 군사정권은 잠정적인 것이고 자신들은 군대로 복귀한다고 했습니다. 그리고 1963년 2월에는 국민 앞에서 눈물을 흘리면서 손을 들고 자신들은 민정 이양에 참가하지 않겠다고 선언하고, "나 같은 불행한 군인이 다시는 생기지 않기를 바란다."고 말한 바 있습니다. 그런데 한 달도 채 되기 전인 3월 16일에는 그 말을 뒤엎고, 군복을 양복으로 갈아입고 참가하고 말았습니다. 1967년의 국회의원 선거 때에는 대단한 부정선거로, 특히 나를 낙선시키려고 대통령이 나의 선거구에서 국무회의를 열고, 더구나 "여당 의원 20명이 떨어져도 좋으니 김대중만은 낙선시켜라."라고 지시함으로써 세상을 놀라게 했습니다. 그래서 나는 대통령에게 "당신이 이렇게까지 선거에 열을 쏟고 있는 것은, 대통령 3선을 가능하게 하도록 개헌하기 위한 것이 아닌가?" 하는 공개 질문을 했는데, 이튿날 대통령은 2만 명의 관중 앞에서 "내가 3선개헌을 하려고 한다는 것은 야당의 모략이다. 나는 3선개헌은 절대로 하지 않는다."고 연설했던 것입니다. '절대로'라고 말했습니다. 이듬해인 1968년에는 현재 체포되어 있는 김상현 의원이 청와대로 가서 대통령을 만났을 때, 대통령은 "만약 내가 독재를 하려고 한다면 당신들은 그에 반대하십시오. 만약 내가 3선개헌을 하려고 한다면 김상현 의원, 당신은 칼을 들고 나에게 덤비시오."라고까지 말한 바 있습니다. 그러나 1969년에는, "3선개헌을 해 주지 않으면 나는 당장 대통령을 그만두겠다."고 국민을 협박해서, 결국은 헌법을 개정했습니다.

1971년 대통령선거 때에는, 그는 군중 앞에서 눈물을 흘리면서 "나를 지지해 주십시오. 대통령으로 나서는 것은 이번이 마지막입니다."라고 연설하면서 전국을 돌아다녔습니다. 하지만 나는 "이번에 정권 교체가 되지 않으면 반드시 총통제가 된다. 다시는 선거가 없다."고 되풀이하여 경고했습니다. 그러나 국민들은 설마 하고, 또는 약자에 대한 동정심이랄까, 눈물·호소에 약한 국민감정도 있고 해서 다시 속아 넘어간 사람도 많았던 것입니다. 그 1971년 4월부터 1년 반이 되는 작년 10월에는 '유신'이라는 이름 아래 계엄령을 선포하고 헌법을 개정하여 완전한 독재체제를 만들었던 것입니다. 목적을 위해서는 자기 자신이 한 말에 대해서 전혀 책임을 지지 않는 정권입니다.

박정희 정권은, 미국이 한일회담을 열망하고 있다면 '제2의 이완용' 즉 매국노라는 말을 들어도 좋다고 큰소리치면서 한일회담을 밀어붙였습니다. 미국의 지지를 얻기 위해서는 베트남으로의 출병도 강행했습니다. 이들 모두가 한국의 정권을 유지하는 가장 큰 힘이 미국의 의향이라는 판단에서 나온 것이고, 무엇보다도 먼저 정권 강화가 목적이었음은 너무나 명백합니다.

처음에 내세웠던 '민족적 민주주의'는 어디엔가 버려 버리고, 오직 일본으로부터의 자금 도입에만 매달리고, 일본과 같은 고도성장 정책을 취해 왔지만, 군인에 의한 날림 경제 건설은 대부분이 실패하고, 특히 건설이라는 미명 아래 빈부의 격차를 벌려 놓아, 일부 특권층의 사복私腹을 채우고 헤아릴 수 없이 많은 부패를 낳게 했습니다.

그런 모순이 1971년 대통령선거에서 한꺼번에 쏟아져 나온 것 같습니다. 아시다시피 나는, 그때까지는 국제적으로 이름 없는 청년이었고, 국내에서는 '대통령이 될 만한 실력이 있을까?' 하는 의구심을 갖게 하는 존재였습니다. 그런데 선거전에 돌입하자 예측을 초월한 국민의 지지와 원조가 모였습니다. 정책에서도 선거 때의 쟁점이 된 것은 모두 야당인 내가 제시한 것이었습니다. 남북 교류, 평화 통일, 공산권 외교, 4대국에 의한 한국에서의 전쟁 억제의 보장, 또한 향토예비군의 폐지, 대중경제, 의무교육에서 수업료 등의 부담 폐지, 이런 것들이 모두 이슈가 되었던 것입니다. 다만 한 가지, 정부 여당이 약속한 것으로 국민이 일리가 있다고 들은 것은, 한국과 같은 나라에서는 군대의 지지가 없으면 정권의 안정이 있을 수 없다, 군대의 지지야말로 대통령의 첫째 자격이라는 것이었습니다. 그런데 그 군대에서, 그는 나에게 졌던 것입니다. 가장 두드러진 사실은, 소위 박정희 정권의 친위 사단이라고 할 수 있는 수도방위사령부에서 내가 승리하는 결과가 나왔습니다. 박정희 씨는 부정선거로 나를 이겼지만, 그는 사실은 졌다는 것이 국민의 상식입니다.

7·4 성명이 어떤 의도에서 나온 것이라고 하더라도, 나는 그 역사적 의

의가 크다고 생각합니다. 7·4 성명의 내용도 우리가 생각하고 있던 것보다 훨씬 발전되어 있었습니다. 그러나 역시, 당사자의 본심은 달랐었다는 사실도 중요합니다. 국민이 통일을 열망하고, 통일을 기대하고 있는 분위기를 이용해서 계엄령을 발하고 헌법을 개정해 버렸습니다. 한편, 10월 17일(10월유신-엮은이)이라는 타이밍을 택한 것은, 미국이 대통령선거와 베트남전 휴전 교섭으로 벅찰 때, 순식간에 해치운 것입니다.

박정희 정권은 '반공을 내세우는 것이 편리할 때면 반공', '통일을 내세우는 것이 편리할 때면 통일'이라는 식으로 참으로 변신을 잘합니다. 유엔에서 지금까지의 '한국 내 유일한 합법정권론'을 버리고 '동시가입론'을 내세웠는데, 이것도 내가 2년 전부터 주장하고 있던 것입니다. 하지만 이것은 일관된 정책과 이념에 바탕을 둔 것이 아니라, 아시아태평양협의회ASPAC의 붕괴와 세계보건기구WHO에서의 패배라는 사태하에서의 변신입니다. 이런 '무원칙이 원칙'이라는 정권이 정권을 유지시켜 온 단 하나의 절대적인 원칙은, '무슨 일이 있더라도 정권은 내놓지 않는다.'는 것입니다.

한국의 2천 년 역사를 보면, 한국인이 곤란한 상황 속에 있더라도 어떻게 자주성과 독립을 지켜 왔는가를 알 수 있습니다. 또한 한국인은 얼마나 민주주의에 대한 열망이 높은 국민인가, 한국인은 얼마나 정치적인 의식이 높은가, 한국인은 얼마나 독재를 증오하고 있는가, 이런 것을 알지 않으면 안 됩니다.

미국에 가서 많은 대학, 예를 들면 컬럼비아대학, 워싱턴대학, 미주리

주립대학, 웨스트민스터대학, 센트럴메소디스트대학, 시카고의 가톨릭계 신학교 등에서 여러 가지 연설을 했습니다. 또한 정부·의회·언론·학자·종교계 등 많은 사람들과 이야기를 나누었습니다. 나는 어디를 가건 한결같이 다음과 같은 말을 했습니다. "나는 당신들에게 나나 박정희 정권에 반하는 우리들에 대하여 무언가 구체적인 원조를 요청하고 있는 것도 아니며, 한국의 내정에 대하여 간섭해 달라고 요구하는 것도 아닙니다. 물론, 똑같이 민주주의를 신봉하는 미국 국민이 모럴 서포트(사기 앙양-엮은이)해 주기를 열망할 뿐입니다. 하지만 결코 그 이상은 바라지 않습니다. 그러면 무엇 때문에 미국에 왔는가 하면, 그것은 현재 미국 일부에 퍼지고 있는 잘못된 생각을 지적함과 동시에, 무엇보다도 서로 책임의 한계를 분명히 하기 위해서 온 것입니다."

우리나라에서는 조선왕조 말기에 동학운동이 있었습니다. 서양의 그리스도교를 서학西學이라고 하는 것에 대하여 동학東學이라고 하며, 유교·불교·선교仙敎의 셋을 합친 것으로, 19세기 말에 전봉준全琫準이라는 사람의 지도로 농민이 일어나서 전주성을 점령하고 충청도까지 밀고 올라왔습니다. 그때 그들이 내세운 것이 '인내천人乃天'(사람 즉 하늘-엮은이)이라는 기치였습니다. 그리하여 그들은 노예를 해방시켰습니다. 그때까지 젊은 여성이 결혼해서 남편이 죽으면 일생 동안 과부로 지내야 했는데, 그런 바보스러운 일은 없다고 재혼을 허락했습니다. 탐관오리의 재산을 몰수하여 농민에게 나누어 주고, 토지는 균등하게 분작分作시키는 생각을 내놓는 등, 농민 중심의 개혁을 하려고 했습니다. 이 갑오년 봉기는 청일전쟁으로 일본이 개입하여 일본의 무력으로 부수어지고, 전봉준 등은 처형되고 말았습니다. 만일 일본이 개입하지 않았더라면, 그때 민주혁명이 성공했을 것입니다. 이러한 아시아의 역사, 한국의 역사를 결코 가볍게 보아 넘겨서는 안 됩니다.

일부 미국인은 과도적으로 독재가 필요하다고 말합니다. 그러나 몇 년을 과도기로 하는가. 제2차대전 후 많은 독재국가의 성립을 보았지만, 독재를 시작하고 '이 기간 동안은 해도 괜찮다. 그다음에 민주주의를 하겠다.'는 독재자는 한 사람도 없었습니다. 그들은 멸망하는 날까지 보다 더 독재를 에스컬레이트escalate했던 것입니다.

아시아에서는 민주주의가 시기상조라고 해도 좋습니다. 과도적인 독재가 필요하다고 해도 좋습니다. 하지만 '민주주의가 상조尙早인지 아닌지', '과도적인 독재를 받아들일 수 있는가 받아들일 수 없는가'는 우리 한국인이 결정할 문제입니다. 그런데 실제로는 미국의 탱크가 의사당을 점령하고, 대학을 폐쇄하고, 신문사를 총검으로 제압하고 그것을 결정하고 있습니다. 일본의 돈이 뒤에서 이를 백업back-up해 줍니다. 이게 도대체 무어란 말입니까. 우리는 민주주의에 대한 각성이 없고, 국민 대중이 독재자의 악질적인 선동에 놀아나서 결정한 것이라면, 그래도 좋습니다. 하지만 계엄령이 선포되고 총검 아래서 결정된 것입니다. 그러므로 한계를 분명히 하려는 것은, 미국이 원조하는 본래의 목적이 그러한 독재자를 원조하려는 것이 아니라 참다운 한국의 국방과 국민 전체를 위한 원조라면, 본래의 목적을 위해 사용되고 민중을 탄압하기 위해 악용되지 않도록, 이것은 당신들의 책임하에 고쳐져야 합니다. 그것만 당신들이 책임을 져 준다면, 그다음 문제는 당신들의 신세를 지지 않고 우리가 하겠습니다. 이런 말을, 나는 미국인들에게 하고 돌아다

넸던 것입니다. 이것은 미국인들에게는 비상한 감명과 책임감을 일깨워 주었으리라고 믿습니다. 이것이 내가 미국에 지금도, 앞으로도 체재하는 가장 큰 목적입니다. 그리고 이것은 일본의 경우에도 마찬가지입니다.

7월 6일에 미국 워싱턴의 메이플라워호텔에서, 전국에서 모인 교포들과 민주회복통일촉진국민회의를 개최했습니다. 그곳에서 나는 두 가지 원칙을 제시하여, 그 원칙하에서 우리는 조직하고, 투쟁하고, 또 동지가 되는 것이라고 외쳤습니다. 하나는, 우리는 박정희 독재정권을 반대하는 것이지 대한민국에 대해 반대하고 있는 것은 아니다, 우리는 제3세력도 아니고 북한 측에 서는 것도 아니다, 어디까지나 대한민국의 입장이라는 것입니다. 또 하나는, 통일운동은 어제도 오늘도 할 수 있다, 통일의 실현은 남쪽의 국토와 북쪽의 국토가 하나가 되었을 때 비로소 성취된다. 그러나 현재 남쪽을 지배하고 있는 박정희 정권은 통일을 이룩하려는 의사가 없는 정권임은 확실하다, 그러니까 남쪽 국민의 자유와 행복을 위해서는 물론이려니와 통일을 실현하기 위해서도, 통일에 대한 민족적 양심과 북쪽과 대등한 교섭을 할 수 있는 실력을 갖춘 민주정권을 실현시키는 것이 선결 문제라는 것입니다. 남쪽의 국토를 민주화시키는 것이 통일의 가장 큰 전제가 됩니다. '선先 민주 회복, 후後 통일 실현'인 것입니다. 단, '선 민주 회복'이라고 해서 통일운동을 쉬는 것이 아니라, 그것은 어디까지나 강력하게 추진해 나갑니다. 통일의 측면에서 보면 민주 회복도 통일을 위한 하나의 과정인 것입니다. 이 두 가지 원칙에서 우리들은 일치하지 않으면 안 되는 것입니다.
안정제일주의론자에 대해서 말하고 싶은 것은, 안정安定이란 무언가 하는 것입니다. 안정이란 것은, 진짜 민주적인 여러 나라처럼 국민이 자유롭게 비판하고, 자유롭게 투표하고, 그 결과 다수파에 복종하는 것이 안정인가, 아니면 박정희 정권처럼 총검의 힘으로 멋대로 정하는 것이 안정인가 하는 것입니다.

한국에는 지방자치도 없고, 위로는 국무총리부터 밑으로는 시골 관청의 급사까지 대통령이 임명하는 셈이어서, 그들은 부정선거를 하지 않으면 목이 잘립니다. 야당에는 한 푼의 선거자금도 돌아오지 않습니다. 그런 상황에서도 재작년의 선거에서는 결국 46퍼센트를 야당 후보 앞에 발표하지 않을 수 없었습니다. 그만한 바이탤리티vitality(힘-엮은이)를 발휘한 국민에게 자유가 없어도 과연 안정할 수 있을까요.

지금 한국은 표면상으로는 무덤과 같은 침묵 상태에 있습니다. 아무도 겉으로 불평을 털어놓지 않습니다. 하지만 그것은 폭풍 전의 고요인데도, 어째서 한 치 앞의 파멸을 보지 않느냐고 말하고 싶습니다.

(일본과-엮은이) 국교 정상화가 된 지 8년 동안 다른 것은 제쳐 놓고서라도, 경제적으로 과연 좋지 않았을 뿐만 아니라 국민 생활도 좋아지지 않았습니다. 이것이 현실인 것입니다. 8년 동안에 한국에는 많은 공장이 세워졌습니다. 일본의 자본이 많이 들어왔습니다. 박정희 정권이 집권하기 전에는 한국에 대외 부채가 거의 없었는데, 박정희 정권이 들어서면서 40억 달러로 부채가 늘어났습니다. 그 부채 중에서 가장 조건이 나쁜 것이 일본에서 온 차관입니다. 일본에서 온 플랜트plant 시설(생산 시설-엮은이)의 70~80퍼센트가 부실기업, 일본에서 말하는 도

산 기업이 되어 버렸다는 것을 정부가 발표한 일도 있습니다. 일본에서 온 기업이 어째서 부실기업이 되었는가, 그것은 무엇보다도 우리들의 정부가 나빴기 때문입니다. 정부가 진짜 양심적이고 유능한 경제인을 택하지 않고, 자기들에게 정치자금을 바치고 자신들과 가까운 사람을 지정해서 이권을 주었기 때문입니다. 그들은 정치자금을 헌납하지 않으면 안 되었으므로, 처음부터 나쁜 짓을 하지 않을 수 없었습니다. 일본과 계약을 맺을 때 이중계약을 맺어서 그 일부를 떼어먹거나 했습니다. 그러므로 처음부터 비싼 코스트cost가 되어 버립니다. 따라서 거기에서 생산되는 물품은 값이 비싸게 마련입니다.

한일 국교 정상화 이후 한국 상층부의 부패는 그야말로 천문학적입니다. 한국의 권력 상층부 사람으로 수백만 달러, 수천만 달러씩 축재한 사람은 얼마든지 있습니다. 그렇지 않은 사람이 오히려 이상스럽습니다. 이것은 공공연한 비밀입니다.

부패와 병행해서 한국에서는 빈부의 양극화가 급속하게 확대됐습니다. 국민은 여전히 전과 변함이 없는데, 한편으로는 재벌이 우후죽순처럼 나타났습니다. 일본의 원조는 그러한 특권 상층부와 재벌의 손에 모두 집중해 버리고 말았던 것입니다. 솔직히 말해서 일본의 경제원조는 부분적인 효과도 있겠지만 총괄적으로 보면 독재의 강화, 부패의 조장, 빈부 양극화의 확대, 막대한 부채의 누적, 그리고 제품 가격의 비상식적인 폭등 등 마이너스 측면이 보다 강했던 것이 사실이라고 생각합니다. 하지만 여러 번 되풀이해서 말하는 것처럼, 이 책임의 가장 중요한 것은 박정희 정권의 반민주성과 반국민성에 있는 것이며, 또한 우리들 국민의 비판과 견제의 싸움이 부족했던 점에 돌려야 한다고 생각합니다. 그렇다고 해서 일본의 입장이 결코 이 사태에 전혀 무책임하다고 할 수는 없을 것입니다.

도대체 '10월유신'이라는 것이 무엇입니까. 일본이 백 년 전에 사용한 '유신'이라는 말을 이제 와서 우리가 쓰는 것입니다. 일본에서 메이지 유신明治維新을 어떻게 평가하건, 적어도 우리 민족 측에서 보면 메이지 유신은 한국에 대한 침략으로 이어지는 것입니다. 사이고 다카모리西鄕 隆盛가 유신 직후 메이지 6년, 이미 '정한론征韓論'을 들고 있습니다. 그때 정한론은 패배했지만 그 당시의 정한론은 나쁘다는 것이 아니라 시기상조라고 말했을 뿐이었습니다. 그리고 청일전쟁, 러일전쟁과 메이지유신 후의 발자취는 모두 조선 침략과 이어져 있는 것입니다. 그 '유신'이라는 말을 우리들 한국인이 어떻게 쓸 수 있단 말입니까. 그 말을 감히 사용하는 박정희 정권의 체질, 그리고 한국의 고관高官이 일본에 와서 겁도 없이 "마지막 믿을 곳은 일본뿐입니다. 잘 부탁합니다." 하고 말하는 자세, 이런 것을 일본의 여러분은 경멸의 눈으로 볼지도 모르겠지만, 한국의 국민은 통분의 눈으로 보고 있는 것입니다.

현재의 시점에서도, 나는 박정희 씨 개인에 대하여 조금도 원한이 없고, 증오심도, 또 복수심도 가지고 있지 않다는 사실입니다. 이것은 나의 양심에 맹세해서 말할 수 있습니다. 우리나라의 조선왕조 5백 년 역사를 보더라도, 그것은 당파 간의 복수의 반복이고, 해방 후 28년의 역사도 남북 분단의 역사이며, 서로가 끔찍한 복수를 되풀이해 왔습니다. 나는 이런 불행을 되풀이하고 싶지 않습니다. 나는 지금, 박정희 씨 개인보다도 나라를 위해 그의 장래를 걱정하고 있습니다. 우리나라의 대통령은 모두가 쫓겨나서 그만두게 되는 것일까요.

국가의 역사라는 것은, 국민이 정신적으로 의지할 수 있는 지도자를 얼마나 많이 만들어 내느냐 하는 것에 크게 정해지는 것이라고 할 수 있습니다.

나는 박정희 정권의 힘을 가볍게 보고 있는 것은 아닙니다. 앞에서도 말한 바와 같이 무기·돈·정보기관 등을 최대한으로 이용한 그 정권 유지 능력은 매우 높습니다. 그리고 현실에 부응해 가는 유연성도 독재정권으로는 드물게 볼 수 있을 정도입니다. 한편, 국민의 약점을 찌르고 협박한다든가, 같은 민족끼리 서로 불신 속으로 말려들게 하는 방법이라든가, 공산주의 알레르기를 이용하여 자기의 적은 모두 북쪽과 결부시키는 것처럼, 국민의 성격적인 약점을 찌르는 일에 능란합니다. 또는 한 손에는 벌꿀, 한 손에는 채찍을 들고 조종합니다. 현재 한국의 언론계나 학계의 많은 인사들이 그 수에 말려들어서 애석하게도 절개를 굽히고 있습니다. 처음에는 채찍으로 때려 놓고 벌꿀로 달랩니다. 듣지 않으면 다시 때리고 한 번 더 벌꿀을 내밉니다. 이것이 반복되는 사이에 어쩔 수 없이 굴복하게 되는 것입니다. 이런 능력을 결코 가볍게 보아서는 안 된다고 생각합니다.

어떤 정권도 역사의 법칙을 거역할 수는 없으며, 국민이 원하는 것을 영원히 짓밟아 버릴 수는 없다고 생각합니다. 지금 한국 국민의 절대다수가 박정희 독재정권을 미워하고, 싫어하고, 무슨 말을 해도 믿지 않습니다. 이것은 조금도 과장하지 않은 사실입니다. 다만 할 수 없이 침묵만 지키고 있을 뿐입니다. 언제 폭발할지 알 수 없습니다. 그래서 정부는 잠시도 손을 늦출 수가 없습니다. 고려대학의 노동문제연구소 사건처럼 간첩 사건으로 날조해서 처벌합니다. 최근에는 일종의 성역으로 여겨지던 종교계에까지 손을 뻗어서 탄압하기 시작했습니다. 국민 개개인의 일까지 초조한 나머지 간섭해서 못살게 굴고 있습니다. 길가에 침을 뱉어도 잡아가고, 머리를 길게 길러도 잡아가고, 미니스커트에도 눈을 빛내고 있습니다. 결혼식이나 장례식의 초대장도 낼 수 없게 되었습니다. 사람들이 모이는 것이 두렵기도 하겠죠. 그런 상태로까지 와 있습니다.

한국에서는 아시다시피, 종교계의 사람들이 국민의 사회정의와 민주주의의 선두에 서서 영향력도 강합니다. 학생이나 지식인들도 침묵을 지키면서 저항하고 있습니다. 저임금으로 억압당하고 생존권을 빼앗기고 있는 많은 노동자들, 그들은 자유의 회복을 간절하게 열망하고 있습니다. 농민들도 새마을운동이랍시고 떠들어 대고 있지만, 그들의 주 상품인 곡물의 가격을 억제당하고 어떻게 생활의 향상을 꾀할 수 있단 말인가요. 최근에는 새마을운동으로 농촌으로 돌아온 사람들이 다시 도시로 나오기 시작하고 있습니다. 한국 국민은 반드시 때를 보아 일어서서 민주주의를 회복하리라고 나는 확신하고 있습니다.

김지하의 「오적五賊」이라는 시는 결코 가공적架空的인 것이 아닙니다. 이런 정권이 어떻게 오래갈 수 있단 말입니까. 몇 월 며칠에 어떤 방식으로 박정희 정권이 쓰러질 것인가는 예언할 수 없습니다. 또한 박정희 정권을 결코 가볍게 보지는 않습니다. 그러나 머지않아 우리들 한국 국민은 반드시 자유와 정의를 위해 일어날 것입니다. 이것은 결코 나의 고집도 아니며, 희망적인 관측도 아닙니다. 나의 피부와 피로 느끼는 국민에 대한 신념인 것입니다. 그런 점에서 나는 현재의 상황에도 불구하고 한국의 앞날을 낙관하고 있습니다.

나의 신앙은 역사인 것입니다. 나의 역사에서 정의는 절대로 패배하지 않는다는 것을 믿습니다. 또한 나에게 유일한 영웅은 국민입니다. 국민은 최후의 승리자이며 양심의 근원입니다. 나는 이런 신념하에서 살고 있습니다.

▶ 일본 시사잡지 『세카이世界』 편집장 야스에 료스케安江良介와의 대담, 1973. 7. 13. ◀
(「한국 민주화의 길」, 『세카이』, 1973. 9.)

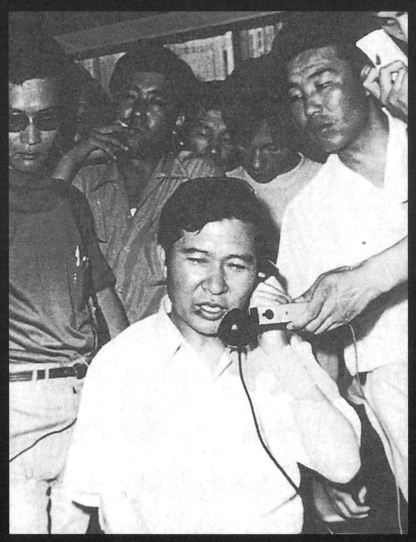

납치에서 풀려나 귀가 후, 기자들에게 둘러싸인 채 안부 전화를 받으며. 1973. 8. 13. 신병 치료를 위해 일본 도쿄에 머물던 김대중은 1973년 8월 8일 도쿄의 그랜드팔레스호텔에서 한국 중앙정보부 주도하의 괴한들에게 납치되었고, 납치 129시간 만에 8월 13일 서울 자택 부근에서 풀려났다.

나는 이미 그 결의를
바꿀 수 없는 인간입니다

나는 가톨릭에 입신한 지 20년이 됩니다. 그러나 이 옥중 10개월만큼, 기독교 신자가 된 기쁨을 느끼고 하느님께 감사한 적이 없었습니다. 이와 같이 매일 하느님께 기도를 드리고 하느님과 대화를 한 적이 없었어요. 하느님께서 저를 감옥에 보내 주신 데 대해서 저는 감사하고 있습니다. 나는 내 경험과 양심으로 보아 마땅히 올 장소에 와 있어요.

오늘의 유신체제는 통일을 위해서가 아니고, 안보나 반공을 위해서도 아니요, 박정희 한 사람의 영구 집권을 위한 것입니다. 유신헌법은 오직 그러기 위한 수단이며, 다만 그것을 향하여 내용이 구성돼 있을 뿐입니다. 이 사실은 태양이 동쪽에서 떠오르는 것과 같이 명백합니다. 이 체제 아래에서, 민주주의 인권과 자유의 보장은 불가능해요. 민주주의와 유신체제는 물과 기름처럼 상극합니다. 수출이 백억 달러, 천억 달러가 돼도, 부익부 빈익빈은 고쳐지지 않아요. 일부는 발전해도 다른 것은 희생시킨다는 불균형이 더욱 치열해질 따름입니다. 독재 아래서는 균형 있는 사회, 경제의 발전은 불가능해요.

사회적으로는, 유신체제 아래서는 양심의 자유, 종교의 자유, 학원의 자유는 있을 수가 없어요. 정직하고 근면하며 양심적인 사람이 성공하는 사회정의는 존재하지 않아요. 한 사람을 중심으로 하여 거기 충성을 바치는 체제 아래서는 만인을 위한 정치가 불가능하기 때문이오. 안보도 불가능해요. 공산주의와 싸우기 위해서는 민주주의만이 무기인 것입니다.

당면한 문제로서는, 긴급조치는 즉각 해제되지 않으면 안 됩니다. 국민의 기본적 자유가 하루라도 빨리 회복되고, 이와 같은 불필요한 대립과 에너지의 낭비는 해소돼야 하는 것이오. 그리고 갖가지 명목으로 체포된 민주적 정치범은 석방되지 않으면 안 됩니다. 추방된 교수·학생·기자 등은 모두가 복귀해야 해요. 인권 유린의 총본산 정보부는 해체되지 않으면 안 돼요.

우리들은 현 정부에 대해서 결코 증오심이나 복수심을 가지고 있는 건 아니오. 많은 과제를 해결하기 위해서 무엇이 필요하고, 민심을 수습하기 위해서 무엇을 해야 하며, 무엇이 옳은 안보의 길인가에 대해서 허심탄회하게 얘기하고, 또 정부의 얘기를 듣고 싶소. 권력을 가지고 있다 해서 탄압하지 않고, 권력이 바뀐다 하더라도 보복하는 일이 없도록 하지 않으면 안 돼요. 우리들은 지금 죽이고 죽임을 당하는 전쟁을 하고 있는 것이 아니라, 정권을 주고 또 받는 정치 게임을 하고 있어요. 언제라도 대화하고, 언제라도 협의하고 싶어요. 이것은 우리들 전체의 생각입니다.

권력층에게 부탁합니다. 원칙이 같을 때에 방법의 차이는 평화적인 토론과 협의로 해결할 수 있는, 능력·슬기·여유가 있는 겨레가 되도록! 그리하여야 비로소 자손에 대해서도, 온 세계에 대해서도 부끄러운 일이 없어질 것이 아닙니까! 지금까지 우리들은 정부를 비판해 왔으나, 나를 포함한 우리 국민은 정부와 함께 책임을 나누지 않으면 안 된다고 생각합니다. 우리들이 더 현명하고 주인으로서의 권리와 책임에 눈떠 있었더라면, 어찌하여 독재 따위가 있을 수 있겠습니까!

저는 기도를 드릴 때마다 군사 쿠데타 때나 4·19혁명 때처럼 피를 흘리게 하는 일이 없도록, 국민이 주권자로서의 권리와 의무를 깨닫고, 그 국민에 의해서 민주주의가 수립되도록 기도하고 있습니다.

민주주의를 회복하는 길도 국민의 수중에 있으며, 공산주의로 하여금 평화적·민주적 통일에 응하도록 하는 길도 우리 국민의 수중에 있어요. 현 정부와 폭력을 가지고 싸울 수는 없고, 비폭력이 아니면 안 됩니다. 인도의 반영反英 투쟁 때 간디는 폭력을 금하고, 국민이 줄지어 감옥으로 들어가자고 호소했습니다. "감옥을 인도 국민으로 채우면, 영국은 굴복하지 않을 수 없다."는 것이오. "폭력을 쓰면 그것은 영국의 함정에 빠지게 된다, 그것은 오히려 그들에게 절호의 기회를 줄 것, 비폭력이라도 용감한 투쟁을 하자."고 간디는 호소했습니다. 마틴 루터 킹도 같은 호소를 했어요.

3·1운동 후, 상해임시정부의 임시 대통령이 되신 박은식 선생께서도 "2천만 국민 전부가 일제에 대한 협력을 거부하자, 그리고 감옥을 향하

여 걸어가면 일제는 물러설 게 아니냐." 하셨습니다. 3,500만 국민의 1할이, 아니 그 1할의 1할인 35만 명이, 아니 1천분의 1인 3만 5천이라도 들어갈 각오라면 이 정부에게 반성을 촉구하여 우리들의 목적을 평화적으로 달성할 수가 있을 것입니다. 우리 국민은 위대하기도 하거니와 또 바보스럽기도 해요.

나는 내 양심, 제가 믿는 하느님의 명에 따라 억압되고 학대받는 국민을 위해 제 일생을 바칠 것을 맹세하고자 합니다. 정치적 자유, 경제적 평등, 사회적 정의는 나의 기본적 신념이에요. 이 자리에 나의 두 자식이 방청하러 나와 있거니와, 그들에 대해 부끄러운 아비가 되고 싶지 않아요. 우리 자손에 의해서 욕될 조상이 되고 싶지 않아요. 그러기 위해 일생을 바치고자 합니다.

나는 분명히 알고 있어요. 현 정부는 나를 구속했을 뿐만 아니라 내 생명조차도 빼앗으려고 했어요. 지금도 그 의도가 사라졌다고 생각되지 않아요. 그들은 언제라도 나를 살해할 수 있습니다. 그러나 그들이 나에게 어떤 짓을 한다 하더라도, 국민에 대한 내 충성, 우리들 자손에 대한 내 책임감을 바꾸지는 못합니다. 나는 이미 그 결의를 바꿀 수 없는 인간입니다. 1971년, 내가 대통령 후보가 되었을 때 그 곤란한 상황 속에서도 지지해 준 유권자의 46%, 540만 명을 배신할 수는 없습니다. 생명을 바치는 외에 그것을 회피할 자유가 없어요.

이 자리에 계시는 여러분, 그리고 이 법정 밖에 있는 국민 여러분, 우리들 각자의 입장을 초월하여 국민의 인권이 보장되는 정치적 자유, 평등한 경제적 여건을 보장하는 새로운 경제 질서, 정직하고 양심적인 사람들이 성공하고 양심·학문·신앙의 자유가 있는 그러한 정의 위에 서 있는 사회가 구현되리란 것을, 진심으로 여러분 한 사람 한 사람과 손을 잡고 호소하면서 이 최종 진술을 마치고자 합니다. 감사합니다.

▶ 3·1민주구국선언 사건 항소심 9차 공판에서의 최후진술, 1976. 12. 20. ◀

3·1민주구국선언문을 발표한 후 명동성당 앞에서의 촛불시위. 1976. 3. 명동성당에서 김대중은
윤보선·문익환·김승훈·함석헌·함세웅·안병무 등 각계 지도층 인사들과 함께 긴급조치 철폐, 민주 인사 석방,
언론·출판·집회 등의 자유 보장, 의회정치 회복, 대통령직선제, 사법권의 독립 등과 박정희 정권 퇴진을
요구하는 선언문을 발표했다.

진리란 우리의 양심이 받아들이는
인간의 길

어떤 실존주의자는 "인간이란 주어진 조건에서 자기가 선택한 바를 성취하는 가능성"이라고 말했습니다. 나는 오늘의 우리 현실 속에서 내 자신이 신념으로 택한 이 길이기 때문에 불평과 후회 없이, 그리고 조용한 마음으로 걸어 나갈 작정입니다.

우리는 사적으로는 가족 관계이지만 정신적으로는 같은 세계를 살아가는 동행자 간입니다. 현실이 비록 괴롭히더라도 우리들의 애정과 행복을 파괴할 수는 없습니다.

▶ 진주교도소에서 아내 이희호 여사에게 보낸 옥중 서신, 1977. 4. 29. ◀

인간은 본질적으로 패자의 운명 속에 태어났습니다. 왜냐하면 결국 죽어야 하기 때문입니다. 이 운명은 누구도 피할 수 없습니다. 다만 진리 속에 살다 죽은 사람만이 그 진리를 통해서 자기를 나타내고 자기를 완성합니다. 진리란 우리의 양심이 받아들이는 인간의 길일 것입니다.

▶ 진주교도소에서 아내 이희호 여사에게 보낸 옥중 서신, 1977. 8. 29. ◀

도전받고 응전한 자만이
성장하고 승리한다

우리가 세계의 역사를 읽을 때 통감하는 것은 민족이나 개인이나 외부로부터 도전받지 않고 발전한 예가 없다는 것입니다. 그러나 아무리 도전을 받아도 자주적으로, 효과적으로 응전應戰하지 않는 민족과 개인에게는 위대한 성장이 있을 수 없습니다.

▶ 진주교도소에서 아내 이희호 여사에게 보낸 옥중 서신, 1977. 10. 25. ◀

민족이나 국가나 개인이나 휘몰아쳐 오는 북풍 앞에, 그 시대의 피할수 없는 시련 앞에 감연敢然히 머리를 들이대고 가슴을 펴고서, 그 도전을 받아들여 용감하고 슬기로운 응전을 한 자만이 행운과 승리의 신의 축복의 미소를 얻을 자격이 있다는 것입니다.

▶ 진주교도소에서 아내 이희호 여사에게 보낸 옥중 서신, 1977. 11. 29. ◀

민주 회복,
자기 운명의 주인 되는 길

나는 당신이 입버릇처럼 말하는 "교만이 제일 큰 죄"라는 말을 언제나
잊지 않고 있으며, 또 왜 당신이 그 말을 되풀이하는지도 잘 알고 있습
니다.

▶ 서울대병원에서 아내 이희호 여사에게 보낸 옥중 서신, 1978. 8. 25. ◀

우리나라의 인권 회복과 민주 회복은 어디까지나 우리 국민의 각성과
희생과 노력에 의해 이루어져야 한다.

구속이란 본질적으로 협박 수단으로서, 협박은 국민이 두려워할 때 정
부의 무기다. 두려워하지 않고 오히려 이를 명예로 알며 기꺼이 구속될
때는 압제자의 무기가 될 수 없다. 오히려 그때는 민중의 무기가 된다.

▶ 서울대병원에서 아내 이희호 여사에게 보낸 옥중 서신, 1978. 10. 4. ◀

조속한 민주정부의 수립,
나의 신념과 목표는 확고부동하다

우리는 조속한 민주정부 수립에 일치해서 협력해야 한다. 이는 지금 국민의 절대적 요망이다. 모든 것은 민의民意에 따라 해결되어야 한다. 누구도 국민의 뜻 위에 군림할 수는 없다. 국민을 두려워하고 민의에 복종한다는 것이야말로 현 정국을 타개할 관건으로, 우리 모두가 갖추어야 할 자세다.

국가안보와 사회질서 유지는 이 시점에서 가장 중시해야 한다. 안정 없이는 아무것도 이루어질 수 없기 때문이다. 그러나 진정한 안정은 국민의 자발적 협력을 얻을 수 있는 민주정부로 나아갈 때만 가능하다는 사실을 명심해야 한다.

국가의 안전과 재건을 위해서 국민적 화해와 단결이 이 시간같이 요청된 때도 없다. 정부는 고통받는 인사들에 대한 상처 회복을 위해서 충분하고 신속한 조치를 먼저 취해야 하며, 과오를 범한 사람은 겸허한 반성과 자숙이 있어야 할 것이다. 일반 국민은 관용과 화해의 정신으로 이를 맞이해야 한다. 우리는 정치 보복이나 소급법遡及法의 제정을 절대로 배격해야 한다. 이를 반대하는 것이 민주주의의 정신이요 하느님의 가르침이기 때문이다.

인권 문제는 유신 7년 동안 국내외에 걸친 최대의 쟁점이었다. 정부는 질서를 강조하기 전에 국민 불안의 요인인 인권의 보장에 먼저 할 일을 다해야 한다. 인권은 우리가 지켜야 할 최상의 가치이기 때문이다.

지금 가장 시급하고 절실한 것은 언론과 정치활동의 자유가 최대한으로 보장되어야 한다. 우리 경제의 방향은 자유경제 체제 외에 있을 수 없다. 지금까지 관권 주도의 경제로부터 민간 주도의 진정한 자유경제 체제로 과감하게 발전시켜 나아가야 한다.

이제 누적된 경제적 제반 불균형도 시정되어야 한다. 성장 일변도에서 성장과 안정과 분배의 3자 간의 조화 있는 '발전'을 이룩하여, 경제발전이 대중의 수혜도受惠度와 일치해야 한다. 이것이 바로 국민 단결과 국가안보의 물질적 기반이 되는 것이다.

미국 등 민주 우방과의 공고한 우호 관계의 지속은 우리의 국가안보를 위해 불가결하다. 진정한 우호는 정부 차원에서의 친선만이 아닌 국민적 차원의 견해와 협력이 기본이 되어야 한다. 그러한 우호 관계는 서로 이념과 체제를 같이하는 민주정부 아래서만 가능하다.

나는 자유민주주의와 자유경제를 신봉하며, 복지사회 건설을 열망한다. 나는 '조속한 민주정부 수립'이라는 신념과 목표에는 확고부동하다. 그러나 이를 추진하는 방법은 평화적이어야 하며, 대화와 인내와 질서 속에 행해져야 한다고 믿는다.

나는 링컨이 남북전쟁을 마무리 지으면서, 남부에 대한 그의 태도에 대하여 북부, 특히 자기 당내에서까지 있었던 반대에도 불구하고 "누구에게도 악의를 품지 않고 모든 사람에게 자비를 베풀어야 한다(Malice toward none, Charity for all.)"고 주장한 위대한 화해와 관용의 정신을 우리가 본받아야 한다고 믿는다.

우리는 지금 전례 없이 위험하고 중대한 시점에 처해 있다. 과오를 범한 사람은 반성하고, 고통을 받은 사람은 관용하는 정신으로 이를 극복하는 민족의 슬기와 역량을 보여야 할 시점이다. 나도 박 정권 아래서 약간의 고통을 겪은 사람이지만, 나는 내가 겪은 쓰라림이 앞으로는 이 나라에서 다시 되풀이되지 않기를 나의 신앙과 양심에 비추어 바라는 바이다.

▶ 긴급조치 9호 해제 및 가택연금 해제에 즈음하여 발표한 성명, 1979. 12. 8. ◀

긴급조치 9호 해제와 함께 가택연금이 해제된 날, 263일간의 연금 날짜를 표시해 둔 달력 앞에서 아내 이희호 여사와 함께.
1979. 12. 8. 3·1민주구국선언으로 옥고를 치른 지 2년 10개월 만인 1978년 12월, 김대중은 형 집행정지로 가석방된 후 가택연금을 당해 왔고, 1979년 10월 26일 박정희가 암살된 후 과도정부에 의해 12월 9일 긴급조치 9호가 해제되었다.

과오를 범한 자들의
겸허하고 정직한 자성을 촉구한다

지난해 10·26사태 이후 적어도 두 가지의 국민적 총의總意가 분명하게 나타났다고 봅니다. 하나는 국민 여러분이 그토록 열망해 온 민주주의의 수립이요, 다른 하나는 현 최 대통령 정부가 전 정권의 유산을 답습하는 변형된 유신 정부가 아니라 국민이 주인이 되는 새로운 민주정부의 탄생을 위해 과도기를 현명하게 관리하는, 이름 그대로의 과도정부가 되어야 한다는 것입니다. 만일 현 정부가 국민 전체가 원하지 않는 일을 성급하게 그리고 의혹을 사 가면서 추진하거나, 국민 전체가 원하는 바를 짐짓 늦추려 한다면, 이것 자체가 정국을 불안케 하는 가장 큰 요인이 될 것입니다. 이 점을 현 과도정부는 분명히 깨달아야 합니다.

국민 여러분과 제가 가장 유감스럽게 생각하는 것은 유신체제의 주역들이 국민과 역사 앞에 자성하고 자숙하는 겸허한 태도를 조금도 보이지 않는다는 사실입니다. 그들은 오히려 과거를 합리화하면서 그들의 기득이권既得利權을 계속 유지시키는 일에 총력을 기울이고 있습니다. 심지어 그들이 계속 집권하지 않으면 중대 사태가 발생할 것이라고 국민 여러분들을 협박하기에 이르렀습니다. 이러한 자세는 지난 역사적 사건에서 교훈을 깨닫지 못했기 때문에 생기는 것입니다. 역사에서 배우지 못하는 자는 불행한 역사를 되풀이할 수밖에 없다는 역사의 진리를 생각할 때, 그들의 태도는 나라와 겨레의 앞날에 암영을 드리우고 있습니다.

저는 과오를 범한 자들에게 보복을 주장하지 않습니다. 그들이 새로운 민주정치에 참여하기를 진정으로 원한다면 모든 국민들이 납득할 수 있는 자성과 시정의 뜻을 명백히 국민들 앞에 보여 주어야 할 것입니다.

우리 국민들은 참회하는 자에게 침을 뱉는 미숙한 국민들이 결코 아님을 깨달아야 합니다. 저는 국민과 더불어, 앞으로는 변절과 변신의 천재들이 나라의 지도자가 되어 민족과 국가의 기강을 흐트리게 하는 비극을 막기 위해서도, 그들의 겸허하고 정직한 자성을 촉구하는 바입니다.

오늘 우리의 정치 현실에서 가장 긴급하게 요청되는 정신이 있다면 그것은, 한편으로는 화해와 단결의 정신이며, 다른 한편은 반성과 자기 갱신의 정신입니다. 과거에 부당하게 고통을 당했던 피해자들은, 반성하는 어제의 가해자들을 용서하고 포용해야 합니다. 저는 유신체제하에서 약간의 고난을 당했으나, 보다 밝은 미래 사회를 창조하기 위하여 어떠한 보복이나 협량狹量을 절대 배격하겠습니다. 특히 저의 납치 사건에 대한 한, 오늘을 기해서 그 사건에 관련되었던 모든 사람들을 용서할 것이며 더 이상 문제를 거론치 않을 작정입니다. 오직 당사자들이 누구든지 간에, 스스로 겸손하게 뉘우치기를 바랍니다. 그리고 한일 양국 정부는 이 문제를 현명하게 처리해 주도록 희망할 뿐입니다.

지난날 많은 민주 인사와 저를 괴롭혔던 정치 보복은 종지부를 찍어야 합니다. 이제부터는 그러한 악순환이 우리 정치 풍토에서 말끔히 사라져야 할 것입니다.

오늘의 우리 국민들은 지난 7년간의 유신체제의 쓰라린 경험을 통해 역설적으로 민주주의를 키워서 자기 자신의 것으로 향유할 수 있는 자격을 갖추게 되었습니다. 이 점에 있어서 저는 이렇게 성숙한 국민을 모시고 그 국민의 협력을 얻어 위대한 민주 대한의 형성과 조국 통일의 위업을 달성시키도록 전진하고 싶습니다.

▶ 복권 후 첫 기자회견에서 발표한 성명 「7년 만에 국민 여러분을 대하면서」,
서울 동교동 자택, 1980. 3. 1. ◀

자유가 들꽃처럼 만발하고, 정의가 강물같이 흐르는 날을 위하여

민족혼은 그 민족의 역사를 통해서 연단鍊鍛되고 발전되는 가운데 형성된 민중의 마음입니다. 우리 민족은 수난의 민족입니다. 대륙으로부터, 바다로부터, 안에서 지배자로부터 시달리고, 찢기고, 짓밟히는 가운데 용케도 견디어 오면서 다져지고 발전되어 온 우리 민족입니다. 그들의 다친 혼, 억눌린 혼, 신음한 혼, 견디어 낸 혼, 일어선 혼, 싸운 혼이 한데 어울려 응결된 것이 우리 민족의 혼이요, 그것이 바로 지금 우리의 가슴속에서 고동치고 있습니다.

민족혼의 개념은 고정 개념, 권위 개념이 아닙니다. 운동의 개념입니다. 민족혼은 민족의 역사와 삶의 변천을 통해서 이루어집니다. 민족혼은 이미 만들어진 신성불가침의 절대적인 상수가 아니라, 시대를 따라 발전하는 변수입니다. 그러나 민족혼은 결코 일시적인 것이 아닙니다. 그것은 민족의 존엄성, 정당성을 옹호하는 역사적 원천으로서 민족 의지의 일관성을 가집니다. 말하자면 민족의 주체적 선율입니다.

민족혼은 우리 민족의 낙관적 보장에도 작용해 왔지만, 그러나 민족의 위기에 가장 강력하게 발휘되어 민족의 실체로 육화되어 왔습니다. 고려의 항몽운동抗蒙運動, 조선의 임진왜란, 한말의 동학농민혁명, 의병운동, 그리고 독립협회운동, 일제하의 3·1운동, 해방 후의 6·25 공산침략의 극복, 4·19 학생혁명, 그리고 유신체제 아래서의 반독재 민권투쟁과 부마사태 등이 민족혼의 역사적 소재를 밝히고 있습니다. 민중의 비극, 위기, 고통을 통해서 민족혼은 기왕의 민족정신의 관성을 넘어서 혁신합니다. 역사적 발전 법칙에 의해서 새로운 민족혼으로 승화하는 것입니다.

민족혼의 형성에 있어서 원시시대의 샤머니즘, 고대 중세의 불교, 근세의 유교 들이 상층구조의 환경이었음은 사실입니다. 그러나 민족혼 자체는 아닙니다. 민족혼은 지배 사상이나 지배 논리에 있지 않고, 그것들과 대응하는 민족 내부의 대다수의 민중에 의한 총화적 염원이 형상화된 것입니다. 따라서 민족혼은 민족의 실체인 민중의 소리입니다. 민족혼은 반봉건, 반외세, 반독재의 절규입니다. 따라서 민족혼은 우리의 근대 민족주의의 바탕입니다.

민족혼은 투혼鬪魂입니다. 민족의 전투적, 적극적 의지의 경험에서 민족혼은 과시됩니다. 침략자와 싸워야 하고, 억압자와 싸워야 합니다. 모순과 싸워야 하고 깊은 잠과도 싸워야 합니다. 악 앞에서 용기 없는 민족혼은 또 하나의 악입니다. 그러나 민족혼이 투혼이라 해서 무조건 타자를 적대시하는 것은 아닙니다. '싸운 혼'만이 전우戰友를 압니다. 투혼은 동시에 전우애, 동지애, 형제애, 선린애善隣愛의 혼입니다.

민족혼은 다른 민족의 혼에 대한 적대 개념이 아닙니다. 배타주의는 민족혼을 타락, 멸망시키는 아편입니다. 발전하는 민족혼은 '인류가 하나'라는 개념을 수용합니다. 모든 민족과의 연대화, 형제화를 실현코자 합니다. 민족혼은 스스로의 독창적 발전을 고집하면서 동시에 각 민족과의 공동체적 상호 존립을 추구합니다. 한국 민족의 위대성이 전 세계의 위대성의 바탕이며, 전 세계의 위대성이 한국 민족의 위대성과 밀접히 관련되기 때문입니다. 세계를 향하여 발전하는 민족혼은 영원한 생명이요, 평화의 원천이요, 친교의 바탕입니다.

우리 역사에 단군檀君은, 하늘의 환인桓因이 그의 아들인 환웅桓雄을 이 땅에 내려 보낸 것은 홍익인간弘益人間을 하라는 것입니다. 우리에게 있어서 민본주의 즉 '백성이 주主'라는 이 사상은 그때 이미 싹터 있었던 것입니다. 가락국의 수로왕首露王은 자기 왕비에 대해서 자식 하나를 그쪽으로 점지해 주면서 왕비의 성으로 허씨許氏를 주었습니다. 여권사상女權思想과 통하는 것입니다. 신라시대의 6부 부족들이 모여서 하던 직접민주주의 형태인 화백和白은 그리스의 직접민주주의 제도와 상통하는 양상을 가지고 있습니다.

이조李朝의 유교 통치의 기초를 세운 정도전鄭道傳은 '민심이 곧 천심'이라는 원리를 주장하고 있습니다. 이율곡李栗谷 선생과 조광조趙光祖 선생은 언로대계言路大計로서 언론의 자유를 열어 주어야 한다는 것을 강력히 주장하고 있습니다.

실학實學을 최초로 체계화시킨 반계磻溪 유형원柳馨遠 및 성호星湖 이익

李瀷 등 실학의 대가들과 박지원朴趾源, 박제가朴齊家 등 북학北學의 대가들은 국민을 위한 실천적인 학문의 중요성을 주장하였습니다. 『홍길동전』을 쓴 허균許筠도 계급 타파와 부패된 정치에 대한 민중의 반항을 주장하고 있습니다. 『춘향전』에서 춘향이는 "정조를 지키는 데 양반과 상놈의 차이가 있느냐?"고 하면서 인권과 계급 타파를 주장하였으며, 『춘향전』에 나온 민중들은 그 당시의 무도한 지배계급에 대한 규탄과 반부패 투쟁의 장면을 우리에게 보여 주고 있습니다.

동학東學의 창시자인 최수운崔水雲 선생은 마침내 '사람이 즉 하늘'이라는 인내천人乃天의 위대한 민주주의의 사상과, 의심 없는 민중의 이념을 주장하고 있으며, 2대 교주인 최해월崔海月 선생은 사인여천事人如天 즉 "사람 섬기기를 하늘 섬기듯 해야 한다."는, 하늘과 사람을 똑같이 보는 민주주의 기본 원리를 주장하고 있다는 것을 우리는 자랑스럽게 주장할 수가 있습니다.

우리의 근대화의 길을 연 위대한 동학혁명! 독일 사람이 자랑하는 1530년대 뮌처T. Münzer의 농민혁명보다 몇 배나 위대한 이 동학혁명! 전봉준全琫準 장군은 이 혁명을 통해서 노비 해방과, 과부의 해방과, 토지개혁과, 탐관오리의 징계 처분과, 민중의 직접 통치와, 반제국주의 투쟁과, 이러한 위대한 근대화와 반외세의 민주주의의 문을 열었다는 것을 우리는 알아야 합니다.

기독교와 서구 민주주의가 들어온 이후에 이것은 더욱 발전해서 독립협회의 반외세 근대화운동, 3·1운동의 반제국주의 민주화운동, 또한

4·19의 민주주의와 연결이 되고, 박정희 치하의 반유신 투쟁과도 연결이 되고, 부마사태와도 연결이 되는, 이러한 민주주의의 사상이요 민본사상인 것입니다.

민주주의가 우리 풍토에 적합지 않다고 하는 사람은, 수천 년 전 단군 때부터 이미 싹튼 이 민주주의의 싹, 적어도 1894년 동학혁명 이래, 이 나라의 근대화와 민족 자주독립 정신이 백 년을 우리 민족에 뿌리박아 온 사실을 무시하는 것으로서, 이러한 사람이야말로 우리 민족과 조상에 대한 모독이요, 역사에 대한 무식이요, 자기들의 이기적인 목적을 달성하기 위한 민족 현혹의 궤변이라는 것을 지적하고 싶습니다.

우리는 민주주의를 두 번 실패했습니다. 8·15 이후의 민주주의는 미국이 주었지만 우리 힘으로 하지 않았기 때문에 이승만 박사가 이것을 짓밟았습니다. 4·19 후의 민주주의는 국민 전체가 아닌 학생이 중심이 되었다가 혁명 후에 학원으로 돌아갔기 때문에, 혁명 주체 없는 민주주의이므로 박정희 장군이 이것을 쉽사리 박탈해 버렸습니다. 우리 모든 국민은 유신 치하에서 마침내 반성하고 깨달았습니다. "내 힘으로 하지 않은 민주주의는 진짜가 아니다. 나의 피와 땀과 눈물을 바치지 않은 민주주의는 진짜가 아니다."라고.

이제 80년대의 문턱에 서서 여러분이 내게 다시 한번 "80년대를 네가 어떻게 보느냐?"고 말하라고 한다면, 나는 여러분에게 이렇게 말하겠습니다. 우리 민족이 이 위대한 지금의 성숙도로 봐서, 우리의 목전에 여러 가지 난관이 있고 파란곡절이 예상되지만, 80년대에는 국민이 주체가 되고 주인이 되어서, 국민이 이 나라의 주인 대접을 받는, 자유와 정의가 실현되는 민주주의가 반드시 성공할 수 있다고 단언합니다.

헌법의 금언金言에 "모든 국민은 자기 능력 이상의 헌법을 가질 수 없다."고 그랬습니다. 아무리 헌법이 민주적이고 훌륭해도 국민이 이것을 필요로 하지 않고, 국민이 이것을 지키려고 결심을 하지 않고, 국민이 이것을 가지기 위해서 싸우지 않고, 국민이 여기에 희생과 땀을 바치지 않으면, 그런 국민은 좋은 헌법을 가질 수 없다고 그랬습니다.

민주주의는 우리들의 계속적인 희생과 노력과 투쟁을 요구한다는 것을 나는 여러분에게 말씀드리면서, 여러분이 진정으로 민주주의를 원한다면, 여러분이 독재에 진정으로 몸서리친다면, 앞으로 한 사람도 빠짐없이 민주주의의 대열에 참가해야 한다는 것을 나는 여기에서 여러분에게 간곡히 호소하는 것입니다.

나는 내 일생의 교훈으로서, "어떤 경우에도 국민을 배반하지 말고, 어떠한 고난이 있더라도 국민의 편에 서라."는 것, 이것이 내 인생과 정치의 신조입니다. 우리 집 가훈이 세 가지 있는데 그중 첫째가 "하나님과 국민에게 충실하라."입니다. 참고로 말씀드리면, 둘째는 "자기 운명은 자기가 개척해야 된다."이며, 셋째는 "절대로 부자가 되지 마라."는 것입니다.

나는 내 자식들에게 말하기를 "돈과 하느님은 같이 섬길 수가 없고, 돈과 양심은 같이 섬길 수가 없다. 돈은 먹고사는 데 부족하지 않으면 되는 것이다. 그 이상의 부富를 가지게 되면 부의 노예가 되고, 친구들로부터 멀어지고, 국민으로부터 격리되고, 그리고 교만해지고 타락한다. 따라서 만일, 너희들이 경제계에 나가서 사장이 되고 회장이 되는 등등 경영자가 되는 것은 좋지만, 만일 부자가 되면 아버지와 너희들과는 관계가 끊어진다."는 것을 얘기하고 있습니다.

나는 국민에게 충성을 다하는 것을 정치인으로서의 최대의 기본으로 생각하기 때문에 나는, 지금 신문에서 대통령 후보 운운하지만, 무엇이 되기 위해서 사는 사람이 아닙니다. 대통령은 둘째, 셋째입니다. 나는 무엇이 되기 위해서 사는 것이 아니라, 국민과 내 양심에 충실하기 위해서 사는 사람입니다. 국민과 하느님이 주신 내 양심에 충실하다가 기회가 있어서 대통령을 맡게 되면 봉사할 것입니다. 그러나 국민과 양심을 버리고 무슨 수단을 쓰든지 대통령이 되겠다는 것, 이것은 내가 죽으면 죽었지 추구할 수 없는 길입니다.

나는 지금 살아 있는 것만도 감사합니다. 이 나라에 민주주의만 될 수 있다면, 우리 국민에게 자유와 정의가 회복되어서 또다시 눈물과 한숨과 비통의 생활을 하지 않게 된다면, 우리나라에 민주주의가 확고히 뿌리박아 국가의 안보가 튼튼히 되고 통일의 문이 열려서 나의 사랑하는 젊은 자식들이 동족상쟁의 총탄 앞에 서지 않을 수가 있다면, 나는 김구 선생이 말한 대로 총리는커녕, 국회의원은커녕, 중앙청 정문의 문지기가 되더라도 한이 없다는 것을 나는 여러분에게 말하고자 합니다.

나는 누구에게 천대를 받건, 누구에게 멸시를 받건, 누구에게 박해를 받건, 아니 오늘 생명을 잃건, 내 국민만 나를 버리지 않고, 내 국민만 나와 같이 있고, 내가 내 국민을 위해서 봉사할 수 있는 한은, 김대중에게는 불행이 없고 김대중에게는 슬픔이 없다는 것을 여러분에게 말씀 드립니다.

국민을 배반하면서 부富를 얻는 것보다는 하느님과 우리 국민을 택하겠습니다. 국민을 배반하면서 안전을 택하라고 한다면 차라리 죽음을 택하겠습니다. 이 신념은 내가 죽는 그날까지 변하지 않을 것입니다.

우리는 흔히 말하기를 "나는 정치에 관심이 없다, 나는 정치를 하지 않는다."고 말하며, 이것을 마치 자랑같이 얘기하는 사람이 있습니다. 그러나 경제도, 교육도, 법률도, 종교도, 그 어떤 분야도 정치가 바로 되지 않고는 결코 바로 될 수 없습니다! 정치에 관계없다지만 정치의 밀접한 영향하에 있는 것입니다. 따라서 내가 정치를 외면할 때, 나쁜 정치는 그것을 악용해서 프리 패스free pass로 진행되는 것입니다. 내가 외면하기 때문에 외면하지 않고 싸운 사람까지도 희생되는 것입니다. 열사람 국민 중에 열 사람이 다 반대하면 집권자는 태도를 바꿔야 합니다. 그러나 두 사람만 반대하고 나머지 여덟 사람이 모른 척하면 집권자는 그 둘만 차 버리면 되기 때문에 탄압하는 것입니다.

내가 항상 여러분께 말합니다. 우리는 이 사회의 일원으로서 "이 사회가 어떻게 되어 가느냐?", "정부가 무엇을 하느냐?", "정부가 어떠한 계획을 가지고, 어떠한 정책을 가지고, 어떠한 음모를 가지고 우리에게 임하고 있느냐?" 이것을 항상 감시하고, 옳지 않을 때는 과감하게 반항하고 싸우는 '행동하는 양심인'이 되어야 한다는 것입니다.

내가 여러분께 말씀하고 싶은 것은, 이미 우리 민족혼의 위대한 전통과 오늘의 존재를 말했지만 고칠 점도 있다는 것입니다. 즉, 우리 민족의 세 가지 결함을 고쳐야 한다고 생각합니다. 하나는, 우리 민족이 힘만 가지면 남용한 것입니다. 권력만 쥐게 되면 쥐뿔만 한 권력이라고 하더라도 이것을 태산같이 여깁니다. 이조시대의 저 말단 관리들도 얼마나 백성들을 괴롭혔습니까? 모든 회사에서도 조금 높은 자리에만 앉으면 권력을 남용합니다. 권력은 봉사를 위해서 주어진 것이지 자기의 권세와 남용을 위해서 주어진 것은 아닙니다. 더구나 권력을 잡은 사람이 보복을 하는 것, 그중에도 정치보복을 한다는 것은 최대의 악입니다.

우리는 이 나라에서 기회주의를 뿌리 뽑아야 한다고 생각합니다. 이 간신 같은 기회주의자들, 변신의 천재들; 일제시대에는 일본 사람에게 붙고, 해방 후에는 미군에게 붙고, 그다음에는 이 박사한테 붙고, 그다음에는 박 정권에 붙었습니다. 이 기회주의자들이 우리 민족의 정신을 얼마나 더럽혔습니까? 우리나라 정신사에서, 해방 이후의 정신사에서 가장 불행한 것 중의 하나가 기회주의입니다.

이 박사는 항일독립운동을 자기 일생의 철학으로 삼고 입국을 하였습니다. 대통령이 되었습니다. 그러나 친일파들만 모조리 끌어다가 자기의 주변을 쌌기 때문에, 그때부터 이 나라 민족정기는 훼손되고 말았습니다. 따라서 이 박사의 최대의 과오를 지적하라면 바로 이것이 과오라고 나는 생각합니다.

박정희 씨는 5·16혁명의 공약을 그럴듯하게 꾸며서 '구악舊惡 일소一掃'라고 공공연히 떠들어 놓고 구악 중의 구악인 자유당 사람들을 전부 끌어다가, 그중에도 '과오를 범한 자들'을 끌어다가 자기 주위를 썼습니다. 부정부패를 일소한다고 하더니 자기들은 그 몇백 배, 몇천 배의 부정부패를 저질렀습니다. 민생 문제를 쉽게 해결한다고 하더니 자기들 민생 문제만 해결하는 짓을 했습니다.

'힘의 남용'과 '기회주의의 배척'과 더불어 우리는 '지방색'이란 못된 정치 풍조를 배제해야 합니다. 나는 대통령이 못 되고 국회의원이 못 되어도, 지방색 때문에 지지하고 지방색 때문에 반대하는, 그러한 저열하고 망국적인 동족애에 절대로 동조할 수 없고, 절대로 반대한다는 것을 여러분께 말씀드리는 것입니다.

앞으로 1년, 우리는 산을 넘고 강을 건너는 고비를 넘겨야 할 것입니다. 내년 봄의 선거가 과연 있을지도 단언할 수 없습니다. 그러나 나는 국민이 민주주의의 감시병으로서 지금처럼 철통같이 단결해 나간다면, 우리 모두 우리의 의사를 숨기지 않고 주장해서 국정에 반영시킨다면, 그 누구고 도도히 흐르는 역사의 물결을, 우렁찬 전진을, 하늘도 땅도 바다도 울부짖는 민주주의의 함성을 누구도 감히 막지 못할 것이라는 것을 나는 여러분에게 단언할 수 있습니다.

우리는 우리 속에 있는 이 자랑스러운 민족혼을 깨우치고 앞세워서, 이 80년대에는 반드시 민주주의를 이룩하여, 이 나라에 자유가 들꽃처럼 만발하고 정의가 강물같이 흐르는, 그러한 민주주의의 선진 국가를 여러분과 우리가 합심해서 만들어야 한다는 것을 당부하고 싶습니다.

국민이 있는 곳에, 여러분이 있는 곳에 김대중이가 있습니다. 국민이 필요로 하는 데 김대중이는 있습니다. 김대중이는 천 번 죽어도 국민을 떠나지 않습니다. 만일 여러분이 필요로 하면, 우리 민족의 혼이 내게 명령하면, 나는 다시 열 번 납치당하는 한이 있더라도, 백 번 감옥에 가는 한이 있더라도, 천 번 연금당하는 한이 있더라도 나는 여러분에게 봉사할 것을 다짐합니다!

▶ YWCA 초청 수요강좌 강연「민족혼」, 서울, 1980. 3. 26. ◀

서울 YWCA 초청 수요강좌 「민족혼」 강연. 1980. 3. 26.

이 나라 농정農政은
어디로 가야 하는가

나도 여러분과 같은 농민의 자식으로 태어난 사람으로서 우리나라 어느 분야보다도 농촌에 대해서 걱정을 하고 있습니다. 이 나라에서, 내가 기억하기로는 제일 먼저 이중곡가제二重穀價制를 주장했던 사람으로서, 나는 오늘날의 농촌 파탄상을 보고 때로는 매우 절망을 하고 있습니다. 그러나 오늘 여기에 와서 농민회 형제 여러분의 얼굴을 볼 때, 농민으로서의 긍지와 자랑에 넘쳐 있는 여러분의 표정을 볼 때, "강제농정 철폐" 혹은 "민주농정 회복"이라고 쓴 머리띠를 질끈 동여맨 여러분의 결의를 볼 때, 그리고 농민도 남과 같이 이 나라의 주인 대접을 받고, 남과 같이 행복하게 살아 봐야겠다는 여러분의 희망의 표정을 볼 때, 나는 이 나라에 언젠가는 민주농정民主農政이 결국 회복될 수 있다는 것을 여기에서 단언할 수 있습니다.

나는 오늘 이 자리에서 '80년대의 이 나라 농정이 어느 방향으로 가야 할 것이냐?' 하는 내 생각을 말씀드리고자 합니다. 먼저 대전제를 얘기하면, 80년대의 농정은 유신농정으로부터 민주농정으로 가야 합니다.

첫째, 80년대의 농정은 농업을 국가의 기본 산업으로 재인식하여야 합니다. 농업은 국민이 살아가는 데 있어서의 기본 식량을 제공하는 것입니다. 식량의 안정된 공급 없이는 국가의 안보도 되지 않습니다. 안보의 측면에서도 농업은 매우 중요합니다.

우리는 농업을 현대적인 측면에서 새로이 인식하고, 아울러 농경이 '천하지대본'이라는, 과거와 같은, 봉건 지배계급들이 농민을 달래고 착취하기 위한 그런 구실이 아니라, 농민의 정당한 역할을 새로이 인식한다는 점에 있어서 농업을 '천하지대본'이라고 인식해서, 이 농업을 공업이나 기타 모든 산업과 마찬가지로 국가의 기본 산업으로 인식하는, 이 새로운 인식의 출발이야말로 앞으로 농민 여러분의 행복과 농업 발전을 좌우하는 기본 시점視點이라고 나는 여러분에게 주장하는 것입니다.

둘째, 농민이 농협의 주인이 되어야 합니다. 농협은 농민의 것이 되어야 합니다. 토지개량조합 또는 축산조합, 원예조합 등의 모든 것이 이 농민에 의해 자율적으로 되어야 합니다. 영농의 과정에 있어서나 판매에 있어서나 농민의 주도권은 보장되어야 합니다. 또한 농민의 인격과 농민의 권리가 다른 일반 시민과 마찬가지로 보장이 되어야 합니다. 지금과 같이 농민이 자기가 마음대로 볍씨 하나 고를 자유도 없고, 농약이나 비료를 강제로 떠맡게 되고, 곡가에 있어서 팔고 사는 사람이 정당하게 거래를 못 하고 주어진 가격대로 받고, 그것도 외상 하면 외상 당하고, 이렇게 농민의 권리가 철저히 무시되고 있는 현대판 농노로부터 자유 농민으로 인격을 회복하는, 이러한 문제가 선결되지 않고는 농민 문제가 해결될 수 없다고 나는 주장하는 것입니다.

셋째, 이 나라의 식량정책은 영양정책으로 발상을 바꾸어야 합니다. 식량을 먹는 것은 영양을 흡수하기 위해서 먹습니다. 그런데 잡곡이 쌀보다 영양가가 많습니다. 그러나 박 정권 아래서의 그릇된 전시효과, 국민에 대한 사치·낭비의 회유는 오늘날 우리나라에서 생산된 보리농사를 거의 망쳐 버렸습니다.

미국에서 가져온 밀에 대해서 보조금을 준, 그 보조금이 다른 쌀이나 보리에 대한 보조금보다도, 이중곡가의 보조금보다도 더 많은 때가 있었습니다. 이래서 내 나라 보리를 안 먹고 미국 밀을 국민에게 먹게 만들어서 우리 국민들의 식기호를 바꾸어 가지고 오늘날의 보리농사를 망쳐 버렸습니다.

문제는 우리가 필요한 칼로리와 영양을 흡수하면 되는 것입니다. 반드시 쌀을 먹어야 할 이유가 없는 것입니다. 감자도 좋고, 유실수도 좋고, 보리는 물론 좋고, 우리 내부에서 이 식생활을 영양 중심으로 바꾸는, 이러한 농업정책에 대한 발상의 일대 전환이 있을 때 우리나라의 농업은 다각화되고, 농업이 다각화될 때 농민의 수입도 다각화되고 농민의 생활 향상과 경제 향상이 이루어진다고 나는 믿고 있습니다.

넷째, 농축산물의 무분별한 수입을 중지해야 합니다. 원칙적으로 수입을 하지 않아야 합니다. 박정희 장군이 5·16 당시에 정권을 잡아 가지고 최고회의 의장으로서 『국가와 혁명과 나』라는 책을 출판했습니다. 그 책을 보면 "과거 구정권, 민주당 정권, 자유당 정권 아래서 연간 3백만 석의 식량을 도입했는데 이렇게 헐한 식량을 도입해 가지고 농촌경제가 파탄되지 않을 수가 없지 않느냐?"라고 질책을 했습니다. 농민을 위한 대단히 훌륭한 말이었습니다. 그러나 그 양반이 정권을 잡은 지 18년, 그 양반이 그만둘 무렵엔 우리나라 식량 수입이 3백만 석으로부터 무려 여덟 배나 되는 2,500만 석에 도달했습니다. 어디 식량뿐입니까? 돼지고기·참깨·쇠고기·마늘·파·고추… 농민이 소유한 땅만 빼놓고는 다 수입해 왔습니다. 이 농촌을 망친 데는 두 가지 원인이 있다는 것입니다. 하나는 저곡가요, 하나는 무분별한 농축산물 수입입니다.

다섯째, 농업의 경제성이 보장되어야 합니다. 농업도 경제입니다. 농사도 돈벌이가 되어야 지을 수 있습니다. 흥미 본위로 농사짓는 것이 아닙니다. 비싼 비료나 비싼 농기구를 사서 쓰는데, 그와 반대로 농산물 값이 수지가 맞지 않으면 농사를 더 지어 갈 수가 없습니다. 자꾸 신품종 얘기가 나오는데, 여러분이 왜 신품종을 싫어하겠습니까? 생산성이 높다는데 왜 싫어하겠습니까? 재작년 노풍魯豐(신품종 벼-엮은이) 피해 때 정부가 권장하던 그대로를 보장해 주고, 앞으로도 신품종에 대해서 예시 가격을 발표해 가지고, 매상買上 예시량 발표하고 잘못되면 모든 책임을 지고 보상한다는 보장을 다 한다면, 수지가 맞는 신품종을 왜 심지 않겠습니까?

지금 농사를 짓는다는 것은 천 가지, 만 가지로 타산打算을 해 봐도 경제적으로 어리석기 짝이 없는 일입니다. 따라서 내가 여러분께 얘기하고자 하는 것은 80년대 농정의 핵심 중의 하나는 농민의 정당한 수입을 보장하도록 해야 하고, 이중곡가제를 실시해야 하고, 예시가와 예시 매상량을 공포하여 농민이 안심하고 농사지을 수 있는, 농사를 짓지 말라고 해도 짓지 않을 수 없을 정도의 경제적 수입이 있는, 그러한 농민의 경제성을 보장하는 것만이 오늘날 피폐해 가는 농촌을 구하는 길이요, 대한민국의 식량문제를 해결하는 길이요, 이 나라의 사회 안정을 실현하는 길이라는 것을 나는 여러분에게 단언할 수 있습니다.

여섯째, 유통구조를 개선해야 합니다. 그런데 박 정권은, 경제 건설한다는 정권이 이러한 유통구조 문제 하나도 해결 못 했다 이 말입니다. 여기에 투자란 것은 거의 하지 않았습니다. 중간상인들이 맘대로 날뛰었다 그 말입니다. 약한 농민들은 당한 것입니다.

내가 얘기하고자 하는 것은, 앞으로 80년대 농정에는 먼저 농협을 민주화하고 자주화해서, 농민이 이것을 장악해 가지고 도시에 있는 실소비자들과 소비조합과 연결해서 판매해 주는 방법, 국가가 유통기구에 대해서 대대적인 지원을 해 주고, 필요하면 국영으로라도 지원 투자를 해서 농민과 도시 소비조합의 그 차액이 아무리 높아도 1할 5푼이나 2할이 넘지 않도록 해서 농민도 높은 가격을 받고 도시 소비자는 비교적 싼 가격으로 살 수 있는, 이러한 유통구조의 개선 없이는 농민의 정당한 수입은 보장될 수 없다는 것을 지적하면서, 이것이 80년대 농정의 하나의 중요한 과제라는 것을 여러분에게 말씀드립니다.

일곱째, 농업의 재해보상 제도를 서둘러야 합니다. 오늘날 도시에는 산업재해 보상 즉 화재·건강·자동차 등에 대해서 모든 보험과 보상 제도가 있습니다. 그러나 농민은 농사지어 가지고 자연 또는 기타 불가항력적인 사정으로 재해를 당했을 때에도 아무런 보상을 받을 길이 없습니다. 결국 1년밖에 못 짓는 농사에 이와 같은 재해를 당하고 보면 거기에서 얻은 타격으로 헤어나지 못하고 부채의 산더미에서 결국 농촌을 떠나야 합니다. 따라서 이러한 재해보상 제도는 농민이 경제적으로 다시 일어날 수 있는 재기再起의 기본 조건이 되는 것이며 사회 안정의 여건이 되는 것으로서, 이것이 지금까지 이루어지지 않았다는 것은 농민 경시의, 농업 경시 풍조의 단적인 증거라고 지적하는 동시에, 앞으로 80년대 농정에 있어서는 국가가 이 농민의 재해보상 제도를 외국과 같이 실시함으로써 여러분들이 농사를 잘못 지었을 때에도 최소한도 재기의 수입만은 보장할 수 있는 농정의 재해보상 제도가 실시되어야 한다는 것을 나는 주장하는 것입니다.

여덟째, 농촌 문화가 발전되어야 합니다. 지금 농촌과 도시는 마치 1, 2백 년이나 세상이 다른 곳같이 차이가 납니다. 불행히도, 혹은 다행 중 불행히도 텔레비전이 농촌에 들어와서 농촌의 여러분들이 그 도시의 화려한 외모를 봅니다. 청소년은 자기 이웃을 돌아봅니다. 그렇습니다. 너무도 차이가 납니다. 따라서 그들은 하루라도 빨리 농촌을 뜨려고 하고, 농촌에 남아 있는 사람은 못난 바보라는 생각을 갖습니다.

우리도 농촌의 문화시설을 발전시켜 농촌 문화가 도시와 병행되게 만들 것 같으면, 앞으로 은퇴하는 사람들, 글 쓰는 사람들… 이런 사람들이 자발적으로 농촌에 가서 그 공기 좋은 곳에서 살게 되면 농촌의 문화 수준이 그만큼 높아지는 것입니다. 아무리 농촌의 수입이 늘더라도 농촌 문화가 도시와 큰 차이가 생기면 이것은 우리 국민의 의식의 격차를 가져와서 국민 단결에도 지대한 영향이 있는 것입니다. 그러므로 내가 여러분에게 얘기하고자 하는 것은, 농촌의 문화시설을 정부가 도시와 똑같은 수준으로 끌어올릴 목적으로 과감히 투자를 해 가지고, 농민을 문화 농민으로, 문화의 혜택을 향유하는 농민으로 끌어올리는 것이야말로 국민적 의식의 평준화와 국민의 단결은 물론 농촌의 건전한 발전과 청소년들의 건전한 영농 종사를 위해서도 절대로 필요한 조건이라는 것입니다.

아홉째, 마지막으로 자녀 교육에 대한 보장을 해 주어야 합니다. 오늘날 많은 사람들이 자녀 교육 때문에 농촌을 떠납니다. 자유당 시절에는 중농中農이 열댓 마지기, 스무 마지기의 농사를 지어도 대학에 보낼 수 있었습니다. 지금은 중농들이 자식을 도시의 고등학교에도 못 보냅니다. 그래서 농민들은 '나는 이렇게 서러운 세상을 살았지만 내 자식만은 농사를 짓게 하고 싶지 않다, 내 자식만은 가르치고 싶다, 도시에 가서 하다못해 리어카를 끌고 소매상을 하는 한이 있더라도 도시로 보내야겠다.'고 생각합니다. 이와 같은 교육의 근본적인 문제를 해결해 주지 않고서는 농민이 건선한 농민으로서 농촌에 존재할 수가 없습니다.

또한, 농촌에서 높은 교육을 받은 사람이 도시와 균형을 맞춰서 나오지 않고, 이 나라의 지도적 엘리트들이 도시에서만 나온다 할 것 같으면, 농촌 사정을 잘 모르는 그 사람들의 사고방식 때문에 우리의 국가정책은 대단히 위험한 방향으로 가게 됩니다.

농촌에서 농사짓는 부모들이 농사를 지으면서 자녀들을 안심하고 대학에 보낼 수 있고, 자기의 수입 한도 내에서 지출할 수 있는, 이와 같은 농촌 자녀들의 교육 문제에 대한 국가의 과감한 용단 없이는 농민들의 불행과 농민들의 이농離農은 막을 길이 없다는 것입니다.

농민은 지금까지 공화당 정권에 우롱당해 왔습니다. 공화당 정권에 수탈당해 왔습니다. 공화당 정권에 멸시당해 왔습니다. 공화당 정권으로부터 짓밟혀 왔습니다. 공화당 정권은 무엇 하나 농민을 위해서 제대로 한 일이 없습니다. 새마을운동도 자기네의 전시효과를 위한 정치적 수단이었습니다.

내가 여러분께 이미 농업정책의 80년대 비전을 대략 말씀했지만, 이런 소리 천 번 해도 민주정부 없이는 절대로 되지 않습니다. 덴마크 농민의 아버지 그룬트비N. F. S. Grundtvig가 말하기를 "농민운동의 첫째는 정치운동이다. 농민을 위한 정부와 농민을 위한 국회 없이는 농민이 아무리 버둥거려도 잘살 수 없다."고 했습니다. 그래서 그 스스로가 먼저 국회의원이 되었습니다. 그런 결과 덴마크는 농민의 낙원이 되고, 세계의 낙원이 되었습니다.

내가 여러분께 부탁하고 싶은 것은 서럽거든, 원통하거든, 분하거든, 잘살고 싶거든, 인간다운 대우 받고 싶거든, 여러분의 자식에게 더 이상 불행의 유산을 물려주고 싶지 않거든, 여러분은 어떤 일이 있더라도 모든 일을 둘째, 셋째 미뤄 놓고 민주정부 수립에 제1차적인 노력을 해야 한다는 사실입니다.

민주주의 없이는 정치적 자유도, 인권의 보장도 없습니다. 민주주의 없이는 경제가 아무리 성장해도 공정한 분배도 없고 농민이 잘살지를 못

합니다. 물가도 안정되지 않습니다. 국민의 표를 필요로 하지 않는 정부는 국민의 물가가 뛰건 말건 관계가 없는 것입니다.

민주주의 없이는 여러분이 자식의 교육을 위해서 지금까지 해 왔던 막대한 지출을 해야 하고, 병들었을 때 의지할 데가 없고 노후에 고통을 겪는, 그런 사회보장 문제도 해결되지 않습니다. 민주정부만이 교육과 건강과 노후에 대한 우리들의 생활문제를 보장합니다. 민주주의 없이는, 지금 우리가 본 바와 같이 장관·총리·대통령을 한 사람들이 몇백억, 몇천 억씩 하늘 부끄러운 줄 모르고 재산을 모으는 천인공노할 부정부패를 막기는커녕, 그런 사실이 있다는 것도 우리는 모르게 됩니다.

나는 남은 생애를 하늘의 뜻대로 살겠다는 말씀을 덧붙이고 싶습니다. 나는 내 목숨이 붙어 있는 한, 내가 이 세상에서 숨을 쉬고 있는 한, 국민의 옆을 떠나지 않을 것입니다. 여러분의 옆을 떠나지 않을 것입니다. 나는 여러분의 벗이며 심부름꾼입니다. 나는 앞으로도 어떤 고난이 온다 하더라도, 어떤 유혹이 온다 하더라도 국민을 버리지 않을 것입니다. 국민이 있는 곳에 내가 있고, 고통받는 국민이 있는 곳에 김대중이가 있습니다. 따라서 우리 국민들 중에 가장 천대받고, 가장 멸시받고, 가장 고통받는 국민의 옆에는 언제나 김대중이가 있다는 것을 여러분은 아셔야 합니다. 여러분과 나는 힘을 합쳐서 이 나라의 진정한 민주주의의 소생을 위해서, 우리가 다 같이 합심하여 나아가야 할 것입니다.

▶ 한국가톨릭농민회 초청 '민주농정을 위한 전국 농민대회' 연설 「민주주의와 농민의 권리」, 대전가톨릭문화회관, 1980. 4. 11. ◀

과도정부는 국민적 여망을
충실하게 실천하라

4·19혁명이 우리의 민주 역사에 끼친 찬연한 발자취와 우리 민족의 정신사에 준 지대한 영향은 지난 20년, 특히 유신 7년의 암흑기를 회상할 때 너무도 명백하다.

4·19가 있었기에 우리는 유신을 거부해야 할 당위성을 찾았고, 4·19가 있었기에 우리는 필승의 신념을 가질 수 있었다. 유신 7년간에 있어서 재야 민주 세력의 끈질긴 항쟁은 4·19로부터 오는 민족의 질책과 4·19에 대한 속죄 의식이 그 원동력을 이루었었다. 4·19는 결코 5·16에 의해서 말살된 것이 아니다. 다만 표면에서 사라졌을 뿐, 여전히 우리의 가슴속에 고동치고 있으며 앞으로도 그럴 것이다.

작금의 정국을 볼 때, 우리는 모처럼 기대에 부풀었던 민주 발전의 국민적 기대에 어두운 그림자를 던지는 일이 계속되고 있음을 느끼게 된다. 정부는 정치범의 완전 석방과 그 복권을 아직도 완결 짓지 않고 있다. 헌정 스케줄도 발표를 꺼리고 있다.

과정過政의 책임자들이 중립적 관리 내각의 역할에 그치지 않고 차기 정권까지 담당하려 한다는 항설巷說이 파다한데, 이에 대한 명확한 부정이 없는 한 이것이 지금의 정국 불안의 근본 원인이다. 그 목적을 달성하기 위해서 이원집정제와 중선거구제를 획책하고 있다고도 하나, 만약 이것이 사실이라면 이는 우리의 정치 문화의 전통과 국민 여망에 전적으로 역행하는 부당하고도 위험천만한 기도다.

지금 국민은 국가안보와 순조로운 민주 발전을 위해서 전 세계가 경탄하는 자제와 질서 의식을 행동으로 보여 주고 있다. 학생과 노동자도 그들이 유신하에서 겪은 경위에 비추어 보면 매우 신중하고 현명한 자세를 보여 주고 있다.

우리는 당면한 정치 발전에 뚜렷한 국민적 합의를 가지고 있다. 그것은 첫째 반공과 안보, 둘째 자유민주주의, 셋째 자유경제, 넷째 사회정의, 다섯째 미·일 등 우방과의 친선, 여섯째 남북의 평화적 대화의 추진 등이다. 헌법과 선거제도에 대해서도 국민의 9할이 대통령중심제와 소선거구제를 지지하고 있다.

정부가 이와 같은 국민적 여망을 충실하게 실천하기만 하면 우리는 정국 불안을 초래할 아무런 이유가 없으며, 우리의 민주 발전은 탄탄대로를 가게 될 것이다. 안보와 경제 면에서도 결정적으로 유리한 환경을 조성하게 될 것이다.

4·19의 이날을 맞이하여 우리는, 정부가 이승만 정권과 박 정권의 전

철을 깊이 음미하고 국민의 여망에 역행하는 일이 없어야 한다고 엄중히 주장한다. 정부는 앞에 지적한 정국 불안의 요인을 조속히 제거하고, 중립적 관리 내각으로서의 본연의 사명에 충실해 줄 것을 촉구한다. 우리는 어느 누구에 의해서든 더 이상 4·19 정신을 역행하는 일이 이 땅에서 일어나지 않도록 충심으로 희망한다. 그렇지 않으면 유신 독재에도 굴치 않았던 국민의 결정적 반대와 규탄을 면치 못할 것이다.

▶ 4·19혁명 20주년을 맞아 발표한 성명 「더 이상 4·19 정신을 역행하는 일이 없기를」, 1980. 4. 19. ◀

희망의 80년대를 향하여

유신 이전의 박 정권의 통치는 한마디로 민주 헌정의 위장 아래서 비민주적 정치가 자행된 억압의 시대였습니다. 유신 아래서의 통치는 독재 헌법 아래에서 총통제적 정치가 강행된 암흑의 시대였습니다.

유신 독재가 강요되자 우리 국민은 그 어느 때보다 용기 있게 자유와 정의를 위한 국민적 저항의 대열에 참가했습니다. 적극적인 항쟁 또는 소극적인 비협력의 차는 있었지만 전 국민의 대다수가 얼마나 절실하게 유신체제를 싫어하고 반대했던가는, 긴급조치가 4년 반이라는 긴 세월 동안 강행될 수밖에 없었던 사실로서도 쉽게 확인될 수가 있습니다.

10·26사태는 결코 우발적인 사고가 아닙니다. 그것은 국민의 반독재 민주투쟁의 필연적 귀결입니다. 민주주의와 인권을 열망해 온 국민이 10·26사태의 주역이며 승리자입니다.

10·26사태는 민중이 주체였던 동학농민혁명, 민족이 주체였던 3·1독

립운동, 민주학생이 주체였던 4·19혁명을 총괄적으로 계승한, 민중·민족·민주의 국민적 의지의 집약적 표현이라 하겠습니다. 이것은 분명히 자유·정의·통일을 거부해 온 반민중·반민족·반민주 세력에 대한 국민적 투쟁의 결과였습니다.

10·26사태는 이러한 국민 투쟁의 시작이지 결코 그 완결은 아닙니다. 유신체제의 장벽을 헐고 민주체제를 열기 위한 돌파구의 구실을 한 것이지, 그것이 바로 민주 대로大路를 닦아 놓은 것은 아닙니다. 민주 대로는 이제부터 온 국민의 새로운 각오와 결단에 의해 마련되어야 합니다.

우리가 나아갈 길은 분명합니다. 국민적 합의도 의심할 바 없습니다. 참다운 반공과 안보, 자유민주주의, 자유경제, 사회정의, 민주 우방과의 친선 강화, 남북한의 평화적 대화 추진에 대해서는 국민적 합의가 굳건하게 이루어져 있습니다. 나아가 국민 다수가 원하는 헌법의 방향은 대통령중심제이며 국회의원선거는 소선거구제입니다.

이것에 대한 국민적 여망은 압도적이어서, 그 누구도 이 물결을 결코 거역할 수 없습니다. 이것에 역류하려는 어떠한 움직임이 있다면 그것은 국민과 역사의 엄중한 심판을 받을 것이고, 또한 심각한 정치적·사회적 혼란을 불러일으킬 것입니다. 따라서 정부는 국민과 역사가 바라는 대로 실행만 하면 정국의 안정은 어렵지 않게 성취할 수 있습니다.

오늘의 정국은 불투명하고 우려할 점이 많습니다. 지금은 10·26사태로 모처럼 열린 민주화에의 돌파구마저 다시 철저하게 막아 버리려는 유신 세력과, 그 돌파구를 통해 자유와 정의와 통일을 실현하려는 국민 간의 미묘한 대결의 시기입니다. 우리 재야 민주 세력은 이 대결에서 국민의 편에 서서 전열을 가다듬으며 또다시 민주투쟁의 선봉에 나섰습니다. 그것은 현 야당이 그간의 사태의 심각성을 깨닫지 못하고 근거 없는 낙관론으로 일관하다가 귀중한 반년을 허송하여 유신 세력으로 하여금 반격으로 나설 여유를 주고 있기 때문입니다.

우리는 이 투쟁의 어려움을 잘 알고 있습니다. 그러나 우리는 꼭 성공하고야 말 것입니다. 그것은 우리 국민이 이미 그 막강했던 유신체제조차 좌절시킬 정도로 높은 질서 의식을 이미 보여 주었기 때문인 것입니다. 역설적으로 말하자면, 유신 7년의 시련은 우리 국민으로 하여금 용감성과 책임성을 아울러 갖춘 위대한 국민으로 성숙시켰습니다. 그 누구도 이 국민의 민주 역량과 그 저력을 더 이상 얕잡아 볼 수 없게 되었으며, 또한 그러한 국민을 어떠한 세력도 패배시킬 수 없다고 믿습니다.

재야 민주 세력이 진정한 민주 회복의 선도자로서의 책임을 다하고 국민이 민주주의의 파수병으로서의 임무를 충실히 하는 한, 우리의 승리는 명백합니다. 이 시기에는 국민만이 역사를 움직이는 원동력이자 미래의 운명을 결정할 수 있는 실체이기 때문입니다. 단기적인 우려에도 불구하고, 자랑스럽게 성숙한 국민의 힘에 의해서 80년대는 민주주의가 이 나라에서 꽃피고 열매 맺는 민중의 연대가 될 것입니다. 민주정부는 국민의 존경과 사랑을 받으면서 우리의 것으로 이 땅에 뿌리내리게 될 것입니다.

유신정치는 몰도덕·비도덕의 정치였습니다. 그것은 주권자의 권리를 유린하고 사회정의를 조소하며 역사에 대한 외경이 자취를 감춘 벌거벗은 강권정치였습니다. 도덕성은 참다운 정치의 본질이며 목표입니다. 비록 정치는 수단의 현실적 종합예술이라고 하겠으나 그 목표는 어디까지나 정당하고 도덕적인 것이어야 합니다. 도덕성은 참다운 정치의 본질이며 목표입니다. 인류 탄생 이래 다수 국민이 주인이 되는 이상과 가치는 꾸준히 추구되어 왔으며, 근대 민주주의와 더불어 그 가치는 더욱 고양되었습니다.

도덕 정치는 자유와 정의의 바탕 위에 인간 양심이 수긍하고 지지하는 정치입니다. 도덕 정치 아래에서는 정신적 가치가 물량적 풍요와 함께 중시됩니다. 또한 고통받는 민중의 편에 서서 그들의 인권과 민권을 보장하려는 정치가 실현됩니다. 권력은 국민을 위해서만 전적으로 행사되어야 합니다. 인권은 지상至上의 가치를 갖습니다. 부富의 균분均分이 당연한 일로 시행됩니다. 부정과 거짓이 규탄의 대상이 됩니다. 국민과 역사에 대해 책임을 지는 정치가 실현됩니다. 지도층에 있는 자가 선善과 청렴의 모범이 될 것입니다. 정직하고 부지런하고 유능한 자만이 성공할 수 있는 사회가 자리를 잡습니다. 도덕 정치 아래에서는 민족의 염원인 통일이 경건하고 성실한 자세로 추구됩니다.

도덕 정치를 위해서는 국민이 객체가 아닌 주체가 되어야 합니다. 소외에서 참여자로서의 권리가 보장되어야 합니다. 이리하여 국민의 선의지善意志가 바로 정치의 동인動因이 되어야 합니다. 경제우선주의의 사고에서 탈피하여 인간화가 이뤄지고 사회구조가 정의롭게 개선되어야 합니다. "백성은 의식衣食이 족하여야 예절을 안다."고 했지만, 시민은 의식이 족하여야 인간의 조건을 깨닫기 때문입니다.

도덕 정치는 민주정치 아래에서만 실현됩니다. 진정한 민주정치만이 국민을 주체로 대하여 그 참여를 보장하며, 인간의 조건과 사회의 조건 개선을 실현할 수 있기 때문입니다. 그러므로 민주정치만이 국민적 정통성을 주장할 수 있습니다.

민주정치만이 그 체제 속에 비판과 반대를 수용할 수 있으며, 그 기능을 통해서 이를 여과하고 자기 수정을 가능하게 합니다. 따라서 민주정치는 최고의 도덕적 가치이며 영구적 존재 가치의 공리를 가지고 있습니다. 민주정치의 실현은 바로 도덕 정치의 실현을 의미하며, 의미해야 합니다. 도덕 정치의 구현을 위해서는 지도층의 각성과 모범이 절대 불가결합니다.

도덕 정치의 구현이라는 관점에서 80년대의 정치는 반드시 국민에 의한 정치가 이루어져야 합니다. 민주주의는 국민을 위한, 국민에 의한, 국민의 정치라 하지만 그중에서도 핵심은 '국민에 의한 정치'입니다. 국민이 주체로서 참여하고 자유로운 의사에 의해서 결정되는 민주정치가 행해져야 합니다.

첫째, 새로운 민주정치는 유신체제 아래에서 박해받고 싸운 재야 민주 세력이, 이를 지원한 국민, 그리고 반성하고 민주 대열에 참가한 인사들과 더불어 새 정치 질서의 정통성을 확립해 나가야 한다고 믿습니다.

둘째, 국민의 압도적인 요구에 따라 대통령중심제의 헌법 제정과 소선거구제의 국회의원선거법이 제정되어야 합니다.

셋째, 지방자치제는 장차 전면적으로 실시되어야 하되, 우선은 면 단위까지의 의회가 가까운 시일 안에 구성되어야 합니다. 지방자치는 국민의 정치 참여의 폭을 확대시켜 줍니다. 지방자치는 국민에 대한 민주주의의 학교이며 정치 엘리트의 발굴처입니다. 지방자치는 국민이 자기 피부로 정치의 혜택을 실감할 수 있는 곳이며 정당 발전의 기반이기도 합니다. 지방자치는 중앙정부의 짐을 크게 덜어 줍니다. 이러한 이유들로 해서 지방자치는 국회와 더불어 민주주의의 양대 골간이라고까지 평가되고 있는 것입니다.

넷째, 국가는 국민의 인권을 보호, 발전시키는 데 기여할 때에만 존재 가치가 있습니다. 국민에 의한 민주주의 실현을 위해서는 인권 존중의 법적·제도적 개선 등이 진행되어야 합니다. 각종 법령을 재정리해야 합니다. 경찰의 질적 향상을 위한 조치와 정치적 중립성이 보장되어야 합니다. 검찰의 준사법적 기관으로서의 중립성이 확립되어야 하며, 중앙정보부는 그 임무를 대공對共 정보 기능에 국한시켜야 합니다. 사법부는 민권의 최후의 보루이자 인간 양심의 마지막 호소처로서 그 독립성이 철저히 보장되어야 하며, 유신하의 오명으로부터 하루속히 벗어나도록 해야 합니다.

다섯째, 노동조합과 농업협동조합, 그리고 학원의 민주적 권리와 자율성이 충분히 보장되어야 합니다. 이들은 유신체제의 가장 큰 희생자들입니다. 자유롭고 건전한 노동운동과 농민운동, 그리고 학원의 자유 없이는 국민에 의한 민주정치는 이루어질 수 없습니다. 정부는 그들의 권리를 우리 사회가 할 수 있는 최대한으로 보장하면서, 또 한편으로는 사회의 안정과 발전에 기여할 수 있도록 중재하고 유도해야 합니다.

여섯째, 언론의 자유는 모든 자유 중의 자유입니다. 언론 자유 없는 민주주의를 상상할 수가 없고, 언론 자유 있는 독재정치를 상상할 수가 없습니다. 우리 국민이 유신 치하의 법정에서, 그리고 감옥에서나 거리에서 얼마나 목마르게 언론 자유를 부르짖으며 찾았던 것입니까? 독재체제 아래서 최대의 시련과 고뇌를 겪은 사람이 바로 언론인이었다고 믿습니다. 우리는 헌법에 언론 자유에 대한 어떠한 유보 조항도 삽입하는 것을 반대합니다. 우리는 책임성을 통감하지만, 그러나 언론인의 자율적·도덕적 개선 이외 권력에 의한 제한 조치는 반대합니다. 그것은 쇠뿔을 고치려다 소를 죽이는 결과가 되기 때문입니다. 모든 민주주의의 신봉자는 언론인과 동반자이며 운명공동체입니다. 언론 자유는 언론인과 국민이 같이 협력하고 같이 싸워야 쟁취될 수 있습니다.

대중경제는 학술적으로 말해 수정자본주의의 한 경제형태가 될 것입니다. 노동자와 일반 시민이 소유와 경영과 분배에 같이 참여하는 참여의 경제제도입니다. 그들은 기업인과 함께 건설하고 생산하며 그들과 함께 혜택받습니다. 대중경제는 민간 주도의 경제이며, 대화를 통해서 경제협력과 경제의 정의가 구현됩니다.

대중경제는 참여와 정의의 실현이 강력히 요청되는 한국적 현실에 가장 적합한 우리의 경제체제가 될 것으로 믿습니다. 대중경제는 가장 도덕적인 경제체제입니다.

대중경제는 자본과 경영의 분리를 지향하면서 주식의 전 국민적 분산 소유를 추구할 것입니다. 기업인과 노동자와 소비자들 간에 기업 운영의 협력과 조정 체제를 궁극적으로 실현해 나갈 것입니다. 대중경제에서는 과실의 분배에 있어서 이에 기여한 모든 사람이 공정한 자기 몫을 차지하게 될 것입니다.

대중경제 체제 아래서는 기업인이 빈축의 대상이 되지 않고, 기업 운영과 납세를 통해서 국민경제와 국가재정에 기여한 공로자로서 사회적 존경과 지지를 받게 될 것입니다.

정부는 군림, 간섭의 자리에서 건전한 환경 조성과 중재의 자리로 그 위치를 바꾸게 될 것입니다. 대중경제 아래서는 중소기업과 농업이 대기업이나 공업과 동등한 국가적 처우를 받게 될 것입니다.

경제도 결국은 인간 활동의 부분입니다. 그 성패는 역시 이를 담당하는 사람에 의해서 좌우됩니다. 이미 지적한 경제정책의 성공을 위해서는 세 가지의 인간적 요소가 절대로 필요합니다. 활력에 찬 국민, 사회적 윤리관과 탁월한 능력으로 무장된 기업인, 그리고 정직하고 유능하고 청렴한 정부의 존재입니다. 특히 훌륭한 정부의 존재 없이는 어떠한 경제정책도 그림의 떡에 불과하다는 것을 모든 경제학자들은 일치하게 주장하고 있습니다.

자유와 더불어 경제적·사회적 정의가 실현되었을 때, 국민은 비로소 자기 생명을 아낌없이 바치면서 국가안보에 헌신하게 됩니다. 이러한 자유와 정의를 실현할 수 있는 체제는 오직 민주정부입니다. 그러므로 국민적 참여의 안보는 민주주의와 불가분의 인과관계에 있으며, 결코 상충관계에 있는 것이 아닙니다. 안보의 성공을 위해서는 무엇보다도 우리는 이러한 발상의 전환이 필요합니다.

한반도에서의 항구적인 평화는 남북 간의 평화 공존의 합의가 절대적 요건입니다. 이와 더불어 본인이 1971년 이래 주장해 온 4대국에 의한 평화 협력 또한 매우 중요합니다. 4강 협력은 앞으로의 정세 발전과 우리의 노력에 따라서 결코 불가능한 것이 아닙니다. 우리의 지정학적 위치로 보아서 이는 반드시 실현되어야 합니다. 다행히 이러한 나의 정책은 근래의 미·일 지도층의 동일한 견해 표명으로 뒷받침되고 있습니다.

첫째, 민족의 숙원인 조국의 통일은 자립·민주·평화의 원칙 위에 이루어져야 하며, 그 추진은 평화적 공존, 평화적 교류, 평화적 통일의 3단계를 거쳐 착실하게 진행되어야 한다는 것이 1972년 이래의 본인의 주장입니다.

둘째, 우리의 외교는 주체적 다변외교多邊外交의 길을 가야 한다고 믿습니다. 무엇보다도 미·일 등 우방국가와의 유대 강화에 전력을 다해야겠지만, 유엔과 세계 정치에 지대한 영향을 주고 있는 제3세계에서의 고립, 탈피에 주력해야 합니다. 또한 우리 외교는 한반도에서의 평화 유지와 평화적인 통일 환경의 조성에 치중해야 할 것입니다.

셋째, 사회정책은 국민이 물질적 보장뿐만 아니라 인간다운 대우를 받아 전인적全人的 행복을 향유할 수 있는 복지사회 건설에 치중해야 합니다. 국가가 국민을 위해서 있고, 그 따뜻한 손길은 언제나 고통받는 민중의 바로 옆에 와 있다는 것을 실감케 함으로써 국민에게 이 사회에 대한 희망과 기대를 주도록 해야 합니다.

넷째, 문화란 그 권역圈域 구성원의 내적·외적 행동의 규범이라고 합니다. 그러므로 우리의 문화는 민족 전통의 발전적 계승 아래 세계 속의 유대와 독창성 발휘에 힘써 나가야 할 것입니다. 문화정책의 집행에 있어서, 정부는 어디까지나 필요한 환경 조성과 협력 제공에만 그치고 일체의 간섭을 삼가야 합니다.

다섯째, 교육 입국立國은 우리의 국정 전반을 뒷받침하고 국민의 정신적 향상 발전을 위한 요체이므로 적극 추진되어야 합니다. 교육을 위한 투자가 과감하게 확충되어야 하고 전인교육을 지향해야 합니다. 교육자에 대한 정신적·물질적 처우가 향상되어야 합니다.

본인은 앞으로도 이 불행한 시대에 불행한 국민의 밝은 내일을 위하여 항시 국민과 역사를 의식하면서 겸허하고 성실한 노력을 다해 나갈 결심입니다. 억압받고 고통받는 이웃을 위해서라면, 진정한 민주사회의 구현을 위해서라면, 앞으로도 본인이 가진 모든 것을 아낌없이 바치겠습니다.

80년대는 자유가 들꽃같이 만발하고 정의가 강물처럼 넘쳐 흐르며 통일에의 희망이 무지개같이 아롱지는 시대가 되기를 축복합니다. 여러분과 제가 이를 위하여 최선을 다함으로써 우리 세대가 우리의 후손들에게 자랑스러운 조상으로 기억되기를 충심으로 희망합니다.

▶ 관훈클럽 연설 「80년대의 좌표—자유, 정의, 통일의 구현을 위하여」,
서울 코리아나호텔, 1980. 4. 25.◀

내가 죽더라도,
다시는 이러한 정치보복은 없어져야 한다

작년 11월 5일 박 대통령의 국장國葬을 집에서 단 1초도 빼놓지 않고 지켜보았는데 아직도 내 기억에 깊게 남아 있는 것은, 김수환 추기경이 말씀한 "우리 모두에게 박 대통령의 죽음의 뜻을 하느님께서 깨닫게 해 주십시오."라는 말이었다. 박 대통령의 죽음은 그 개인으로 보자면 더 이상의 불행은 없을 것이나, 유신이 가고 새로운 민주 시대가 다가오는 역사적인 계기였다. 우리에게 민주주의에 대한 거대한 희망이 봇물 터지듯 솟아올랐다. 그러나 5·17 계엄령의 전국 확대로 우리의 민주주의는 심상치 않은 시련을 맞이하였다.

나는 10·26 이후 무엇보다도 국가안보, 경제 안정, 민주 회복이 중요하다고 생각했으며, 이를 위해서는 최규하 과도정부와도 협력해야 한다고 판단했다. 나는 일관되게 정치보복 없는 국민 화해를 주장했으며, 이런 의미에서 최 정권에 대화도 요청하고 나의 납치 사건에 관련된 사람들을 용서하겠다고 말했다. 또한 정국의 안정이 필요하다고 주장했는데, 이는 혼란이 야기되면 민주제도 문제도 문제고, 또한 우리 국민들은 이제는 혼란을 통하지 않고서도 민주주의를 얻을 수 있다는 판단과, 만일 계엄하에서 혼란이 일어날 경우 군軍과의 충돌이 불가피하며, 이렇게 되면 민주화를 바라지 않는 세력에 역이용당할지 모른다는 우려 때문이었다. 이러한 나의 주장과 우려에도 불구하고 5·17이라는 불행한 사태가 오고 말았는데, 그 일차적인 책임은 물론 정부에 있다.

이 나라에는 분명히 전全 대통령을 중심으로 한 유신 세력이 있는 반면, 민주주의를 지향하는 다수의 민주 세력이 존재하고 있다. 그 어느 한쪽 세력도 다른 세력을 억누르고서는 이 나라를 이끌고 갈 수 없다고 나는 확신한다. 우리 국민은 이미, 민주주의를 해야 하고 또 할 수 있는 능력을 갖고 있다. 우리는 두 번 다시 불행이 없게 하기 위해서는 이 양대 세력이 서로 대화하고 토론하고 관용해야 한다.

내가 중요시했던 것은 민주주의의 실현이었지, 내가 대통령이 되는 것은 아니었다. 때문에 나는 우선 민주주의의 실현을 위해 모든 노력을 다했을 뿐이다. 검찰에서는 내가 정상적인 방법으로 정권을 잡을 수 없어 학생 데모를 통해 집권하려 했다고 공소장에서 말하고 있으나, 나는 총 한 방 쏠 줄 모르는 사람이다. 내가 제일 바랐던 것은 선거였으며, 선거만 순조롭게 이루어진다면 집권할 수 있거나, 그렇지 못하더라도 적어도 4년 후를 대비한 튼튼한 기반을 구축할 수 있을 것이라고 생각했다. 그러나 혼란이 오면 집권은커녕 지극히 곤란한 상태에 처하게 되어, 사실은 오늘날 같은 사태가 올 것도 예견하고 있었다.

나는 비폭력주의자이다. 그렇다고 무저항주의자는 아니므로 나는 비폭력 저항주의자이다.

내란음모 부분에 있어서는 나는 엉뚱하게 몰린 느낌을 갖고 있다. 나는
10·26 이후 만난 몇만 명 중에서, 데모하자고 종용하거나 정부를 전복
하고자 얘기한 사람은 한 사람도 없다. 적어도 내란음모를 했다면 어떤
활동의 흔적이 있어야 함에도 불구하고, 과도정부 역할을 맡기로 했다
는 민주제도연구소는 그간 두 번의 모임을 가졌을 뿐이다. 이런 허술한
내란음모가 있을 수 있는가?

나는 학생 데모가 절정에 올랐던 5월 13, 14, 15일에 성명을 발표하여
데모의 자제를 호소했다. 내란음모란 상상도 할 수 없으며 나 개인으로
보아도 그러한 사태는 불리할 뿐이다.

당국이 나의 형을 집행하려 한다면 불가능한 일은 아니겠으나, 이것이
과연 법의 정의에 합당하여 민주국가로서 옳은 일인가 심사숙고해 주
시기 바란다. 나는 나에 대한 관대한 처분보다는 다른 피고들에 대한
관용을 바란다. 결국 이분들에 대한 혐의의 책임자는 나이기 때문이다.

마지막으로 여기 앉아 계신 피고들에게 부탁드린다. 내가 죽더라도 다
시는 이러한 정치보복이 없어져야 한다는 것을 유언으로 남기고 싶다.
어제 한완상 박사가 예언자적인 사명과 제사장적인 사명이 있다고 말
씀하셨는데, 나는 이를 사회 구원과 개인 구원으로 부르고 싶다. 나는
기독교 신자로서 민주 회복을 통한 사회 구원, 민족 구원을 생각했다.

재판부, 국선·사선 변호인, 교도소 관계인, 내외신 기자의 노고에 감사 드린다. 그리고 검찰부에서 한 노고 그 자체에는 감사를 드린다.

▶ '내란음모 사건'으로 열린 군사재판 상고심에서의 최후진술, 1980. 11. 9. ◀

육군 계엄보통군법회의 대법정에서 열린 '내란음모사건' 첫 공판. 1980. 8. 14. 이해 5월 17일,
신군부는 쿠데타의 일환으로 비상계엄령을 전국적으로 확대하면서 동교동 자택에서 김대중을 연행했고, 이후
군 검찰은 김대중에게 '내란음모' 혐의를 씌워 사형을 선고했다.

하느님이 저를 사랑하시는 것을
제가 믿습니다

지난 5월 17일 우리 집안이 겪어 온 엄청난 시련의 연속은 우리가 일생을 두고 겪은 모든 것을 합친다 해도 이에 미치지 못할 것입니다. 그중에서도 당신이 맡아서 감당해야 했던 고뇌苦惱와 신산辛酸은 그 누구의 것보다 컸고 심한 것이었습니다. 그럼에도 불구하고 믿음과 자제로써 이를 극복해 온 당신의 신앙과 용기에 대해서 나는 한없이 감사하며, 이러한 믿음과 힘을 당신에게 주신 하느님의 은혜를 감사해 마지않고 있습니다. 하느님의 사랑, 그리고 당신의 힘이 없었던들 우리가 어떻게 이 반년을 지탱해 올 수 있었겠습니까? 이번 일에 있어서 무엇보다 기쁘고 감사한 것은 당신과 나를 포함해서 우리 가정과 주위가 더욱 굳은 믿음으로 나아갈 수 있었다는 것입니다.

사람의 믿음은 고난 속에서 자란다는 사실을 새삼 절감하게 되었습니다. 나는 지금까지 나 자신이 어느 정도의 신앙을 가지고 있다고 믿었습니다. 그러나 막상 이제 죽음을 내다보는 한계상황 속에서의 자기 실존이라는 것이 얼마나 허약한 믿음 속의 그것인가 하는 것을 매일같이 체험하고 있습니다.

희망과 좌절, 기쁨과 공포, 그리고 해결과 번민을 매일같이 되풀이해 왔고 지금도 이를 벗어나지 못하고 있습니다. 눈에 보이지 않는 하느님의 존재를 믿으며, 그분이 나와 같이 계시며, 나를 지극히 사랑하시며, 그 사랑 때문에 지금의 이 고난을 허락하셨으며, 나를 위하여 모든 사소한 일까지도 돌보시며, 지금 이 시간에도 모든 것을 합하여 선善을 이루시기 위한 역사役事를 쉬지 않고 하고 계신다는 것을 믿는다는 것이 나의 감정이나 지식으로 해서 얼마나 받아들이기 힘든 것인가 하는 것을 새삼스럽게 통감하면서 부족한 믿음에 절망하고 화를 낸 것이 한두 번이 아니었습니다.

나는 수많은 갈등과 방황 속에서 "믿음이란 느낌이나 지식에 기반을 두는 것이 아니라 인간의 자유로운 의지의 결단으로 이루어지는 것이며, 이러한 의지의 결단은 의식적이고 자발적인 것이어야 한다. 우리의 기쁨과 감사와 찬양도 먼저 의지로써 행하고 감각이 뒤따라가는 것이다." 라는 판단 아래 오직 눈을 우리의 주님께 고정시키고 흔들리지 않도록, 성신聖神께서 도와주시도록 기구祈求하고 있습니다.

나의 의지의 결단을 세운 최대의 기초는 주님의 복음이며, 그중에서도 핵심은 예수님의 부활을 믿는 것이었습니다. 예수님의 부활을 믿을 수 있다면 하느님의 계심, 죄의 구속, 성신의 같이 계심과 그 인도, 언제나 돌보시는 하느님의 사랑, 그리고 천국영복天國永福의 소망 등 모든 것이 믿어질 수 있다고 생각되었습니다.

예수님의 부활을 확신하는 것이 현재 나의 믿음을 지탱하는 최대의 힘입니다. 언제나 눈을 그분에게 고정하고 결코 그분의 옷소매를 놓치지 않으려고 안간힘을 쓰고 있습니다. 그러면서 항시 "하느님이 저를 사랑하시는 것을 제가 믿습니다. 저의 현재의 환경도 주님이 주신 것이며, 주님이 보실 때 이것이 저를 위하여 최선이 아니면 허락하시지 않으셨을 것입니다. 제가 주님의 뜻하심과 앞으로의 계획하심을 알 수는 없으나 오직 주님의 사랑만을 믿고 순종하며 찬양하겠습니다."라고 기도하고 있습니다. 나는 나의 감정이 어떠하든, 외부적 환경이 얼마나 가혹하든, 내일의 운명이 어떻게 되든 주님이 나와 같이 계시니 나를 결코 버리시지 않는다는 소망으로 일관할 결심입니다.

주님의 같이 계심과 깊은 사랑이 당신과 우리 자식들, 그리고 우리의 모든 정다운 형제들에게도 함께하심을 믿고 기구하고 있습니다. 세속적으로 볼 때 나는 결코 좋은 남편도 못 되며, 좋은 아버지도 못 되었습니다. 그리고 형제들, 친척들에게 얼마나 많은 누를 끼쳤습니까? 가슴 아픈 것은 나로 인하여 많은 사람들이 희생과 고난을 당한 사실인데, 생각할 때마다 가슴이 미어지는 듯합니다. 내가 할 수 있는 일은 오직 이 모든 일을 위해서 주님의 은총이 내려지도록 기구하고 또 기구하는 것뿐입니다.

▶ 육군교도소에서 아내 이희호 여사에게 보낸 옥중 서신, 1980. 11. 21. ◀

우리 다 같이
사랑의 승자가 되자

사랑하는 데 있어서 어려운 것은 자기가 원치 않는 사람, 심지어 증오한 자를 용서하고 사랑해야 한다는 것이다. 감정이 용납하지 않는 사람을 사랑한다는 것은 인간으로서는 불가능한 일일 것이다. 오직 하느님에게 의존해서 하느님의 도우심을 간구懇求할 때에 가능하다고 믿는다. 그러나 인간적으로 생각하더라도 거기에는 몇 가지 가능한 길이 있다고 본다.

첫째는 나 자신도 죄인이라는 것이다. 만일 내가 일생에 남몰래 저지른 나쁜 일과 마음에 품었던 악한 생각을 하느님 앞에, 혹은 군중 앞에, 영사막에 비추듯이 비춘다면 과연 나는 얼굴을 들고 남을 볼 수 있으며, 그러고도 남을 용서할 수 없다고 할 수 있을까? 둘째는 남을 용서하지 않고 미워한다는 것은 자신의 마음을 증오와 사악으로 괴롭히는 자기 가해加害의 어리석은 행동이라는 점이다. 셋째는 용서와 사랑을 거부해 가지고는 인간 사회의 진정한 평화와 화해를 성취할 수 없다. 마음 놓고 살 수도 없고 진정한 행복도 없다. 나치즘이나 공산 사회를 생각해 보면 알 일이다. 넷째로 용서와 사랑은 진실로 너그러운 강자만이 할 수 있다. 꾸준히 노력하며 하느님께 자기가 원수를 용서하고 사랑하는 힘까지 가질 수 있도록 도와주시기를 언제나 기구하자. 그리하여 너나 내가 다 같이 사랑의 승자가 되자.

▶ 육군교도소에서 아들 홍업에게 보낸 옥중서신, 1980. 11. 24. ◀

용서는 가장 강한 사람만이 할 수 있으며 용서는 모든 사람과의 평화와 화해의 길이기 때문에 기쁜 마음으로 해야 한다.

▶ 육군교도소에서 아들 홍걸에게 보낸 옥중 서신, 1980. 12. 7. ◀

인생은 어떤 의미에서 자기 자신과의 토론과 설득과 결심의 일생이며, 새 출발을 거듭하는 일생이다.

▶ 청주교도소에서 아들 홍업에게 보낸 옥중 서신, 1981. 3. 19. ◀

이제 곧, 텔레비전 세트 같은 기기에
질문하면 바로 답해 주는 시대가 옵니다

인류 역사가 시작된 이래 최근 한 50년같이 과학이 발전한 때는 없다는 거 아닙니까? 이 50년의 과학의 발달은 과거 5백 년에 해당하는, 그거 갖고도 안 되는 정도라는데, 지금 제2의 산업혁명이 전자혁명입니다. 그런데 이제, 특히 우리나라에서 '전자계산기'라고 그러는데 이제는 '전자전기기電子電氣機'라고 그러죠. 왜 그러냐면 계산만 하는 게 아니라, 지금 미국에서는 벌써 전자 본부의 기계 같은 거는요, —전 세계 도서관에 있는 지식 양의 개수가 14억 개랍니다. 약 14억 개, 추산해서 14억 개인데, 가령 세종대왕 얘기부터 무슨 이순신 장군 얘기 전부 다 합쳐서, 마호메트 얘기부터 아프리카 얘기까지 다 해서 약 14억 개의 지식의 개수래요. 그런데 지금 전자기기에는요 12억 개까지가 들어가요, 한 개에— 그놈이 말로 물으면 말로 대답하고 글자로 물으면 글자로 대답하고, 그러니까 학자들이 무슨 연구하는 데 책 찾고 도서관 가고 할 필요가 없게 돼요.

이제 조금만 있으면 어떻게 되냐면, 가정마다 텔레비전 세트같이 그런 세트가 있어서 —본부가 있어요, 전화국 본부가 있듯이— 그 세트 앞에서 "세종대왕이 몇 해에 돌아가셨지?" 그러면 거기서 "몇 해요." 하고 대답해 준대요. 이런 시대가 돼요. 그렇기 때문에, 지금 미국하고 소련하고 치열한 경쟁이 벌어지고 있어요. 유럽은 훅 처지고 있고, 지금 일본은 따라가려고 하고 있고. 그렇게 되면요, 산업 발전, 기술, 뭐… 하는데, 가령 기술자가 뭐 하려면 계산하고 찾고 해야 하지 않습니까, 그게 필요가 없으니까 하나 연구하는 데 1년 걸릴 거 3개월에 해 버리고 1개월에 해 버려요.

이제 미국은 고도 공업 국가라 하거든요, 산업 국가로부터 고도 공업 국가라고. 이제 그렇게 되면 미국이 곧 1주일에 사흘 일하고 나흘 노는 시대가 와요. 토요일·일요일 노는 회사 있고, 사흘 노는 회사도 상당히 있어요. 왜 그러냐면 생산 동력이 높아지니까 많이 일할 필요가 없는 거예요. 임금은 똑같이 받죠. 그러니까, 공휴일·국경일 이런 것까지 있지 않습니까, 이런 것까지 다 넣으면 1년에 약 6할을 놀아요.

인간의 문제는, 이제 인간이 비로소 노동을 하기 시작했는데 노동을 1차로 바치던 시대가 지나가고 있어요. 그러면 이제 '인간은 여가를 어떻게 하느냐' 하는 시대가 되는데, 그러니까 이제 인류가 하나의 위기죠. 여가를 타락된, 낭비된, 그런 방향으로 가느냐, 아니면 정신적 향상을 가져오는 그런 방향으로 가느냐, 이것이 이제부터 인류 앞에 주어진 과제예요. 그게 미국 얘기가 아니라 바로 우리 얘기에요. 우리도 그 전자電子 그 영향을 받게 되고, 빨리 그런 전자 그것을 도입해야 되고, 우리도 그것을 개량할 수 있는 기술을 가져야 해요. 지금 우리나라 사람들이 미국에 가서 많이 공부하고 있잖아요. 그들을 끌어오면 우리도 미국과 동시에는 못 하더라도 한 10년 차이를 놓고 따라갈 수가 있어요.

그러려면 우리나라 정치가 안정이 돼야 돼. 거기다가, 내가 볼 때는 지금 현행으로 미·일·중 3국 관계가 성립이 됐지 않습니까? 그렇기 때문에 김일성이는 절대로 친중국은 할 수 있어도 친소련은 못 한다고 나는 봐요. 우리 집에 오는 소련 문제, 중국 문제 전문가들, 외국 사람들과 많이 얘기해 봤는데 동감이에요. 그래서 국경선 하나만 봐도 뭐 할 수가 없어요. 이북 국경은 중국과 접촉하지, 소련하고 접촉하지 않지 않습니까?

월남(베트남-엮은이)이 친소親蘇 국가 되니까 중국이 쳐들어가지 않았습니까? 월남은 변경邊境이거든요. 중국으로 봐서는 변경에 쳐들어갔어요. 월남은 언젠가 중국한테 당해요. 시간 문제예요. 절대 그대로 두지 않아요. 천 년 전에도 받지 않았습니까, 중국 지배를? 한漢 무제武帝가 들어갔어요, 월남을. 한 무제가 기원전 100년대 사람인데, 지금부터 2,100년 전에 들어가기 시작한 거예요. 반드시 중국한테 당해요. 그런데, 그런 변경도 친소 관계면 그대로 안 두는데, 하물며 김일성이같이…. 그렇기에 우리는 안정이 딱 돼서 김일성이가 도저히 여기를 넘볼 수 없게 안정시켜 버리면, 중국은 설득력에 의해서, 김일성이가 우리하고 평화 공존으로 안 나설 수가 없게 돼요. 그럼 우리 안보는 반석盤石으로 들어가요.

소련이, 말하자면 이북에 이제 수송물자를 가져오는데 출입하는 데 편

166

의 마련한다. 이게 믿기 어려운 겁니다. 믿기 어렵고, 그리고 내가 얘기 들어 보니까 김일성부터 그쪽 감정이 ―이북 문제 전문가들, 미국에서 갔다 온 코엔 교수라든가 이런 사람들한테도 들어 보고 그랬는데― 중국에 대해서보다 소련에 대해서 참 나쁘답니다. 사람 양심은 똑같아요. 해방으로 이쁘게 생각하다, 물건 철거해 가지 않았어요, 기계 같은 거? 그걸 지금도 말한대요. 모두 가져가지 않았습니까? 그걸 지금도 말한대요. 나쁜 놈들, 약소민족 해방한다고 하고는, 더구나 같은 독립국가한테 가져갔다, 그걸 지금도 얘기하고. 6·25 때 무기 대 줘 놓고, 저희들 위해서 전쟁했는데 우리보고 무기 값을 내라고 하고. 그리고 지금 제일 불만은 소련 제품이 전부 나빠요. 질이 나빠요. 국제 가격은, 어떤 데는 국제가國際價보다 더 비싸게 팔아먹는대요. 근데 김일성은 거기서밖에 가져올 데가 없으니까 가져오면서, 그게 참 감정이 나빠요. 그래도 중공에 대해서는 6·25 때 그렇게 와서, 백만이 와 가지고 '우리가 다 압록강까지 밀렸을 때 살려 주었다.' 하는 의리를 느끼고, 이 동양 사람들의 의리관, 이건 공산주의라도 할 수 없는 거예요. 그 체질을 바꿀 수가 없어요.

▶ 청주교도소 복역 중 중앙정보부 수사관과의 대화, 1981. 1. 17. ◀

'무엇이 되느냐'보다
'어떻게 사느냐'를 생각하라

여기(청주교도소-엮은이) 온 지 불과 20일이고 가족 면회한 지 10일인데, 벌써 이 모든 것이 반년이나 된 것 같습니다. 그토록 세월이 지루하고 고독이 무섭다는 것을 지금까지 없었던 새로운 체험으로 느끼게 됩니다. 그러나 약해지려는 마음을 신앙의 의지로 격려하며 주님과의 대화와 독서로 이 정신적 시련을 이겨 나가려고 노력하고 있습니다. 면회 때 당신의 눈물을 보고 얼마나 가슴 아팠는지 모릅니다.

실은 나 자신이 그것을 걱정하여 가족 면회 시 눈물을 보이지 않도록 해 달라고 하느님께 매일 기도했습니다. 오늘의 여건 아래서 우리가 슬프고 괴로운 인간적인 감정을 어찌 안 가질 수 있겠소? 다만 믿는 우리에게는 그것이 좌절과 절망으로 연결되지 않고 예수님 안에 나타나 계시는 하느님 아버지의 사랑과 구원의 은총을 통해 위로와 희망으로 맺어지는 것이라 생각합니다. 이러한 일을 나는 여기 온 첫날에 체험했습니다. 도착하자마자 즉시 머리를 깎이고 옷을 갈아입을 때는 과거에도 경험이 있는 일이지만 비참한 심정이었습니다. 배치된 방에 들어가서 나는 이 모든 고난을 주님의 사랑의 표시로 알고 감사하고, 주께서 겪으신 십자가의 고난과 치욕과 고독에 동참하게 해 주신 은혜에 감사를 드렸습니다. 그러나 방 안은 몹시 추웠습니다. 저녁 식사도 먹는 둥 마는 둥 하고 이불 안으로 들어갔으나 몸이 마구 떨려서 견딜 수 없었습니다. 나는 어느새 이불 속에서 "하느님 아버지"를 부르면서 마구 울고 있었습니다. 눈물이 하염없이 쏟아져 나왔습니다. 그러다 지쳐서 잠이 들었습니다.

당신이 말한 대로 나는 참으로 큰 빚을 진 사람입니다. 자식들에게, 형제·친척들에게, 친구·동지들에게 얼마나 많은 고통과 폐를 끼치고 있습니까? 비록 본의는 아니라 해도 그 피해가 너무도 크고 장시일長時日입니다. 더구나 그들이 한마디의 원망도 없이 도리어 우리를 위해 기구해 주시는 일을 생각할 때 송구하고 감사한 심정을 무어라 표현할 수 있겠소? 오직 조석으로 주님께 그들에게 은총을 베푸시도록 기구할 뿐입니다.

나는 지난 10개월 동안 하느님께서 나와 우리 모두에게 이렇게 계속해서 고난을 주신 이유, 특히 이번같이 엄청난 시련을 주시는 의미가 무엇인지 골똘히 생각해 오고 있습니다. 일부는 해답을 얻은 것 같고, 일부는 아직도 충분히 이해되지 않습니다. 그러나 하느님이 우리를 한없이 사랑하시고 언제나 우리와 같이 계시며 우리의 모든 일을 주관하시는 것을 굳게 믿으면서, 주님께서는 반드시 모든 일들을 서로 합하여 선을 이루어 주실 것으로 확신하면서, 인내와 끈기 속에 희망을 간직하려 노력하고 있습니다. 다만 이러한 고난 속에서도 하느님에 대한 믿음

안에 평소의 신념과 국민에의 충성심을 굳게 해 주신 데 대해 감사하고 있습니다.

각자가 앞으로 나아갈 방향을 정하여 10년은 한눈팔지 말고 꾸준히 그 길을 가라. 나의 경험으로는 10년만 자기 가는 길에 전심 노력하면 반드시 성공의 터가 잡힌다. 그리하여 그것을 발판으로 자기 분야에서 정상까지 오르면, 정상에서는 다음에 어느 방향으로든지 진출할 수 있다.

인생의 목표를 무엇이 되느냐 하는 것보다 어떻게 값있게 사느냐에 두어야 한다. 자기가 값있게 살려고 애쓴 일생이었다면 비록 운이 없어서 그 목적한 바를 이루지 못했다 하더라도 그 사람의 일생은 결코 실패도 불행도 아니다. 값있고 행복한 일생이었다고 할 것이다.

가정을 가지면 부부간에는 서로 존경함을 사랑 못지않게 중시해야 한다. 집안일이건 밖의 일이건 부부는 서로 가장 가깝고 중요한 협의 대상자가 되어야 하며 공동 경영자가 되어야 한다.

▶ 청주교도소에서 사랑하는 자식들에게 보낸 옥중 서신, 1981. 1. 29. ◀

양심은 마음의 가장 은밀한 골방, 하느님과 독대하는 지성소至聖所

작년 5월 이래 우리 집안이 겪은 엄청나고 기막힌 시련을 생각하면 어찌 우리에게 슬픔과 눈물이 없을 수 있겠소. 통곡해도, 원정願情해도 시원치 않은 이 10개월을 우리는 겪어 온 것입니다. 그러나 우리에게는 슬플 때는 마음을 다 풀어 하소연할 우리의 하느님이 계십니다. 그분은 우리의 서러운 눈물을 씻어 주시며 우리에게 참된 위로와 용기와 희망을 주십니다. 한없는 사랑의 하느님 아버지에 대한 철저한 순종과 하느님 신의에 대한 완전한 믿음과 이 세상을 이기신 예수 그리스도께서 겪으신 고난과 치욕과 고독이 우리를 위로해 주며, 그분이 차지한 영광과 우리에 대한 약속이 우리에게 눈물을 씻고 일어설 용기와 희망을 줍니다.

당신이 편지에 자주 "우리 주님같이 세상을 이기라"고 쓴 것을 읽는데, 우리는 주님이 하신 대로 원수를 용서하고 사랑하고 화해할 때 비로소 세상을 이길 수 있다고 생각합니다. 우리가 작년 5월 이래 겪은 수많은 수난 속에서도 하나하나 세어 보면 열 가지도 넘는 주님의 은혜가 있다는 것을 느낍니다. 아직 살아 있고, 집안이 모두 주님 앞에 믿음의 결속을 이루게 되고, 다 같이 건강하며, 서로 아끼고 사랑하며, 많은 벗들의 아낌을 받는 것 들을 우리는 알고 있습니다. 일생에 네 번이나 죽음의 고비에서 살아났다는 것도 참 예가 드문 일이며, 내가 무엇이기에 하느님이 이토록 사랑하셨는가 하는 생각을 떨리는 기쁨과 감사로 하게 됩니다.

우리는 지금 같은 환경에서는 얼굴을 언제나 주님에게 돌리고, 주님이 우리를 무한히 사랑하신다는 것, 그분은 우리에 대해서 완전한 계획을 가지고 계시다는 것, 그리고 현재의 표면적 고난에도 불구하고 우리의 마음가짐에 따라서는 "주님께서는 하시는 모든 것을 작용시켜서 좋은 결과를 이루신다."는 은혜를 반드시 입을 수 있다는 것을 믿는 것이 매우 중요한 것이라고 생각됩니다. 우리는 하느님은 왜 이 세상에서 악이 저질러지는 것과 그로 인해서 무고한 사람들이 희생당하는 것을 막지 않으시는지 의문과 불만을 가질 때가 많습니다. 나도 이 점을 많이 생각해 보았습니다. 그리고 얻은 결론은 이렇습니다.

첫째, 만일 하느님이 인간이 행하는 악을 본원적으로 막으시면 그때는 하느님이 인간에게 주신 최대의 선물인 자유(악의 행함뿐 아니라 하느님께 대항하는 자유까지 허용한)는 없어지고 인간은 동식물같이 본능과 조건반사에 의해서만 움직이는 존재가 되고 말 것입니다. 그때 우리는 의롭게 될 수도, 하느님과 더불어 이 세상의 주인이 될 수도 없을 것입니다.

둘째, 한편 하느님은 인간이 저지른 악을 언제든지 중지시킬 수도 있으며, 그 결과를 정반대로 뒤집으실 수도 있으며, 악에 의한 수난자를 후일의 역사를 통해서, 혹은 하느님 나라의 보상을 통해서 영광스럽게 할 능력을 가지고 계신 것입니다. 결국 하느님의 뜻은 악이 이 세상에서 행해지는 것을 결코 기뻐하시지도, 더구나 조장하시지도 않지만, 그러나 우리로 하여금 하느님의 신의를 믿고, 악을 거부하고, 악으로부터 이 세상을 지키고, 이 세상의 진화와 완성을 위한 하느님의 역사에 적극 참여하여 이 세상에 정의와 평화와 사랑이 넘치는 날(종말과 완성의 날)이 하루속히 오도록 헌신할 것을 바라시는 것이라고 믿습니다.

양심은 우리 마음의 가장 은밀한 골방이며, 우리가 하느님과 단독으로 대하는 지성소至聖所입니다.

▶ 청주교도소에서 아내 이희호 여사에게 보낸 옥중 서신, 1981. 3. 19. ◀

악몽 같은 1년을 보내고

지난 5월 17일은 참으로 착잡한 마음으로 하루를 보냈습니다. 당신이나 가족들의 심정을 헤아릴 때는 참으로 만감이 가슴을 짓누르는 심정이었습니다. 너무도 엄청난 1년이었으며, 너무도 꿈같은 1년이었습니다. 그 놀라움과 슬픔과 괴로움을 무엇이라 형언할 수 있겠소? 더구나 밖에서 상상의 악몽에 시달리면서 몸부림치는 당신과 가족들의 괴로움이 어떠할까, 그 일을 상상할 때마다 나는 눈시울이 뜨거워집니다.

많은 분들로부터 입은 은혜를 생각하면 하느님께 한없는 감사를 바치게 됩니다. 지난 주일(17일)날 나는 그간 1년에 있어서의 주님의 넘치는 은혜를 깊이 감사하면서, 앞으로 1년은 시련과 고난 대신 기쁨과 자유의 은총을 베풀어 주시며, 우리 가족과 벗들을 두터이 보호해 주시도록 간절히 기도드렸습니다.

어떤 저명한 심리학자가 "인간은 자유 선택권을 가지고 있다는 점에서는 만물의 영장이지만, 한 치 앞을 못 내다본다는 점에서 벌레 같은 존재에 불과하다."는 말을 했습니다. 지난 1년을 생각해 보면 이 말을 더욱 실감하게 됩니다. 내가 언제나 말한 "무엇이 되느냐보다 어떻게 사느냐가 중요하다."는 말도 여기 상통한 점이 있는 것 같습니다. 사실 무엇이 되고 싶어도 인간에게는 그 결정권은 없는 것이지요. 오직 우리에게는 '어떻게 사느냐' 하는 자유 선택권이 있을 뿐이라는 점을 깊이 깨달을 때, 우리는 마음의 진실한 안정과 하느님에 대한 전적인 의지를 얻게 될 것 같습니다.

▶ 청주교도소에서 아내 이희호 여사에게 보낸 옥중 서신, 1981. 5. 22. ◀

청주교도소 복역 시절. 1981.

위대한 인물은 위대한 상식인

우리는 백 년 전 사람을 낡은 시대의 사람으로 생각하고, 천 년, 2천 년 하면 아주 원시 야만인으로 생각하기 쉽습니다. 그러나 사실은 세계의 모든 인류는 2,000~2,500년 전의 인물이었던 예수·소크라테스·공자·불타가 남겨 준 사상의 테두리와 그 유산 속에서 살고 있습니다. 마호메트도 1,400년 이전의 인물입니다. 현대인은 눈부신 과학의 발전과 전문적 연구의 업적을 나타내고 있지만, 인생의 진리와 행복을 위해서는 2천 년 전의 그분들에 비하면 그 힘이 태양 앞의 촛불보다도 희미합니다. 그뿐 아니라 현대의 학문은 정치·경제·사회 할 것 없이 우리의 문제 해결을 위한 참된 처방을 내놓지 못하고 있습니다.

미국의 카터 정부 당시 어느 경제장관이 "미국의 모든 경제학자의 수많은 학설 중 오늘의 미국 경제에 대한 진정한 처방은 하나도 없었다."고 말한 일이 있는데, 이는 어느 나라나 마찬가지입니다. 현대에 와서 인물이 적어지고, 전문가의 지식이 하등의 위력을 나타내지 못한 데는 여러 원인이 있겠지만, 그중 가장 큰 것은 사람들이 종합적인 인간 형성,

즉 전인적全人的 발전을 등한히 한 데 있다고 믿습니다.

우리는 삶의 자세를 갖추는 데 언제나 사물을 근원적인 것과 표면적인 것을 합쳐서 파악하고, 부분적인 것과 전체적인 면을 아울러 보아야 합니다. 강의 표면과 저류를 아울러 생각하고, 본류와 지류를 같이 파악해야 합니다.

현대인은 강의 표면과 자기가 전문으로 하는 어느 지류에만 집착해서 그것을 강 전체로 판단한다는 데 실패의 원인이 있었습니다. 전체와 부분, 근원과 현상을 같이 보고, 나아가서 경중, 완급을 종합 판단해야 합니다. 항시 자기 인격을 그러한 입장에서 형성하는 동시에 독서에 있어서도 종합적인 지식 형성에 힘써야 합니다. 경제학자로 말하면, 경제 이외의 정치·사회·국민심리·역사 등에 대한 지식의 도움 없이 바른 경제정책을 세울 수 없습니다.

이와 관련해서 당신은 내가 과거에 주위의 친구들에게, 1) 신문을 정치면부터 문화, 스포츠면까지 고루 읽으며, 2) 월간 종합잡지 한 권을 정독하며, 3) 외국에 대한 기사를 섭취하여 세계적인 인식을 가지며, 4) 명작 고전문학을 널리 읽어서 인류의 위대한 정신적·영적 유산을 흡수하고, 5) 그 기초 위에 자기의 전문 분야에 더욱 관심을 가지라고 자주 충언하던 일을 기억할 것입니다. 결국 위대한 인물은 위대한 상식인인 것이며, 위대한 생각은 완전한 상식 위에서만 형성될 수 있는 것입니다.

내가 6대 국회의원이 되고서 신문에 "우리는 서생적書生的 문제 인식과 상인적商人的 현실 감각을 아울러 갖추어야 한다."고 말해서 자주 보도된 일이 있었습니다. 우리가 어느 분야에서나 성공하려면 서생과 같이 양발을 원칙 위에 확고하게 딛고, 상인과 같이 양손은 자유자재로 구사하는 두 가지의 조화로운 발전을 기해야 합니다.

산 정상에 오르는 길은 여러 갈래입니다. 우리는 코스를 정하기 전에 미리 신중한 고려 끝에 최선의 선택을 해야 합니다. 그러나 일단 정하면 결코 변경해서는 안 됩니다. 가는 도중에 자기 코스가 가장 힘들어 보이고 남의 길은 쉬워 보여 변경의 유혹이 집요하지만 이를 용납해서는 안 됩니다. 그리하여 일단 정상을 정복하면 꼭대기에서는 어느 길로도 내려갈 수 있는 선택권이 생깁니다.

경제인으로 정상을 정복한 사람은 정치인으로도, 교육사업가로도, 문화의 육성가로도, 외교관으로도 무엇으로나 나아갈 수 있습니다. 그것은 한 길을 성취하면 다른 길도 구체적인 방법이나 현상이 다를 뿐, 그 원리나 이를 다루는 원칙이 공통되기 때문입니다. 이미 말한 종합적 인격을 갖춘 이후의 어느 전문가는 만 가지의 전문가가 될 수 있는 것이 당연하다는 것이 나의 경험을 통한 생각입니다.

플라톤의 『이상국가』를 읽으면 유명한 동굴의 비유가 나옵니다. 철인哲人들은 동굴 안에서 명상하듯이 은둔해서 심혈을 기울여 진리를 발견하는데, 대개는 그대로 홀로 진리를 즐기고 살려는 유혹을 받아들인다는 것입니다. 그러나 진정한 철인은 자기가 발견한 그 진리를 무지無知 속에서 사는 민중에게 알려 주어서 같이 행복을 누리고자 하는 열망에서 동굴에 대한 미련을 버리고 하산합니다. 그러나 민중은 이를 받아들이기는커녕 그가 말한 것을 도리어 조소하고 비난하며 박해한다고 합니다. 그래도 그는 조소와 위험을 무릅쓰고 진리를 설파하지 않고는 참을 수 없다는 것입니다.

소크라테스는 자기의 행동, 즉 아테네의 타락된 시민들에게 그들의 무지를 깨우쳐 주고 진리에로 이끌려는 행위가 반드시 그들의 분노와 복수를 가져올 것을 알면서도, 민주에 대한 그의 진정한 사랑은 이를 감히 실행하게 했던 것입니다. 이 점은 부처도 마찬가지이며 공자도 그렇습니다. 부처도 도를 깨달은 후 이를 널리 펴려는 생각은 전혀 없었다고 합니다. 그러나 민중의 정경을 그대로 볼 수 없어서 마침내 "어두운 이 세상에서 나는 끝없이 북을 치리라."고 일어섰다고 야스퍼스K. Jaspers 는 말하고 있습니다.

공자도 바른 정치를 위한 자기 도道를 어디선가 실현해 보고자 천하를 찾아다니면서, 그 당시의 은둔주의자들로부터 "상갓집의 개"라는 조롱까지 받으면서도 백성을 위한 일념을 버릴 수가 없었던 것입니다. 처음부터 죄 속에 신음하는 인간을 구제하기 위하여 성육신成肉身, 십자가의 희생, 부활의 길을 밟으신 예수님의 이야기는 더 말할 것도 없습니다.

성인이란 가장 많이 깨달은 분이라기보다는, 오히려 그 깨달은 것을 자기를 희생시키면서도 민중에게, 제대로 알아주지도 않는 그들에게 전하고 헌신하지 않고는 배기지 못한 위대한 사랑의 실천자라고 보아야 할 것 같습니다. 우리가 성인이나 위대한 사랑의 실천자들에게서 배울 것은 이웃과 겨레에 대한 헌신적 사랑이라고 생각합니다.

▶ 청주교도소에서 아내 이희호 여사에게 보낸 옥중 서신, 1981. 6. 23. ◀

도전과 응전은
살아 있는 한 계속된다

토인비A. J. Toynbee의 도전과 응전의 관계에서 파악한 역사철학이 나에
게 많은 깨우침과 신념을 주었습니다. 당신이 아시다시피 나는 그의 저
서를 거의 읽었는데, 그의 역사 파악의 기본 시점視點은 도전과 응전의
관계에서 문명의 발생·성장·쇠퇴·붕괴가 결정되어 가는 거대한 드라마
라는 입장에 서 있습니다. 물론 나는 그에게서 직접 배운 바는 없지만 항
시 그를 마음의 스승의 한 분으로 생각하고 있습니다. 우리 가족과 친지
들이 이 유례없는 고난의 도전에 처해서, 우리의 후회 없는 응전을 마련
하기 위해서 토인비의 교훈을 중심으로 내 의견을 적어 봅니다.

인간을 자연과학의 인과론으로 다룰 수는 없습니다. 물질세계에서는
동일한 원인에 대해서 시간과 장소 구별 없이 반드시 동일한 결과가 나
오지만, 인간에게서는 동일한 원인에 대해서도 응답하는 사람의 정신
여하에 따라 전혀 별개의 결과가 나오게 됩니다. 가난한 집안에 태어난
두 자식 중 하나는 타락과 범죄로 흐르는가 하면, 하나는 발분해서 놀
라운 성공의 길로 가는 등, 인간의 전 역사는 이에 대한 무수한 예증을

제시하고 있습니다.

지금부터 5, 6천 년 전 아프리카 북부를 걸치고 있던 강우선降雨線이 북의 유럽 쪽으로 이동해 가자 이집트의 나일강 상류 지역은 급속히 사막으로 화化해 갔습니다. 이때 거기 살던 주민의 응답의 태도는 각 양각색이었습니다. 어떤 무리는 유럽 쪽으로 강우선을 따라가다가 추위에 죽기도 하고, 일부는 땅속이나 모피로써 견디어 냈으며, 어떤 무리는 바다를 건너 크레타섬으로 이동했으며, 어떤 무리는 남쪽의 원시림을 찾아 내려가 20세기가 될 때까지 야만의 상태 그대로 남아 있었습니다. 그러나 가장 찬란한 응전을 한 무리는 이집트 고대문화의 조상이 된 일군一群이었습니다. 그들은 대담하게도 악어와 독사와 모기가 들끓는 나일강의 늪지로 뛰어들었습니다. 그리하여 측량과 관개灌漑와 개간開墾의 힘든 과정을 거쳐 종래의 자연 채집의 생활로부터 씨 뿌려 열매를 가꾸는 농업을 발명하여 마침내 고대 이집트의 풍요와 고도의 문화를 이룩하는 금자탑을 세운 것입니다.

인간은 그 상상력과 용기에 따라서 같은 조건에서 전혀 다른 결과를 맺으며, 그 다양성의 장場이 인류 역사의 무대라 할 것입니다. 같은 초원지대로 중앙아시아와 중동에서는 유목문화가 발생했는데 남·북아메리카나 오스트레일리아에서는 전혀 그런 싹도 보이지 않았습니다.

우주가 생긴 지 약 157억 년, 우리가 사는 지구가 생긴 지도 약 46억 년이라 합니다. 그간 이 지구에는 수많은 식물과 동물이 생성하고 사멸했는데, 그것은 계속되는 도전에 맞서 한고비 한고비 응전에 성공한 것은 남고, 단 한 번이라도 실패한 것은 사멸한 것입니다. 인류가 지상에 나타난 지도 2백만 년, 그리고 오늘의 인류인 호모사피엔스가 나타난 것은 불과 3만 년 정도밖에 안 되는데, 그동안 수많은 인종이 격변한 환경의 도전에 못 이겨 사멸한 것 같습니다. 우리가 원하건 원치 않건, 사회이고 인간이고 간에, 살아 있는 한 계속되는 도전을 면할 수 없다는 것이 역사의 진실입니다. 하나의 일을 성취하고 다음 응전까지 새로운 응전을 위한 휴식은 있어도 결코 영원한 휴전은 없습니다.

▶ 청주교도소에서 아내 이희호 여사에게 보낸 옥중 서신, 1981. 7. 29. ◀

아! 전봉준, 원효, 이이, 최제우

전봉준全琫準 장군은 우리에게는 하나의 경이驚異입니다. 일개 시골 서당 훈장이 순식간에 그와 같은 거대한 수십만의 민중을 조직하고 궐기시켰을 뿐 아니라, 그가 요구하고 실천한 정책이 그 당시 우리나라가 나아가야 할 역사적 진로와 일치한 반봉건, 반외세, 그리고 민중을 위한 정부였다는 사실은 그의 천재적인 지도자적 자질을 입증합니다.

원효元曉를 생각할 때 우리는 한국인의 대표적 이상을 봅니다. 잘나고, 똑똑하고, 거칠 것 없이 자유로운 참멋의 한 인간을 봅니다. 원효는 한국인의 대표인 동시에, 원효 앞에 원효 없고 원효 뒤에 원효가 없습니다.

원효의 불교사상은 보편주의에 굳게 서서 전개되었다 합니다. 일체 중생이 다 같이 불성佛性을 가지고 있으며 누구나 그 죄과를 참회하면 불제자가 되고 승보僧寶에 속한다는, 기독교에서 말하는 보편구원주의의 입장을 취했습니다. 이러한 원효의 생각은 보편주의인 동시에 진속일여眞俗一如의 입장이라 할 것입니다.

원효의 불교는 철저하게 현세에 살아 있는 중생의 제도濟度에 바쳐졌습니다. 그는 신라 통일 후에도 약 20년을 살았는데, 당시 신라의 백성들은 마치 로마 전성기의 농민들같이 통일 전쟁에서 병사로서, 군량 조달자로서 승리의 원동력이었으며 가장 큰 희생자들이었지만, 통일 후 모든 소득은 성골·진골 등의 지배층이 독점해 버림으로써 절망과 분노 속에 헤매게 되었습니다. 이때 원효는 그들을 방방곡곡으로 찾아다니면서 부처님의 구원의 공덕을 설파하고 같이 나무아미타불을 염念하여 극락세계를 찾게 했습니다.

율곡栗谷은 구도장원공九度莊元公의 수재秀才였지만 결코 재주에만 흐르지 않는, 성현聖賢을 목표로 일생을 수양한 실천의 거울이었습니다.

율곡은 『성학집요聖學輯要』 등 많은 저술로 임금과 사회를 깨우치려고 힘썼으며, 대동법大同法, 사창제社倉制 등을 국민 복리를 위해 주장, 노력한 실천인이었으며, 조선왕조 후기 실학의 정신적 선구자이기도 했습니다.

율곡은 당쟁의 싹을 제거하고 화해의 정신을 높이고자 몹시 애썼으며, 외적의 침입을 걱정하여 10만 양병養兵을 주장한 선견先見의 사람이었습니다.

오늘날 율곡을 가장 가치 있게 한 것은, 그의 유학儒學에 있어서의 독창적이고 한국적인 주장입니다. 전문가의 이야기에 의하면, 율곡은 장횡거張橫渠·서화담徐花潭에 의한 기일원론氣一元論, 주자朱子·이퇴계李退

溪에 의한 이기이원론理氣二元論을 지양·통일해서 기 중심의 기발이승일도설氣發理乘一途說과 이통기국理通氣局의 대大철학체계를 세웠습니다. 중국과 한국의 성리학을 집대성해서 새로운 창조의 경지를 승화시킨 것이라고도 합니다.

최수운崔水雲의 탄생은 참으로 이 땅에 정신사의 이적異跡이며 한국인의 사상적 창조성의 한 표본이기도 할 것입니다. 최수운을 니체의 생의 철학과 비견한 사람도 있고, 현대의 실존철학과 비교한 사람도 있지만, 그는 근본적으로 한국의 사상의 독창적 전개를 보여 준 분이라 할 것입니다.

최수운은 몰락한 양반의 후예로서 생활의 궁핍에 못 이겨 포목의 행상으로 전국을 돌아다니는 가운데 민중의 곤고困苦를 직접 체험하고, 그들의 구원을 위해 일어선 민중이 낳은 신앙가요, 철인哲人이요, 실천가였습니다.

최수운의 주장은 사욕私慾을 버리고 천인합일天人合一로 인간성을 회복하여 현세를 바로잡아 지상至上 신선의 나라를 건설하자는 것이었습니다.

최수운의 동학東學은 어디까지나 당시 농민을 위한 눌린 자의 종교였으며 반체제적이고 민족적이고 주체적이고 저항적인 종교였습니다.

최수운의 동학은 기독교에서 받아들이고 유교·불교·도교를 참작하여서 한국 전래의 샤머니즘을 바탕으로 한 민족적 독창의 종교였습니다. 그는 불과 포교 3년 만에 갔지만, 그의 정신과 업적은 역사에 영원히 기록될 것입니다.

▶ 청주교도소에서 아내 이희호 여사에게 보낸 옥중 서신, 1981. 11. 27. ◀

전진할 때 주저 말고, 인내할 때
초조해 말며, 후퇴할 때 낙심 마라

자기가 합리적으로 사고하는 사람은 남도 똑같이 합리적일 것으로 믿으며, 자기가 양심적인 사람은 남도 다 그런 것으로 알고 처신한다. 우리의 처세상 실패의 큰 원인의 하나가 여기 있다.

우리는 중요한 일과 중요한 것같이 보이는 일을 구별할 줄 알아야 한다. 우리는 후일에 되돌아보면, 하찮은 일에 중요하다고 매달려 얼마나 많은 인생을 낭비했던가!

우리는 전진해야 할 때 주저하지 말며, 인내해야 할 때 초조하지 말며, 후퇴해야 할 때 낙심하지 않아야 한다.

쓸모없는 사람은 찾아오지만, 좋은 벗은 내가 찾아가서 사귀어야 한다.

▶ 청주교도소에서 가족들에게 보낸 옥중 서신, 1982. 1. 29. ◀

사랑하려면 용서를, 용서하려면 이해를, 이해하려면 대화를

관용·공존·이해·협력의 기풍 대신에 증오·보복·곡해·중상 등의 기풍
이 판친다면, 다른 어떤 것이 건설되고 발전하더라도 희망이 없다는 것
은 자명한 일입니다.

사랑하려면 먼저 용서해야 합니다. 용서하려면 상대의 처지와 심정을
이해해야 합니다. 이해하려면 상대방의 처지와 심정을 알기 위한 대화
가 필요한 것입니다. 대화도 이해도 없는 가운데, 곡해와 무지가 쌓여
있는 가운데는 용서도 사랑도 있기 어렵습니다.

▶ 청주교도소에서 아내 이희호 여사에게 보낸 옥중 서신, 1982. 2. 23. ◀

가족과의 대화는
연령과 성별이 다른 계층을 이해하는 길

장래에 대한 큰 목표를 가져라. 젊었을 때에 큰 포부를 가져도 점점 위축되기 마련인데, 하물며 큰 포부 없이 어찌 대성大成을 기하겠느냐? 높은 이상과 목표를 간직하고 그 성취에 전력투구하기 바란다.

언제나 자기 정신으로 사는, 주체성 있는 인격을 형성하고자 노력하기 바란다. 반면에 누구의 말에도 허심탄회하게 귀를 기울이며, 바른 말이면 기꺼이 자기주장을 바꾸고 자기 과오를 인정하는, 개방된 자세를 반드시 병행하여야 한다.

옛날에는 군사부일체君師父一體라고 할 정도로 스승을 존경했는데, 그것은 지금도 귀중한 가치가 있다. 도대체 자기를 무지로부터 깨달음으로 이끄는 스승을 존경하지 않는 사람이 어찌 은혜를 아는 사람이며, 장차 남을 지도하고 남으로부터 존경을 기대할 수 있는 사람이 될 수 있겠는가?

벗을 어떻게 사귀느냐 하는 것은 일생을 좌우할 정도로 중요하다. 남녀 간에, 벗은 존경할 수 있는 사람, 인생에 긍정적 목표를 가지고 있는 사람, 그 목표를 성취하기 위하여 꾸준히 노력하고 있는 사람, 남에게 대해서 관심과 애정을 가지고 있는 사람을 골라야 한다.

가족과 대화를 가짐으로써 자기와 연령과 성별이 다른 계층의 사고와 습성과 인생관을 흡수할 수 있다. 가족은 나의 일생을 두고 밀접한 고리로 연결되어 나갈 삶의 파트너들이다. 그리고 무엇보다도 부모는 오늘의 나를 있게 해 준 유일한 존재들이며, 형제는 이 세상 46억 사람 중 나와 한 부모에서 나온, 다시없이 밀접한 존재들이다. 이런 최단 거리의 존재와 이해와 협력과 사랑의 공동체를 못 가지면서 누구를 사랑하고 누구와 이해하며 살기를 바랄 것이냐?

▶ 청주교도소에서 아들 홍걸과 조카 형주에게 보낸 옥중 서신, 1982. 2. 23. ◀

〈춘향전〉은
위대한 민권투쟁의 이야기

이제 날씨는 완연한 봄이 된 것 같습니다. 여기 화단의 진달래 꽃망울
도 날로 붉은 머리 부분을 드러내고 있습니다. 지난겨울의 추위를 이겨
내고 이제 승리의 개화開花를 자랑하게 되는 꽃망울들을 볼 때 자연히
일어나는 외경畏敬의 염念을 금할 수 없으며, 더욱이 고난 속에 사는 우
리에게 무언가 교훈을 주는 것 같은 감조차 듭니다. 당신의 편지에 집
의 뜰에 있는 라일락과 목련꽃이 필 준비를 하고 있다니 그리운 생각이
듭니다. 내가 좋아하던 라일락의 냄새, 홍업이가 좋아하던 목련꽃!

우리는, 불운의 때에는 그 이상의 새로운 불행이 겹치지 않도록 각별히
주의해야 합니다. 그렇지 않으면, 평소 같으면 능히 견디어 낼 수 있는
타격도, 불운에 허덕일 때 이를 만나면 파멸의 충격이 될 수 있습니다.
많은 사람들이 첫 번째 불행에 허둥대다가 2차, 3차 불행을 자초하거나
막지 못해서 패배하고 맙니다. 이러한 불행의 연쇄 반응을 막는 경계와
노력은 우리가 인생을 살아가는 데 아주 중요한 지혜라고 생각합니다.

우리는 운명을 사랑해야 할 것입니다. 피할 수도, 거부할 수도 없이 주어진 운명을 받아들이고, 자기가 할 수 있는 최선의 응전으로 고난과 절망 속에서도 새로운 가능성을 발견하고 열어 나가야 할 것입니다.

〈춘향전〉에는 「로미오와 줄리엣」에서 보는 사랑의 이야기 이상의 것을 보게 되는데, 즉 다음과 같은 것들입니다.

첫째, 〈춘향전〉의 형성 과정의 민중성입니다. 〈춘향전〉은 문장으로 된 원본이 있는 것이 아니고 17세기의 숙종조 이래 시작된 천민 계급의 광대와 청중인 민중의 합작에 의해서 이루어졌습니다. 광대가 장터 같은 데서 흥 나는 대로 이야기를 엮어 가면 청중은 그 내용에 따라 "좋다", "얼씨구" 등의 추임새로 반응을 합니다. 광대는 이러한 청중의 반응에 따라 다시 개작改作해 나갑니다. 판소리는 그러므로 소리하는 사람과 청중의 합작인 것입니다.

둘째, 〈춘향전〉은 단순히 사랑의 이야기만이 아니라 봉건 체제 아래서 그 인격이 무시되었던 여성, 그것도 천한 기생의 딸이 생명을 걸고 자기가 사랑하는 사람을 위해 정절을 지키는 위대한 민권투쟁의 이야기인 것입니다. 사또인 변학도에 대하여 "기생이라고 정조 지키는 권리가 없다는 말이냐?", "나는 남편 있는 유부녀이다. 『대전통편大典通編』(당시의 법전)에 유부녀를 강간하라는 법도 있더냐?"고 대드는데, 이로써 우리는 조선조 후기 우리 조상들의 근대적 각성을 엿볼 수 있을 것입니다.

셋째, 〈춘향전〉은 그 당시 민중의, 관권官權의 부패에 대한 항쟁과 야유 의식을 나타내고 있습니다. 그들은 스스로 권력자를 건드릴 수 없으니까 암행어사가 된 이몽룡으로 하여금 유명한 "금준미주金樽美酒는…" 운운하는 탐관오리의 탐학貪虐과 백성의 신고辛苦를 시로 짓게 하고 암행어사의 제도로 탐관오리인 변학도를 봉고파직封庫罷職시킵니다. 그러나 부정에의 항거가 직접적인 것이 못 되고 이 어사를 빌렸다는 점, 부정에의 항거가 체제가 아니라 한 사람 남원부사에 집중되고 그의 파면만으로 해피엔딩이 된 점 등은 그 당시의 시대와 민중 의식의 한계성, 그리고 양반 앞에서까지 공연하게 되는 공연물의 어쩔 수 없는 제약성을 말한 것이라 하겠습니다.

넷째, 〈춘향전〉의 예술성에 대해서는 나 자신이 이 문제의 문외한이라 별 참고가 될 것이 써질 것 같지 않습니다. 다만 판소리 자체가 이미 말한 대로 특이한 형태의 민중예술의 극치라는 점, 〈춘향전〉의 첫날밤 사랑의 대담한 박진성, 춘향이와 사또 간의 대화의 긴장성, 암행어사와 남원 농민 상봉의 장면의 서민적 활기, 거지로 가장한 이 어사가 춘향 어미를 찾아간 대목의 해학성, 암행어사 출두 장면에서 사또 이하 각 읍 수령의 추태에 대한 리얼한 야유성 등을 지금 되새기게 됩니다.

〈춘향전〉에 대한 나의 이 생각이 당신과 아이들의 우리 것에 대한 더한 층의 연구의 계기가 되기를 바랍니다.

▶ 청주교도소에서 아내 이희호 여사에게 보낸 옥중 서신, 1982. 3. 25. ◀

자유는 지키는
자만의 재산

인격 도야陶冶에 주력하기 바란다. 인격의 바탕 위에 서지 않은 학문은
천박한 지적 기술에 불과하다. 항시 양심에 귀를 기울이고, 선을 행하
는 데 주저하지 말고, 균형 있는 판단을 찾으며, 남과 사회를 위해 봉사
하는 인격의 소유자가 되기를 바란다.

▶ 청주교도소에서 아들 홍걸에게 보낸 옥중 서신, 1982. 4. 26. ◀

하느님의 축복이란 평탄한 생활과 번영의 보장이 아니다. 그것은 어떠
한 고난·역경·실패 속에서도 이를 극복하고 새로운 가능성 앞에 서는
힘을 우리에게 주시는 것이다.

하느님이 우리를 연단鍊鍛하시기 위해서 악을 내리신 것은 사실이 아니
다. 악은 이기적으로 비뚤어진 인간의 이기심에서 나오는 것과, 이 우
주의 미완성에서 불가피하게 일어나는 것의 두 가지에 연유한다. 그러

므로 우리는 어떤 악은 당장의 시정을 위해서 싸워야 하고, 어떤 악은 장래에 제거를 기대하면서 싸워야 하되, 죽음과 같은 악은 조용히 받아들여야 한다.

자유는 지키는 자만의 재산이다. 그러므로 자유는 권리가 아니라 의무이다. 자유는 방종도 아니고 모든 원리에 대한 거부도 아니다. 자유는 인간이 인간답게 살아가고 전인적全人的 완성을 이룩하는 데 필요한 제약과 조건을 자발적으로 받아들이는 행위이다.

▶ 청주교도소에서 보낸 옥중 사색, 1982. 6. 25. ◀

20세기에서 가장 예수의 제자다운 사람, 간디를 생각하며

돌이켜 보면 나의 일생은 한恨의 일생이었습니다. 얼마나 수많은 한이 굽이굽이에 맺힌 인생이었던가요? 한 속에 슬퍼하고, 되씹고, 딛고 일어서고 하는 생의 연속이었습니다. 고난 속에서 배우고, 가능성을 발견하고, 잡초같이 자라는 것이 인생이며 하느님의 섭리라는 것을 되새겨 봅니다. 그뿐 아니라 나는 그간 거쳐 온 대결의 생활 속에서도 누구 한 사람 길에서 만난다 하더라도 외면해야 할 사람이 없으며, 누구 하나 용서하지 못할 정도로 증오하는 사람이 없음을 감사해합니다. 한 가지 슬픈 것은, 나의 환경과 조건 탓으로 사랑하는 벗들로부터 소외되는 생활을 강요당해 온 사실입니다. 나에게 가장 큰 행복의 하나는 많은 분들이 기억 속에서 나를 위해 염려하고 기도해 주신 점입니다. 어찌 큰 위로가 아니겠습니까?

간디M. Gandhi는 힌두교 신자이지만 20세기에서 가장 예수의 제자다운 사람이라는 말을 듣습니다. 간디의 이웃에 대한 사심 없는 사랑, 자기를 온통 바친 헌신, 가난한 민중과 비할 바 없는 검소한 생활, 적敵에 대한 관용, 그리고 마지막에 사랑하는 자기 동족이며 같은 신앙자의 손에 의해서 살해된 점까지 예수를 닮았습니다.

그러나 간디의 예수의 제자다운 점은, 간디가 예수와 같이 악에 대해서 철저한 저항을 사양하지 않으면서도 엄격한 비폭력주의를 고수한 점과, 적에 대한 저항이, 적이 빠져 있는 죄로부터 적을 구원하겠다는 큰 사랑에 연유한다는 점이라 할 것입니다. 간디는 스스로 예수의 산상수훈山上垂訓에서 큰 교훈을 받은 것을 고백하고 있습니다. 간디의 지도 이념인 사탸그라하(진리파지眞理把持)에 의한 아힘사(불살생不殺生) 원칙은 그의 반영反英 독립투쟁에 있어서의 철칙이었습니다. 그는 오랜 계획 속에 시작된 투쟁도, 폭력의 조짐이 보이면 동지들의 반대를 무릅쓰고 즉시 중단시켜 버렸습니다.

간디의 비폭력주의의 고수에는 두 가지의 중요한 점이 있습니다. 하나는, 그가 비폭력주의를 그의 종교와 철학의 원리로서 주장한 것이 사실이지만, 한편 비폭력주의가 무력한 인도 국민이 현대적 무기로 무장한 영국 지배자와 싸우는 데 적의 무기를 무용지물로 폐기시키고, 방관하는 민중에게 의분심을 주고, 세계 여론의 동정을 얻는 데 최선의 무기라고 믿었기 때문입니다. 이 점은 네루J. Nehru 같은 서구적 지도자들이 간디의 지도 방식에 처음에는 불만이 있었다가도 결과적으로는 언제나 승복과 지지를 보낸 이유이기도 합니다. 간디는 성자聖者이기도 했지만 아주 우수한 전략가이기도 했습니다.

간디는 또 악을 보고 행동하지 않는 것을 폭력보다 더 배척했습니다.

그는 악을 방관하는 것보다는 차라리 폭력이 낫다고 말한 일이 있습니다. 이는 결코 폭력을 시인하는 것은 아니지만, 악에 대한 투쟁을 더 중요한 제1위적인 것으로 친 그의 태도를 표시한 것입니다.

정치는 이념을 실천하는 행동의 과학이기 때문에 정치인은 그 이념보다 그의 업적에 의해서 평가되는 것입니다.

우리의 바람직한 인물은, 첫째 투철한 역사의식과 명민한 통찰력으로 나라의 갈 길을 정립하고, 둘째 민의民意를 하늘의 뜻으로 받들 뿐 아니라 국민의 모든 분야에의 참여를 적극 조장해서 국민이 자기 힘으로 자기 운명을 개척하도록 하며, 셋째 도량과 자제와 끈기로써 대립된 의견과 이해를 조정하며, 넷째 근면·성실·헌신으로 자기 임무를 수행하며, 다섯째 젊은이들에게 희망과 의욕과 참여의식을 고취하는 지도자이어야 할 것입니다.

▶ 청주교도소에서 아내 이희호 여사에게 보낸 옥중 서신, 1982. 7. 27. ◀

고난의 시절을 견디려거든
그 자체를 행복한 날로 만들라

고난의 시절에 '행복한 날을 기다리며 참아 나가라.'는 것은 잘못이다. 행복한 날은 오지 않을 수도 있고, 오더라도 그간은 불행해야 한다. 우리는 고난의 시절 그 자체를 행복한 날로 만들어야 한다. 그러기 위해서는 인생의 목표를 '무엇이 되느냐'보다 '어떻게 사느냐'에 두어야 한다.

우리는 언제나 모든 것을 비판적으로, 주체적으로 받아들여야 한다. 어떠한 권위 있는 학설이나 진리도 나 자신의 지적 검증을 통해서만 이를 인정해야 한다. 연극·음악·문학 등을 감상할 때도 자기가 느낀 대로 이를 평가해야 한다. 설사 미숙하더라도 권위 있는 평자評者의 말을 자기 의견인 양 되뇌는 것보다 열 배나 좋다.

종교는 죄의식에서 출발했으며 인간을 죄로부터 해방하는 것을 궁극적 목표로 한다고 할 것이다. 그러나 많은 종교가 개인의 죄악에는 현미경을 대고 찾을 정도로 엄격하면서, 사회구조적인 죄악에는 거의 외면한다.

현대의 부모에게 있어서 자녀 교육은 가장 자신 없는 문제요 고민거리라 할 것이다. 관용주의를 취할 것인가, 엄격히 다룰 것인가. 그 어느 쪽에도 문제가 있다. 참된 자녀 교육의 길은 부모가 무슨 직업, 어떤 위치에 있든지 자기 인격의 부단한 성장을 통한 권위를 가지고 자녀에게 강한 흡인력을 발휘하는 것이다.

▶ 청주교도소에서 가족들에게 보낸 옥중 서신, 1982. 7. 27. ◀

우편봉함엽서

121-□□

서울特別市 麻浦區
東橋洞 一と八一一

李 姬 鎬 앞

淸州矯導所內
金 大 中

청주동기
청주 0308

□□□-□□

청주교도소에서 가족들에게 보낸 봉함엽서. 1982. 7. 27.

회개 없는 발전도, 발전 없는 회개도
모두 부족한 것이다

받는 사랑보다 주는 사랑 속에 진정한 자아와 행복을 발견하자.

날마다 내가 영적으로, 도덕적으로, 지적으로, 건강상으로 발전하고 있
는지 반성하고 노력하자. 회개 없는 발전도, 발전 없는 회개도 다 같이
부족한 것이다.

언제나 기억 속에 가족과 벗들과 겨레와 강산과 하나가 되자.

내 민족을 사랑하는 것과 똑같이 세계의 모든 이를 사랑할 수 있도록 노
력하자.

▶ 청주교도소에서 가족들에게 보낸 옥중 서신, 1982. 8. 25. ◀

역사를 움직인 일관된 원동력은
민중이었다

민중이란 세속적인 표현으로 하면 백성과 같은 의미가 될 것입니다. 사회계급의 기층에 속해 있으며, 어느 시대나 생산의 주체이면서도 지배받고 억압당하고 수탈당하는 그 사회의 절대다수의 성원을 말하는 것입니다. 고대 노예 시대에는 노예와 그에 준하는 층들이며, 봉건시대의 서구에서는 농노와 도제徒弟들, 아시아에서는 농민과 장인匠人 그리고 노비 계층이며, 자본주의 시대에는 노동자와 영세 농민, 기타 서민 계층을 말할 것입니다.

오늘날 산업사회에서는, 소위 산업민주주의가 실시되고 있는 선진 국가에서는 민중들은 종래의 그 예속적이고 피착취적인 지위를 자신의 힘으로 탈피해서 정치·경제·문화 각 분야의 한 주체로서 자본가와 대등한 자리를 착실히 차지해 오고 있습니다. 그 단적인 예가 각국의 노동당이나 사회민주당 등이 집권 정당으로서 권력을 장악하고 있는 것이 보편적 현상으로 되어 가고 있습니다.

20세기는 민중의 역사상, 아니 인류의 역사상 획기적인 세기라 할 것입니다. 학자에 따라서는 이러한 산업국가의 민중을 구별해서 대중이라고 부르고 있는데, 나도 그렇게 따르고 있습니다. 한국의 역사에서 민중은 어떻게 그 발자취를 남기고 있는가, 한마디로 고난과 한의 역사라 할 것이지만, 그러나 일면 잡초같이 밟아도 다시 일어나는 무서운 생명력의 자취이기도 합니다.

한국 민중의 역사를 정적靜的으로 볼 때는 무한히 슬프고 좌절을 느끼게 하는 것이지만, 눈을 돌려 그 저류를 흐르는 역동적 측면을 볼 때는 새삼 우리의 조상들에게 외경畏敬의 심정을 금치 못하게 합니다. 하늘이 무너져도 솟아날 구멍을 찾았고, 범에 물려 가도 살아 오는 길을 찾으려 몸부림친 역사입니다.

민중의 역사는 농업의 생산력이 발달됨과 더불어 사회질서의 유지, 외적의 방위, 종교적 제의祭儀를 전담할 통치자·무사·승려·관료 등 비생산계층이 출현하고, 이것이 마침내 지배계층을 형성하자 농민과 노예 등은 그 지배하의 민중이 된 것입니다. 그러므로 우리나라의 민중은 삼국시대 훨씬 이전부터 존재했습니다.

민중의 역사를 움직이는 원동력으로 그 힘을 눈에 띄게 발휘하기 시작한 것은 신라 말기부터라 할 것입니다. 신라시대에 들어서면서 지배층 내부의 혼란과 쟁투도 극심했지만, 신라의 골품제도骨品制度에 의한 폐쇄적 특권 정치의 모순과 부패도 극에 달해 민심은 급속히 이반離叛해 갔습니다. 이를 당하여 출세의 길이 막힌 6두품의 관료들, 왕권과 결탁한 교종敎宗에 대한 불만에 찬 선종禪宗의 승려들, 그리고 각 지방의 호호족豪族들이 동요된 민중을 장악하거나 그들과 제휴하여 각지에서 왕조에 저항, 봉기했습니다. 이러한 군웅할거群雄割據는 궁예弓裔, 견훤甄萱으로 집결되어 후삼국시대를 이루었다가, 그 자신 지방 호족이랄 수 있는 왕건王建에 의해서 통일되고 고려 건국이 성립되었습니다.

왕건은 그의 승리 과정에서 민중의 공헌을 명심하여 신라시대의 가렴주구苛斂誅求 대신 '10분의 1세'라는 획기적 조세개혁을 단행하고, 난민에 대한 구휼救恤 제도를 창설, 강화했습니다. 민중의 저항은 그런대로 소득을 얻은 것입니다.

고려가 그 자리를 잡고 왕조 권력이 안정되어 가자 다시 귀족들의 발호跋扈와 탐악貪惡을 가져와 무자비한 민중 수탈이 재현되었습니다. 이러한 귀족정치의 모순은 민심의 이반을 가져오고, 이에 힘을 얻은 무신武臣들이 왕인 의종毅宗을 내쫓고 귀족들을 도륙屠戮하고 정권을 차지했습니다. 그중에는 초대 집권자 정중부鄭仲夫가 천민 출신인 것을 위시로 이의민李義旼 등 많은 무신들이 민중 출신이었습니다. 그렇다고 그들이 민중을 위한 정치를 한 것은 아니지만, 그러나 그들의 꿈같은 출세는 전국의 농민과 노비들에게 자기 권리에 대한 각성과 충동을 주어 민중의 힘이 크게 일어나기 시작했습니다. 그 대표적인 것이 최충헌崔忠獻의 종 만적萬積을 중심으로 한 '만적의 난'입니다. 이는 단순한 노예 반란이 아니라 그들이 뚜렷한 집권의 포부까지 가지고 있다는 점에서 우리나라 민중 저항사에 큰 자리를 차지하고 있습니다.

이렇게 팽배하게 일기 시작한 민중의 각성과 저항 의식은 때마침 일어난 몽고의 침입(1231년)을 당하여 놀라운 항몽抗蒙 투쟁의 힘으로 나타났습니다. 지배층들은 강화도로 들어가 안이한 생활을 즐기고 있는 가운데 전국의 농민과 노예들이 뭉쳐서 6차에 걸친(약 30년간) 몽고 침략에 끝끝내 저항하여, 그 당시 중국을 위시하여 중앙아시아·러시아·이라크 일대 등을 자기 직접 통치의 영토로 삼던 몽고가 오직 고려만은 조공 국가에 그치게 한 것이고, 그 큰 원인은 고려 민중의 저항이 이룩한 것입니다.

고려 말기 국정이 문란해지고 농토의 권세가에 의한 겸병兼併 등 민중에 대한 수탈이 심해지며 민심이 이탈하자, 당시 일어나기 시작한 사대부들이 민중의 지지를 얻었습니다. 유교(성리학)를 숭상하고 불교를 배척하는 이들은 지방 관원이나 낙향 귀족의 후예들로, 민중과 같이 농업에 종사한 지식계급이었습니다. 민중은 이들에게 기대를 걸고, 이들 사대부는 민중의 힘을 끌고 이성계李成桂를 업고 고려왕조를 타도한 것입니다.

조선왕조도 건국 초에는 제법 민중의 힘을 염두에 두고 이를 위한 시책을 힘써 이루려 했습니다. 고려시대보다는 진일보한 공전公田 중심의 과전제科田制의 실시, 백성의 문자인 훈민정음의 창제, 농경 기술의 향상을 위한 각종 서적의 간행·반포, 구빈救貧·치료 등 각종 진휼賑恤 제도의 대폭적 실시 등을 들 수 있습니다. 조선왕조 중기부터는 당쟁에 눈이 어두워 민중을 돌보려는 정치는 자취를 감추고 양반계급들의 횡포와 수탈은 날로 심해 갔으며 민심은 이반되기 시작했습니다. 그러다

임진왜란이 난 것입니다. 민중은 원한의 왕궁에 불을 지르고 도망가는 왕과 대관들에게 돌팔매질을 하고 했지만, 그러나 당장 밀어닥친 왜군으로부터 국토와 삶을 지키기 위해서 전국 각지에서 의병으로 궐기했습니다. 임란 때 그들의 공훈이 얼마나 혁혁했는가는 우리가 이미 잘 아는 사실입니다.

임진·병자의 양난을 겪고도 정치는 날로 악화되어 가고 국민에 대한 탐학貪虐은 더욱 가혹해지자 견디다 못한 민중은 힘에 의한 저항으로 나서게 되었습니다. 홍경래洪景來의 난(1811년), 철종 13년의 난(진주민란의 발단, 1862년) 등이 그것인데 전자는 평남·북 일대에서, 후자는 경상·전라·충청 지방을 중심으로 경기·황해·함경도에까지 번져 비록 진압은 되었지만 왕조의 기초를 뒤흔들었습니다. 이때에는 천주교에 의해서 만민평등, 남녀동등, 과학적 사고방식 등을 깨우친 민중의 성숙이 있었습니다. 특히 최제우崔濟愚라는 천재적 사상가이자 지도자에 의해서 창도된 동학東學은 삽시간에 민중의 지지와 참여를 얻어 일대 반정부 혁명 세력을 형성하다 마침내 전봉준全琫準의 위대한 지도 아래 동학혁명이라는 세계의 민중저항사에 찬연히 빛나는 투쟁을 단행했습니다.

일제 세력의 침략이 본격화되자 우리 민중은 혹은 의병으로 양반들과 손잡아 싸웠으며, 망국 후에는 만주·시베리아 등지에서 무장 항일운동의 이름 없는 병사로서 이국異國 산야에서 죽어 갔습니다. 일제하 3·1운동 때는 겁 많은 지도자들이 민중의 지도를 회피하자 그들 스스로의 힘으로 그와 같은 미증유의 대운동을 밀고 나간 것을 우리는 알고 있습니다. 3·1운동 이후 일제 패망까지 민중의 저항력은 현저히 저하되고 수난과 무기력 속에 해방을 맞이하게 되었는데, 이는 언제나 볼 수 있는 과도적 현상이었다 할 것입니다.

해방 후에 있어서 민중의 힘이 가장 크게 드러난 것은 6·25 공산 침략을 당해서라고 생각합니다. 자신의 체험을 통하여 확인한 공산 독재자로부터 자유를 수호하고자 일어선 민중의 힘은 마침내 공산 침략을 격퇴하는 데 성공했으며, 오늘까지 끈질기게 북한 공산주의자의 남한 적화 기도를 분쇄하는 원동력이 되고 있습니다.

4·19에 있어서 학생 혁명을 열렬히 지지한 이래 민중이 보여 준 일관된 민주주의에의 소망, 경제 건설에서 보인 저력 등을 생각할 때, 우리는 여러 가지 문제점을 지적할 수 있으면서도, 또 그 점을 몹시 안타깝게 생각하면서도, 우리 민중의 에너지가 지금 상승기에 처해서 전진하고 있다고 판단한다고 해도 큰 잘못은 아닐 것으로 봅니다.

민중은 일관해서 역사를 움직이는 원동력이었으며, 우리가 살아남은 것도 그들의 마음속에 올바른 것과 의로운 것에의 소망의 불이 가냘프나마 꺼지지 않고 타올라 왔기 때문입니다. 신라와 고려와 조선왕조의 흥망을 볼 때 표면의 무대에서 낯내고 도는 광대야 누구였건, 사회의 저변에서 꿈틀거리며 무력하고 우둔해 보이는 민중의 지지를 받은 자만이 흥했으며, 이를 잃었을 때는 망했습니다. 긴 눈으로 볼 때 민심은 천심이었습니다. 그러나 역사를 움직이는 것은 민중이었지만 그들이 받는 보수는 언제나 박했습니다. 이제 20세기는 정치·사회적 입장에서 볼 때 '민중의 시대'의 시작이라고 보아야 할 것입니다.

우리는 민중이 가지고 있는 약점과 능력의 한계를 압니다. 그러나 다른 어떠한 방법도 민중이 자기 운명의 주인이 되는 참여의 길 이상의 것은 없는 것입니다.

▶ 청주교도소에서 아내 이희호 여사에게 보낸 옥중 서신, 1982. 8. 25. ◀

문명도 국가도 개인도,
고난 없이 성공한 예는 없다

사람의 정신에 있어 가장 큰 타락과 죄는 이기심과 탐욕인데, 그런 심정은 부모가 어렸을 때 자기 자식만 편애하고 남의 자식을 도외시할 때 자연히 자기 자식들의 마음속에 스며들어 간다.

▶ 청주교도소에서 아들 홍일에게 보낸 옥중 서신, 1982. 9. 23. ◀

누구나 고난을 즐겨 겪는 사람은 없겠지만, 자기의 양심에 충실히 살다 보면 고난을 겪게 마련이다. 그것은 이 세상의 악과 불완전성에서 오는 불가피한 운명인 것이다. 그러나 고난이 바로 불행은 아닌 것이며, 불행이 되고 안 되는 것은 자기의 받아들이는 자세에 있는 것임은 수차 이야기한 대로이다. 뿐만 아니라 사람의 진정한 내면적 성장은 고난을 통해서만 얻을 수 있으니, 인류 역사상 가장 높은 정신적 정상에 도달한 예언자나 성인들이 모두 가열한 외적·내적 고난의 도전을 받아 감연히 일어서서 응전應戰하고 극복한 사람들이다.

위대한 정신적 스승만이 아니라 인류의 문명도 나라도 개인도, 고난의 도전 없이 성공한 예가 없다.

▶ 청주교도소에서 아들 홍업에게 보낸 옥중 서신, 1982. 9. 23. ◀

인류의 숭배와 추종을 받은 사람은 지식의 정상에 오른 철학자가 아니라 이웃을 사랑하고 인류를 위해 몸 바쳐 노력한 인격의 성자聖者들이었다.

▶ 청주교도소에서 아들 홍걸에게 보낸 옥중 서신, 1982. 9. 23. ◀

이기심은 자기를 우상화하고, 탐욕은 탐욕의 대상을 우상화한다

양심에 충실하게 산다는 것은 성공적인 인생을 사는 유일한 길이다. 양심을 따라 사는 생生만이 인생에 있어서의 성공의 진실한 가치를 보장하며, 설사 실패했다 하더라도 우리의 삶을 의미 있게 해 준다. 양심에 입각한 삶은 현실적으로 성공하건 실패하건 하느님의 축복이 따르기 때문이다.

이기심과 탐욕은 가장 큰 죄악이다. 이기심은 자기를 우상화하고, 탐욕은 탐욕의 대상을 우상화한다.

민족주의는 민주적이어야 한다. 그래야만 대외적으로는 독립과 공존을 양립시킬 수 있고, 대내적으로는 통합과 다양성을 병행시킬 수 있다. 민주주의 없는 민족주의는 쇼비니즘과 국민 억압의 도구가 되기 쉽다.

가난이 두려운 것이 아니다. 가장 두려운 것은 가난한 자들이 자신의 가난을 억울하다고 생각하는 것이다. 그러한 사회는 아무리 물질적 성장이 있더라도 건강한 사회라 할 수 없다.

역사는 항시 우리에게 질문한다. 그대는 어디에 서 있으며, 과거로부터 무엇을 배웠으며, 현재 무엇에 공헌하고 있으며, 후손을 위해서 무엇을 남기려느냐고.

인간은 어떤 의미에서 누구나 위선자다. 우리가 선善을 행하는 것은, 그것이 나의 습관이 되었거나 감정이 즐거워서 행하는 경우는 적다. 이를 무릅쓰고 이성과 의지로써 행하는 것이다. 그러나 이러한 이기적인 동기에서가 아니라 반대로 이타적인 동기에서이기 때문에 이런 위선은 권장할 만한 것이다.

세상이 망하지 않는 이유, 세상이 악한 것 같아도 결코 망하지 않는 이유는 무엇인가? 그것은 모든 인간의 마음속에 본인의 의식·무의식 간에 진리와 정의에의 갈망이 자리 잡고 있기 때문이다. 이것이 바로 하늘의 뜻이다. 이런 내적 갈망은 계기와 때를 만나서 하나의 꺾을 수 없는 민심으로 폭발하여 악惡의 지배를 좌절시키고 만다. 역사를 보면 많은 창조적 선구자들이 고독하고 절망적인 것같이 보이는 투쟁을 전개한다. 그는 자기의 당대에 그의 노력이 결실을 보지 못할 수 있다는 것도 잘 안다. 민심이란 변덕이 많고, 속기 쉽고, 이기적이며, 겁 많을 수 있다는 것도 잘 안다. 그러나 그는, 백성은 결코 그들의 안에서 울려오는 진리와 정의에의 갈망의 소리를 오래 외면하지 못한다는 것도 잘 안다.

선구자의 신념에 찬 노력과 희생, 백성들의 진리와 정의에의 궁극적 추종, 이것이 이 세상을 망하지 않게 지탱하는 이유이다.

▶ 청주교도소에서 가족들에게 보낸 옥중 서신, 1982. 9. 23. ◀

의미 있는 인생을 살려거든
고난의 세례를 피하지 마라

병상에 누워서 링거 주사의 바늘을 팔에 꽂고 있는 지루한 시간 속에서 나의 인생에 대해서 이것저것 생각하고 자문자답하고 했습니다. 도대체 내 인생이란 무엇인가? 일생을 두고 수난만 되풀이되고 남들처럼 마음놓고 가족과 같이 단란한 생활 한번 못 해 본 채 이 나이가 되었으니, 이러고도 산 것이라 할 수 있을까?

그렇다고 안락하게 사는 것만이 행복의 길도 아니지 않는가? 우리가 보는 그러한 사람들이 과연 행복했다고 스스로 자신할 사람이 몇이나 있을까? 그들은 자기 인생을 생각할 때 안일만 택하다가 오히려 의미 없는 일생을 보내고 말았다고 후회할 것이다.

그렇다고 그것도 정도 문제이다. 나같이 일생을 빈곤과 고통 속에서 보내며 죽음과 수난이 연속된 인생이라서야 어찌 인생의 의미를 회의하지 않을 수 있을 것인가?

그렇다면 지금까지 살아온 인생을 후회한다는 말인가? 국민을 위해, 나의 양심을 위해 성실하게 살아 보겠다고 살아온 인생, 우리의 후손에 게만은 우리가 살아온 서러운 세월을 유산으로 주지 않겠다는 나의 삶을 후회하는가?

후회한다고는 말하지 않겠다. 그러나 언젠가 홍업이가 말한 대로 나만 혼자 이렇게 수난의 일생을 보내야 한다는 것은 지나치다는 말이다. 어디 내 개인의 수난뿐인가? 가족은 물론, 얼마나 많은 형제·친척·친지 들이 나로 인하여 희생되었는지, 그들을 생각할 때마다 얼마나 가슴이 아픈지 말로 표현할 수가 없다.

세상에 남이 나로 인하여 입는 고통을 하릴없이 보고 있는 것같이 괴로 운 일도 없다. 그뿐인가? 일생을 살아오는 동안 얼마나 많은 사람의 은 혜를 입었는지. 개인의 은혜, 인제와 목포 등 선거구민의 은혜, 국민의 은혜 등 어느 하나도 보답을 못 하고 말았으니 언제나 마음만 안타까울 뿐이다.

이렇게 고난의 일생을 사는 가운데 남에게 본의 아닌 피해를 입히고, 남의 은혜를 갚지도 못하면서, 그렇다고 나의 조그마한 포부나마 펴 볼 기회조차 한 번도 갖지 못하고 말았으니, 이런 점에서도 나의 인생이란 무슨 가치가 있을 것인가 하는 생각이 든다.

사실 우리는 인생에 대해서 회의적으로 될 때가 많다. 도대체 고난의 의미가 무엇인가? 자기가 저지른 죄에 대한 징벌인가? 그렇다면 왜 세상에서 악한 자가 성盛하고, 선한 자가 좌절되는 수없는 예증을 우리는 보게 되는가?

사실 '왜 선인이 패배하고 악인이 잘되느냐?' 하는 문제는 인간의 종교와 윤리의 역사상 풀지 못한 오랜 숙제이지. 그러나 한 가지 분명한 것은, 수난이 자기 자신에 대한 징벌이요 성공이 선행의 보상이라는 논리로써는 절대로 그 숙제를 풀 수가 없다고 본다. 이 점에 대해서 참고가 되는 두 가지 견해가 있어. 하나는 도스토옙스키의 생각인데, 그는 『카라마조프의 형제들』에서 드미트리 카라마조프가 자기의 아버지를 죽였다는 누명을 쓰고 결국 억울한 유죄 판결을 받을 때, 그가 수많은 마음의 갈등과 고뇌와 분노를 넘어서 깨달은 것이지.

드미트리의 깨달음은 이런 거야. "나는 억울하다. 그런데 왜 나는 시베리아 유형流刑이라는 고난을 겪어야 하는가? 이것은 내가 과거에 지었던 수많은 죄, 네 아버지의 온갖 추잡한 죄는 물론 러시아 민족의 죄까지 내가 짊어지는 것이다. 인간의 수난은 인간이 공동체와 일원인 이상 자기의 죄 때문에만이 아니라 공동체의 성원들의 죄 때문에도 피할 수 없고 피해서도 안 된다."는, 이런 의미의 깨달음을 통해 그는 유죄 판결을 달게 받는데, 그 깨달음으로 인해서 그는 구원을 받는 거야.

도스토옙스키의 생각은 참으로 위대한 깨달음인 것 같다. 사실 우리만 하더라도 그래. 멀리는 그만두더라도 조선왕조가 일본 침략자 앞에 망할 때 나라를 망국의 길로 이끈 자의 죄, 방관하며 비겁한 협력을 한 조상들의 죄를 지금의 우리가 모면할 수가 있을까? 일제로부터의 해방이 우리 스스로의 힘으로가 아님은 물론, 얼마나 많은 친일파들이 들끓었는가를 생각해 보자. 해방 후 과연 친일파가 정죄定罪되고 애국자가 등장하는 민족의 정기가 바로 섰는가? 이런 민족 정통성의 역전逆轉에 대한 죄는 그 후 이 나라의 모든 분야를 짓누르는 카르마karma(업보業報)가 되어 있다.

양심·정의·애국 등을 하나의 공허한 구호로 만들고, 실상은 사악하고 이기적인 동기에서 수단과 방법을 가리지 않는 자들이 판을 치게 만든 것이다. 어찌 우리가 모든 죄에 대한 징벌을 모면할 수 있을 것인가? 달게 받아야지. 아무튼 우리가 그래도 이 정도나마 유지된 것은 6·25와 4·19에서 우리 청년들이 자유와 정의를 위해서 희생한 대가라고 생각해. 그런데 아까 또 하나의 견해란 무엇이지? 그것은 테야르 드 샤르댕P. Teilhard de Chardin 신부의 견해야. 테야르 드 샤르댕 신부의 생각을 요점만 이야기하면 이렇지.

"이 세상의 악과 인간의 고난은 이 세상의 불완전성에서 오는 불가피한 현실이다. 이 세상은 지구가 생긴 수십억 년 이래 계속 복잡화와 의식화의 방향으로 진화해 왔으며 또 진화하고 있다. 이 진화의 한가운데 예수가 왔으며, 완성의 종점(Ωpoint)에 예수가 있어서 수렴收斂한다. 그러므로 우리는 불완전에서 완전으로, 죄와 고난의 가능성의 세계로부터 종말의 천국을 향해서 나아가고 있는 것이다. 우리가 고난을 무릅쓰고 이 세상에서 완전함을 위해 노력하는 것은 하느님의 큰 역사役事에 동참하는 아주 큰 뜻이 있는 것이다. 인간의 역사는 큰 눈으로 볼 때에는 아직도 많은 죄와 고난이 남아 있음에도 불구하고 보다 정의롭고 보다 살기 좋은 방향으로 전진하고 있는 것이 사실이다. 그러므로 우리는 과거에 비추어 이러한 진화가 정신적으로, 물질적으로 이루어지리라는 데 의심할 이유가 없다. 이는 단순한 신학의 논리가 아니라 과학의 증명이기도 하다. 그러므로 우리는 미래에 대한 믿음과 희망 속에 조용하고 평화로운 마음으로 모든 악과 고난을 받아들이고 이를 극복하도록 노력해야 한다. 우리가 고난에 처했을 때에도, 찾기만 하면 하느님은 반드시 우리에게 구원의 가능성을 열어 주신다."

나는 테야르 신부의 생각에는 참 많은 구원을 받았다고 생각해. 지구의 연령 수십억 년 동안 단순한 박테리아로부터 식물이 생기고, 바다의 생물이 생기고, 그것이 육지로 올라와서 육상동물이 생기고, 마침내 약 2백만 년 전에 인간이 탄생하기까지의 진화, 그리고 인간과 모든 만물(유기물·무기물 다 같이)의 계속된 진화를 생각할 때, 또는 인간이 역사 이래로 범해 온 수많은 죄악, 노예제, 인종차별, 인간 착취 등으로부터 차츰 해방되고 인간의 권리가 계속 강조되어 온 것을 볼 때, 수많은 전염병이 근절 또는 현저히 감소되고 기아와 병고가 크게 퇴치되는 등의 사실을 직시할 때, 우리는 하느님이 역사 안에서의 계심과 부단히 일하심을 신앙으로서만이 아니라 과학으로서도 믿을 수 있다고 생각해.

자기에게 소명감을 느끼는 사람은 인간의 장래를 비추는 밝은 미래에 대한 신념과 자기가 참여하는 전진에의 대열에 의미를 기쁘게 받아들이면서, 수난을 불가피하면서 또 진화의 과정으로 받아들여야 할 것 같아. 결국 모든 것을 따지고 분석하더라도 인간은 자기 양심에 떳떳하고 자기의 인생이 사회와 역사를 위해서 의미 있는 것이었다는 것을 믿을 수 있는 사람만이 진정으로 행복한 사람인 것 같아.

결국 종말 완성의 그날까지, 예수의 말씀대로 "이 세상에 죄가 없을 수 없겠지만", 우리는 양심의 명령에 순종하고 하느님과 항시 동행하면서 죄와 싸워 나아가야 할 것이야. 이 세상의 개선과 진화를 위한 소명을 느낀 자는 먼저 이기적인 자기에 대한 철저한 부정을 하고 악과 싸우며 진보에 공헌하도록 해야 할 거야.

우리는 우리의 역사에서도 이러한 자기부정 속에서 이 민족의 빛이 되는 자기 현현顯現을 한 분들을 많이 보지 않는가? 사육신死六臣·이순신李舜臣·전봉준全琫準 등 세계 역사 어디에다 내놔도 자랑스러운 우리의 모범들이다. 그러나 뭐래도 가장 철저한 자기부정과 현현을 성취한 분은 예수 그리스도인 것은 말할 것도 없지. 결국 고난이 인간의 불가피한 운명이라면, 그리고 고난을 받아들이고 극복하는 것이 역사의 공헌과 자기 현현의 진정한 길이라면, 자기 인생을 의미 있게 살려는 자는 고난의 세례를 피해서는 안 된다는 것이 되겠구면.

인물은 역사의 산물産物이지, 인물이 역사의 기축基軸을 좌우하지는 못합니다. 그러나 선악 간의 큰 인물은 역사에 지울 수 없는 발자취를 남겨 많은 사람의 운명에 결정적 영향을 줍니다. 그중에서도 그 인물이 역사의 가는 방향과 발을 맞추며 백성의 운명에 이해와 애정으로 대한 사람은 시대를 초월해서 모든 사람의 존경과 사모를 받게 됩니다.

▶ 청주교도소에서 가족들에게 보낸 옥중 서신, 1982. 11. 2. ◀

빛은 암흑과 싸워야 하고,
소금은 부패와 싸워야 한다

하느님의 소명을 받은 사람은 이 세상의 빛과 소금이 되어야 한다. 빛은 암흑의 권세와 싸워야 하고 소금은 부패의 힘과 싸워야 한다. 그러므로 빛과 소금이 된다는 것은 시련과 고난의 생활을 의미한다.

민주주의는 한마디로 요약하면 참여의 정치다. 참여의 정치란 백성이 주인이 되는 정치, 백성이 자기 운명을 자기가 결정하는 정치, 백성이 스스로 신이 나서 건설하고 나라 지키는 정치, 백성이 그 속에서 발전하는 정치다.

우리가 처한 문화적 위험의 하나는 식민지 문화로 되는 위험이요, 또 다른 하나는 국수주의적 문화로 되는 위험이다. 우리가 건설할 문화는 민족적 특성과 세계적 보편성을 겸비한 문화다.

▶ 청주교도소에서 가족들에게 보낸 옥중 서신, 1982. 11. 26. ◀

만리장성, 석굴암, 경복궁의
진짜 건설자는 백성이었다

경쟁에는 형제적 경쟁과 적대적 경쟁이 있다. 전자는 경쟁자와 협력하며 남을 살리면서, 또는 남을 살리기 위해서 경쟁한다. 후자는 고립해서 투쟁하며 남을 파멸시키면서, 또는 남을 파멸시키기 위해서 경쟁한다. 전자는 자기와 남을 다 같이 성장시키고, 후자는 자기와 남을 다 같이 좌절시킨다.

"만리장성은 진시황秦始皇이 만들었다. 석굴암은 김대성金大城이 만들었으며, 경복궁은 대원군大院君이 건축했다."고 역사는 기록한다. 이것을 누구도 의심하지 않지만 잘 생각하면 터무니없는 허구다. 진실한 건설자는 그들이 아니라 이름도 없는 석수石手·목수木手·화공畵工 등 백성의 무리들이었다. 우리는 이 사실을 정확히 깨달을 때 이름 없는 백성들에 대한 외경심과 역사의 참된 주인에 대한 자각을 새로이 하게 된다.

진정한 정치가 할 일은 억압받는 자와 가난한 자의 권리와 생활을 보장하고 그들을 정치의 주체로서 참여케 하는 것이다. 그러나 이러한 과정에서, 억압하던 자들도 빼앗던 자들도 그들의 죄로부터 해방시켜서 대열에 참여케 해야 한다. 그 점에서 정치는 예술이다.

우리는 자기의 직업이나 직책을 택할 때 일시적 수입이나 지위보다는 참으로 자기가 '인생의 보람을 그 일을 통해서 느낄 수 있는가, 없는가'에 의해서 결정해야 한다. 그러한 결정을 통해서만이 우리는 사회의 공헌과 자기 능력의 발휘를 기대할 수 있다. 그뿐 아니라 긴 안목으로 보면 그러한 선택은 결국 경제적 수입과 지위의 향상도 가져오는 경우가 많다.

▶ 청주교도소에서 보낸 옥중 서신, 1982. ◀

논리로 검증되지 않은 경험은 잡담이며, 경험으로 검증되지 않은 논리는 공론이다

비록 고난 속에 살더라도 자기 양심에 충실한 사람은 행복하다. 그리고 고난의 가치를 세상이 알아줄 때, 그는 더욱 행복하다.

우리는 넘어지면 끊임없이 일어나 새 출발을 해야 한다. 인생은 종착지가 없는 도상途上의 나그네다.

괴테는 『파우스트』를 통하여 "이것이 지혜의 마지막 섭리이니 매일 새로이 정복하는 자, 오직 그만이 생명과 자유를 얻는다."고 했다. 우리는 매일 새로이 나고 새로이 전진해야 한다. 우리의 정복의 상대는 자기다. 안주하려는 자기, 도피하려는 자기, 교만해지려는 자기, 하나의 성취에 도취하려는 자기와 싸워서 이를 정복해야 한다.

나라를 사랑하고 그 겨레를 사랑한 사람은 마땅히 찬양받고 존경받아야 할 것이다. 그러나 많은 경우에 그들은 그로 인해서 박해를 받고 누명을 쓴다. 그러므로 의롭게 살려는 사람은 보상에서 만족을 얻으려 하지 말고, 자기 삶의 존재 양식 그 자체에서 만족을 구해야 한다. 그리고 역사는 반드시 바른 보답을 준다는 사실에서 위로를 받아야 한다.

논리의 검증을 거치지 않은 경험은 잡담이며, 경험의 검증을 거치지 않은 논리는 공론이다.

용기는 바른 일을 위하여 결속적으로 노력하고 투쟁하는 힘이다. 용기는 모든 도덕 중 최고의 덕이다. 용기만이 공포와 유혹과 나태를 물리칠 수 있다.

황금을 얻고자 싸우는 사람은 황금에 먹히지 않도록, 권력에 집착하는 사람은 권력의 노예가 되지 않도록, 범인 잡는 데 종사하는 사람은 자기 마음이 범인을 닮아서 사악해지지 않도록, 그리고 우리가 명심할 것은 공산당과 싸운다면 공산당의 수법을 닮아 가는 일이 절대로 없도록 할 일이다.

학문이나 지식에 있어서는 권위에 맹종해서는 안 된다. 존경은 해도 비판의 눈은 견지해야 한다. 모든 지식은 내 자신의 비판의 그물에서 여과시켜 받아들여야 한다. 설사 그것이 미숙하고 과오를 범하는 경우가 있더라도 내가 나로서 사는 유일한 지적 생활의 길이기 때문이다.

사람을 대할 때 마음을 온통 열고 그를 받아들여야 한다. 그리고 나를 아낌없이 그에게 주어야 한다. 온몸으로 받아 주어야 하며, 그와 하나가 되어야 한다. 이 말은 그의 결함이나 계략에 맹목하라는 말이 아니다. 그것을 능히 보면서 온몸으로 대하고 주고받으라는 말이다. 군자는 화이부동한다君子和而不同.

"If winter comes, can spring be far behind?"(겨울이 오면 봄 또한 멀지 않으리-엮은이) 이 말은 만고의 진리다. 그러나 문제는 자연의 봄은 정확히 시간을 지켜 오지만 인생의 봄의 리듬은 아주 불규칙하다는 점이다. 빠를 때도 있고 아주 영원히 안 올 것같이 느껴질 때도 있다. 일제시대에 많은 독립투사들이 늦은 봄을 참지 못해 기다림을 포기했다. 그러나 봄은 왔고, 기적같이 갑자기 왔었다.

나는 국민이 지배하는 대중정치, 소득 균점均霑의 대중경제, 정직하고 부지런한 모든 국민에게 희망과 의욕을 불러일으키는 것을 정치의 신조로 삼고 있다.

인간은 누구나 자기의 힘으로 어쩔 수 없는 운명의 지배를 받는다. 그렇다면 어떻게 할 것인가? 오직 오늘의 현실과 주어진 여건 아래서 최선을 다하는 것뿐이다. 그래서 행운이 찾아오면 최대의 성공을 쟁취하고, 불운이 엄습하더라도 불행을 최소로 줄일 준비를 하는 것이다. 나는 인생의 참뜻과 행복은 어떤 결과를 획득하는 데 있는 것이 아니라, 그 결과를 얻기 위해서 헌신하는 과정에 있다고 믿는다. 나는 또 확신한다. 우리가 자기의 목표를 향하여 최선을 다해서 10년만 밀고 나가면 결국 행운의 여신은 찾아오고야 만다는 것을, 나는 나의 체험으로 그것을 믿는다.

모든 사람이 인생의 사업에서 성공자가 될 수는 없다. 그러나 모든 사람이 인생의 삶에서 성공자가 될 수는 있다. 그것은 바로 '무엇이 되느냐'에 목표를 두지 않고, '어떻게 사느냐'에 목표를 두고 사는 삶의 길을 가는 것이다.

민주국가에 있어서 언론과 사법부는 민주주의의 존폐를 좌우하는 관건이다. 어떠한 부패도 언론이 살아 있는 한 영속될 수 없고, 어떠한 부조리나 인권침해도 법관이 건재하는 한 구제받을 수가 있다. 그러나 이 두 개의 기능이 건재하지 않는 한 그 나라는 희망이 없다고 단언할 수 있다. 그러므로 민주주의를 사랑하는 모든 사람은 이 두 개의 기능에 대한 감시와 격려를 게을리해서는 안 된다. 그런데 언론과 법관보다 더 중요한 것이 있다. 그것은 권리와 책임의 의식으로 무장되어 자기가 그 사회의 운명의 주인이고자 하는 결의에 넘친, 그리고 필요하면 희생을 무릅쓰고 행동하는 시민계급의 존재이다. 이러한 시민계급의 존재야말로 민주주의의 알파이자 오메가이며, 공산주의를 극복해 낼 수 있는 원동력이기도 하다.

한 사람이 사회가 인정해 줄 만큼 성장하는 데는 수십 년이 걸린다. 그러나 이를 망치는 데는 순간이면 족하다. 많은 사람들, 국민의 존경이나 기대를 받던 사람들이 압력이나 유혹에 못 이겨 자신을 망치는 것을 보고 얼마나 우리는 가슴 아파했는가! 그리고 인간의 신념이니 인격이니 하는 것에 얼마나 자주 회의했던가! 그보다도 그러한 변절의 인사들이 아직도 국민들이 자기를 옛날처럼 인정해 주는 것으로 착각하고 지도자연하고 설치는 것을 볼 때 얼마나 불쌍하고 민망하던가!

사람은 육신이 전부 건강해도 어느 한 곳이 결정적으로 나빠지면 죽는 것입니다. 나라도 마찬가지입니다. 결점이 어느 정도 있을 때는 장점에 묻혀서 큰 문제가 없지만, 그것이 결정적일 때는 장점이 있음에도 불구하고 나라를 망치게 됩니다. 이제는 우리도 우리 민족사를 뒤져 가면서 우리의 민족성에 대해 반성하고 시정할 때가 되지 않았는가 생각을 갖습니다.

해방 후 일제하에서 싸운 공산주의자들을 오늘의 공산주의자와 같이 매도하고 그들이 바친 민족독립운동에 대한 공로를 무시하는 것은 대단히 잘못된 일입니다. 이것은 주로 친일파들이 해방 이후 이 나라 국권國權을 장악했기 때문입니다.

대한민국의 통일 문제나 민주주의 문제의 잘못된 출발의 근본에는 친일파가 있습니다. 친일파에 대한 숙청의 실패가 모든 일을 망쳐 놓았습니다.

우리는 민족과 이념을 구별해야 합니다. 이념은 다르고 공산당은 반대하더라도 민족에 대한 애정과 공동 운명 의식은 견지해야 합니다.

역사에서의 평가는, 작게는 '내 자손들이 나를 어떻게 평가하느냐' 하는 것이라고 생각합니다.

가장 중요한 것은, 이 시대의 한국 사람이면 민족 최대의 아픔인 조국 통일을 어떻게 이룩하는가 하는 것입니다. 북한과 공존하고 서로 협력하면서 민족의 운명을 같이 개척해 나가야 합니다.

민족을 위해 사소한 차이를 버리고 헌신한 사람들은 모두 역사에서 승리했습니다. 그들은 현실적으로 성공하지 못했더라도 역사를 통해서 승리했습니다.

인간은 완전히 훌륭할 수는 없습니다. 그러나 훌륭하게 살다 보면 올바른 길을 가게 됩니다.

이제는 민주주의가 자기 국경을 넘어서 이웃과 세계를 포함한 민주주의가 되어야 합니다. 통신·교통의 발달이 이것을 가능하게 합니다. 민주주의는 국민국가의 민주주의로부터 주변 국가들을 포함한 연방제 민주주의, 그리고 전 세계를 포함하는 세계적 민주주의, 이렇게 3중의 구조로 발전해 나가야 할 것입니다.

지구상에 있는 모든 자연의 존재들, 동식물과 흙과 땅과 물과 공기 등의 생존과 번영도 보장해 주어야 합니다. 우리는 지구를 너무도 수탈하고 학대하고 파괴하고 있습니다. 우리가 지금 귀 기울여 듣고 눈여겨보면 지구에 있는 만물들이 사람 때문에 못 살겠다고 아우성치는 소리가 귀를 쟁쟁히 찌를 것이며, 그들의 처참한 모습이 우리들의 눈에 비칠 것입니다. 우리의 어머니인 지구에게 감사하고 사랑해야 합니다. 그리고 지구 위의 만물과도 같이 살고 같이 번영해야 합니다. 이것은, 그렇게 하지 않으면 인류까지 멸망한다는 서구식 환경보존론으로는 부족합니다. 동양 전래의 자연과 사람을 하나로 생각하는 자연 존중과 애호의

사상, 또는 모든 만물에 부처님이 깃들었다는 불교의 사상 등이 바탕이 되는 새로운 인도주의와 민주주의의 철학이 형성되어야 합니다.

민주주의 이념 자체는 서구 사회의 창조물이지만, 민주주의의 이념을 서구 사회의 독창물이라고 생각하는 것은 잘못입니다. 의회나 행정부 같은 민주제도는 서구 사회의 창조물이지만, 민주주의 이념은 서구 사회만의 독창물이 아닙니다. 민주주의 이념이라는 것은 사람이 자신의 인권과 자결권自決權에 최상의 가치를 부여하고 자기가 자유롭고 정의로운 환경 속에서 살 권리가 있으며, 그러지 못할 때는 이를 변경시킬 권리가 있는 것으로, 욕구와 주장이 있는 곳이면 어디든지 민주주의 이념이 있는 것입니다.

이제 통일은 당위만이 문제가 아니라 기능의 문제이며 절대 필요의 문제입니다. 통일을 하지 않으면 망하고, 통일을 하면 선진 국가의 대열에 들면서 아태亞太 시대의 주역이 될 수 있습니다.

단일민족의 진정한 의미는 피의 단일이 아니라 문화의 단일입니다. 우리 민족은 문화가 완전히 같은 단일민족이기 때문에 공화국 연합제 아래 한 10년만 교류하고 협력하면 민족 동질성은 급속도로 해결된다고 생각합니다.

사람이건 나라건 배부르면 웃고 배고프면 화냅니다. 경제교류를 해서 북한을 배부르게 만드는 것이 한반도 평화와 핵문제 해결의 근본 대책이 됩니다.

남북은 단결하고 단계적으로 착실하게 통일의 길을 걸어야 합니다. 그리해야 막대한 군사비를 절약해서 경제를 비약적으로 발전시킬 수 있고, 남북 간의 경제협력으로 다 같이 큰 덕을 볼 수 있으며, 북방으로 진출해서 세계 선진국의 대열과 아시아·태평양 시대의 주역이 될 수 있습니다. 통일을 안 하면 망하고, 통일을 하면 단군 이래 최대로 일어설 수가 있습니다. 단계적으로 하면 어렵거나 위험한 일도 아닙니다. 통일의 시작은 서두르고, 진행은 단계적으로 해야 합니다.

통일은 우리의 권리입니다. 우리는 전쟁범죄 국가가 아닙니다. 따라서 독일같이 외부의 눈치를 볼 이유가 없습니다. 문제는 남북이 서로 민족적 양심과 공동 운명 의식을 가지고 이제 얼마든지 가능해진 자주 통일의 길을 가는 것에 달려 있습니다. 또 하나는 우리 주변 국가들이 우리의 통일에 대해서 모두 그들의 이해와 일치된 면과 상반된 면의 두 가지를 가지고 있습니다. 우리는 주변 4대국의 이러한 관계를 면밀히 검토하고 슬기로운 정책을 세워서, 그들이 한반도 통일이 자신들의 이익과 일치할 수 있다는 것을 확신시켜서, 자발적으로 우리의 통일에 협력하도록 이끌어야 합니다. 슬기와 인내심과 고도의 외교 능력이 우리 민족에게 요구되는 것입니다.

우리는 '우리의 국익이 무엇인가' 하는 것만을 생각해야 합니다. 외교에 있어서 중요한 것은 국익뿐입니다. 이익이 맞으면 협력하고, 안 맞으면 따지고 대립하는 것입니다. 친미니 반미니, 친일이니 반일이니 이야기할 필요가 없습니다.

우리의 어머니인 지구와 화해해서 동식물과 물·공기·흙 등 자연의 존재들을 보호하고 발전시키는 역할을 해야 할 것입니다. 인간을 위해서만이 아니라 자연을 우리들의 형제와 벗으로 생각하고 더불어 같이 발전해 나가야 할 것입니다. 여기에는 아시아 사람의 자연과의 일체 사상, 불교의 만물 속에 부처님이 있다는 사상 등이 새로운 지구 시대 민주주의의 사상과 이념의 토대가 되어야 할 것입니다.

한 국가 내에서 국민의 자유와 번영과 복지의 권리가 고르게 보장되어야 합니다. 특히 소외계층에 대해서 그 권리가 보장되어야 합니다. 이 세계에서 지금까지 수탈당하고 버림받아 온 제3세계 사람들이 선진 국가와 대등하게 자유·번영·복지를 누릴 수 있는 보장이 있어야 됩니다. 이 지구상에 있는 모든 존재들, 즉 동식물·하늘·땅·바다·물·공기의 건강한 생존권이 보장되어야 합니다. 인간 때문에 얼마나 많은 초목과 동물·날짐승·물고기 등이 고통을 받고 있는가, 그리고 얼마나 땅과 하늘이 오염되고 있는가, 이런 데까지 우리의 생각이 미쳐야만 진정한 인도주의가 되는 것입니다.

좋은 정치에 왕도는 없습니다. 선진 민주국가가 모두 그렇듯이, 결국 국민이 똑똑하고 성숙해야 합니다.

인간의 역사는 이상사회를 향한 전진을 멈추지 않을 것입니다. 이것은 인간의 본성이요, 역사의 본질이기 때문입니다. 그리고 이러한 인간 사회의 발전을 위해서도 비판 정신의 고양이 절대 필요합니다.

운동하는 사람은 대중의 지지를 얻어야 한다. 대중이 못 따라오면 서서 기다려야 하고 설득해야 하고 왜 안 따라오는지 배워야 한다. 네가 안 따라오는 것이 네 잘못이라고 하면서 혼자 앞으로 가면 대중으로부터 유리되고, 그렇게 되면 통일이나 민주주의를 원치 않는 사람들한테 악용만 당하게 된다.

나쁜 씨를 뿌리고 좋은 수확을 기대하는 것은 무리입니다. 민주주의는 국민의 수준만큼 할 수 있습니다.

나이 먹은 사람도 변화에 적응하면 청년이고, 나이 적은 사람도 변화에 적응 못 하면 노인입니다.

인간이 하는 일에 완전은 없어요. 그러나 결국 긴 눈으로 보면 인류는 완전을 향해 한 발 한 발 나아가고 있는 것은 틀림없어요.

▶ 청주교도소에서 보낸 옥중 서신, 1982. ◀

3

민중의 함성,
전진하는 역사

1983~1997

미국 망명 시절, 워싱턴에서 행한 민주 회복을 위한 가두 시위. 1983.

나의 석방은 우리 국민이
전두환과 맞서 싸운 투쟁의 결과

내 석방은 우리 국민이 전두환과 맞서 싸운 투쟁의 결과다. 1980년 5월의 그 잔인한 쿠데타 이후, 많은 사람들은 자유를 쟁취하기 위한 한국 국민의 투쟁이 끝난 게 아닐까 하고 우려했다. 그러나 같은 해 말, 우리 학생들은 박정희 시절에 그랬듯이 다시 일어나 민주주의를 부르짖으며 시위를 벌였다. 이때 우리 국민은 처음으로 미국을 공공연히 비난했다. 우리 국민은 전두환 정권을 지지하는 미국의 태도에 몹시 실망했기 때문이다.

전두환의 지배체제를 강화해 준 두 차례의 쿠데타에서, 미국은 전두환 일당의 불법 행위를 가로막는 어떠한 조치도 취하지 않았다. 1979년 12월, 한미연합군을 지휘하는 미군 사령관은 한국군이 비무장지대에서 철수하는 것을 중단시키지 않았다. 전두환이 자기 상관인 참모총장을 체포하고 그의 부하들을 총으로 쏘아 죽였을 때도 미국 정부는 한마디도 하지 않았다. 미군 사령관은 연합군 지휘 체제를 무시한 혐의로 전두환과 그 부하들을 처벌하도록 한국 정부에 요청할 수 있는 입장이었지만, 그는 군대의 중립성을 회복하고 군의 질서를 바로잡기 위한 어떠한 조치도 취하지 않았다. 전두환은 여기서 용기를 얻었다. 전두환은 미국의 침묵이 자기 행동에 합법성을 부여했고, 그것은 결국 그런 불법 행위를 계속해도 좋다는 신호라고 생각한 것 같다.

그래서 전두환은 용기를 얻어 1980년 5월에 두 번째 쿠데타를 일으킨 것이다. 한국군이 명령 계통을 무시하고 광주로 파견되어 수백 명의 시민을 학살했지만, 이번에도 역시 미국은 침묵을 지켰다. 게다가 한미연합사 사령관인 미국 장군은 한국인들을 아무 지도자나 따라가는 들쥐에 비유하여 한국 국민을 모독했다. 이런 사건들은 카터 행정부 시절에 일어난 것들이다.

레이건 대통령이 전두환을 첫 번째 국빈國賓으로 워싱턴에 초청하고 그를 친구로서 환영했을 때, 한국인들은 큰 충격을 받았다. 미국의 역대 행정부에게 거듭 실망해 온 우리 국민은 이제 '미국이 과연 우리의 친구인가, 아닌가'를 묻게 되었다. 기독교 신자인 몇몇 학생들이 부산의 미국문화원에 불을 지르고, 또 다른 학생들이 적어도 두 차례에 걸쳐 미국 국기를 불태운 이유는 바로 그것이다. 물론 나는 그런 파괴적인 행동에는 찬성할 수 없지만, 그 학생들이 억압적인 전두환 정권에 대한 미국의 지지에 얼마나 실망했는지는 충분히 이해할 수 있다. 사태는 그런 식으로 진전되어 온 것이다. 전두환과 미국 정부는 이제 더 이상 자기들의 의도가 건설적이라는 것을 한국 국민에게 납득시킬 수 없다.

우리 국민은 미국에 대하여 커다란 실망감을 맛보았고 특히 젊은이들

사이에서 반미 감정이 확산되어 가고 있지만, 한국 국민의 대다수는 '반미주의자'가 아니라고 나는 믿는다. 그런 반미 감정은 극소수만이 느끼고 있으며, 그것은 5월 쿠데타와 광주 학살 뒤에 비로소 생겨난 새로운 현상이다.

전두환은 공개적이고 공공연한 방법으로, 심지어는 합법적인 것처럼 보이는 방법으로 나에게서 모든 정치적 역할을 빼앗고, 사실상 내 목숨까지 빼앗으려 했다는 점에서 박정희와는 달랐다.

전두환이 이런 방법을 택한 데에는 몇 가지 이유가 있다. 1979년 박정희가 암살당한 뒤, 한국 국민은 민주화의 꿈을 품게 되었다. 그 당시에는 미래의 지도자가 될 수 있는 인물이 몇 명 있었다. 나는 그때 대단히 인기가 높았다고 자부한다. 예를 들면, 계엄령이 내 연설을 듣지 못하게 금지하고 있는데도 불구하고 한 번은 3만 명, 그리고 또 한 번은 8만 명의 서울 시민이 내 연설을 들으려고 모였다. 내 고향 근처에서는 약 10만 명의 청중이 모였다. 내가 그렇게 인기가 높았기 때문에 전두환은 진상을 날조하여, 오직 나만이 그렇게 엄청난 군중을 동원할 수 있었을 거라는 이유로 내가 광주 항쟁을 선동했다고 단정했다. 하지만 전두환이 어떻게 나를 제거할 수 있겠는가.

박정희가 암살된 뒤 민주주의 확립을 요구하는 목소리가 높아졌고 나는 민주화운동에서 대단히 인기 있는 지도자로 인정되었기 때문에, 전두환 정권도 나를 은밀히 제거할 수는 없었다. 그들은 또한 공산주의자라는 혐의 이외에는 어떤 범죄로도 나를 재판할 수가 없었다. 만약 그랬다가는 한국 국민이 강력한 항의를 제기했을 것이기 때문이다. 한국 국민은 공산주의를 강력히 반대하기 때문에, 한국 정부에 의해 공산주의자로 고발당한 사람은 누구나 효과적으로 제거될 수 있다. 그래서 전두환 정권은 처음에는 내가 관여한 재일 단체가 공산주의 집단이며 내가 그 집단의 수괴라고 거짓 주장을 늘어놓았다. 그들은 나에게 용공분자라는 딱지를 붙여 놓고 내가 마땅히 처형되어야 한다고 주장했다. 전두환은 그렇게 사건을 날조해야만 나를 재판하여 제거할 수 있었다.

현존하는 긴장에도 불구하고, 나는 여전히 4대 강국이 한반도에서의 전쟁 재발을 원치 않는다고 확신한다. 우선 미국은 한국을 소련이나 기타 공산주의 세력의 남침을 저지할 수 있는 반공기지로 이용하고 싶어 할지도 모른다. 그러나 미국이 한국을 북침의 근거지로 이용하려는 의도는 전혀 없다고 나는 생각한다.

미국은 제3세계 국민의 요구에 훨씬 더 많은 관심을 기울여야 한다. 미국이 현재의 심각한 문제들을 성공적으로 해결할 수 있는 길은 이것뿐이다. 제3세계 국민이 반드시 공산주의자가 되도록 운명 지어져 있는 것은 아니다. 미국이 다수의 뜻을 무시할 때에만 제3세계 국민은 공산주의 쪽으로 돌아설 것이다. 국민 대다수가 민주주의와 자유, 그리고 경제발전을 누린다면 그들이 공산주의를 추구할 이유는 전혀 없을 것이다.

미군이 제3세계 국가에 병력을 주둔시키고 그 나라의 군부 지도자들과 밀접한 관계를 갖고 있는데도 과연 제3세계 국가에서 민주주의를 존중할 수 있겠는가?

한국 정부가 안보상의 위험을 이용하여 억압을 정당화한 사례는 수없이 많다. 예를 들면 내가 대통령 선거에 출마한 이듬해인 1972년, 박정희 정권은 김일성이 환갑날인 4월 15일을 앞두고 서울에서 환갑잔치를 벌일 계획을 세우고 있다고 떠들어 대면서 약삭빠른 선전 공세를 펼쳤다. 그래서 남침 위협을 특별히 경계해야 할 필요가 생겼다. 그들이 주장한 안보상의 위험은 우리 국민을 겁주려고 날조한 것이었다. 그 후 1975년 9월 9일, 북한의 노동당 창립 30주년 기념일에는 김일성이 노동당 창립 30주년 기념일을 축하하기 위하여 서울로 쳐내려올 계획이라고 박 대통령이 직접 우리 국민에게 발표했다. 거의 해마다 봄이 되면 정부는 이런 유언비어를 퍼뜨리곤 한다. "이제 풀이 자라면 북괴 공비들이 풀숲에 몸을 숨기고 쳐내려올 수 있을 것이다.", 가을이 되면 정부는 "이제 겨울이 오면 남북한 사이의 임진강이 꽁꽁 얼어붙을 것이고, 그러면 북괴 인민군들이 강을 건너올 것"이라고 말한다.

독재정권은 미국이 한국에서 벌이는 경제활동에 대한 불만이나 비판을 억누를 수가 있다. 미국 관리들이 그런 믿음을 계속 고수한다면, 그것은 너무 근시안적인 단견이라고 말할 수밖에 없다. 긴 안목으로 보면, 미국 기업인들이 순조롭게 사업을 운영하고 장기적인 계획을 세우는 데 필요한 사회 안정은 오직 민주정부만이 보장해 줄 수 있다.

레이건 행정부는 내 생명을 구하고 정치범들을 석방시키고 부산 미국문화원에 방화한 젊은이들을 살리기 위해 상당한 노력을 기울였지만,

한국 국민은 아직도 백악관이 한국의 독재정권을 강력히 지지하고 있다고 생각한다. 워싱턴이 우리 국민에게 미국이 친구라는 것을 보여 주고 싶다면, 민주주의와 인권을 공개적으로 강력하게 지지해야 한다.

1979년에 박정희가 암살된 뒤에도 군대는 국민과 마찬가지로 나라의 민주화와 군의 중립을 지지했다. 예를 들면, 박정희가 암살된 뒤 한국군 사령관들이 실시한 비밀투표에서는 25명의 장군들 가운데 22명이 민주 회복에 찬성했다. 그리하여 전두환은 소수파로 고립되었다. 전두환은 유신체제를 유지하고 싶어 했지만, 대다수의 장군들은 변화를 원했다. 전두환이 1979년 12월과 1980년 5월에 군사쿠데타를 일으킨 것은 그런 배경에서였다. 미국 정부가 한국군의 중립을 지지하기로 결심하고 12월의 군사쿠데타를 '기정사실'로 인정하지 않았다면, 민주주의를 지지하는 한국 장군들은 크게 용기를 얻어 군의 중립을 확보하려는 노력에 더욱 박차를 가했을 것이고, 한눈팔지 않고 국토방위 의무에만 전념할 수 있었을 것이다.

한국의 민주주의는 한국인 자신의 노력에 의해 달성되어야 한다는 것이 내 신념이다. 근본적으로 말해서, 한국 국민의 헌신과 노력과 희생이 없이는 앞으로 직면할 도전을 이기고 살아남을 수 있는 민주주의는 실현될 수 없다. 우리 국민은 계속된 독재정권에 맞서서 30년이 넘도록 격렬한 투쟁을 벌여 왔기 때문에 이제는 상당히 성숙해졌고, 민주주의를 회복시켜 그것을 누릴 준비가 되어 있다.

한국 국민은 역사의 이 시점에서 민주주의를 추구할 훌륭한 이유를 갖고 있다고 나는 믿는다. 한국의 민주주의는 계속 좌절당했고 지금도 장애물이 존재하고 있지만, 그럼에도 불구하고 민주주의는 한국에 반드시 필요하며, 또한 가능하다. 그 이유를 다섯 가지만 지적하겠다.

첫째, 한국은 수천 년 동안 중국의 지배를 받았으면서도 자신의 주체성을 유지해 왔다. 만주족이나 몽골족 같은 민족들은 우리처럼 주체성을 지키지 못했다. 둘째, 민주주의 원칙은 한국의 전통에 깊이 뿌리박혀 있다. 예를 들면 한국의 토착종교인 동학은 "인간은 곧 하늘"이며 "인간을 섬기는 것은 곧 하늘을 섬기는 것"이라고 주장했다. 셋째, 한국인들은 지난 백 년 동안의 권위주의적인 통치에 맞서서 인권과 민주주의를 끈질기게 추구해 왔다. 1894년의 동학농민혁명, 1919년의 독립운동, 1960년의 4·19혁명 등이 그 본보기다. 넷째, 한국인은 교육 수준이 높고 문화적으로 세련된 민족이다. 한국인의 교육 수준과 문화 수준은 2백 년 전 민주혁명을 일으켰을 당시의 미국인들보다 더 높다. 다섯째, 전반적으로 커다란 영향력을 가진 기독교가 한국에 뿌리를 내리고 민주화운동을 강화해 왔다. 모든 인간은 남자와 여자를 불문하고 똑같은 권리를 갖고 있으며, 모든 인간의 존엄성은 재산이나 교육 수준에 관계없이 신성불가침하다는 기독교적 신앙은 특별한 가치를 지니고 있다.

1971년 대통령 선거에 출마한 이후 나는 '대중 참여'라는 경제정책을 주장해 왔다.

첫째, 나는 사회정의를 존중하고 촉진시키는 자유경제 체제가 필요하며, 그것이 가장 근본적인 토대를 이룬다고 생각한다. 자유시장 체제는 선진국과 경쟁할 수 있는 고도로 발전된 경제를 이룩하는 데 반드시 필요한 기업인들의 창의성과 진취성을 북돋울 수 있다. 사회주의 체제는 경제발전을 방해할 수 있고, 국민의 자유를 억압할 물질적인 근거를 정부에 제공해 줄 수도 있다고 나는 믿는다.

둘째, 박정희 정권하에서는 급속한 경제 성장이 이루어졌지만, 한국 경제는 도시와 농촌, 대기업과 중소기업, 중공업과 경공업, 수출산업체와 국내 생산에 주력하는 기업, 다양한 지역, 그리고 특히 '가진 자'와 '못 가진 자' 사이에 심각한 불균형의 징후를 보였다. 게다가 인플레이션이 이러한 불균형을 더한층 심화시켰다. 전두환 정권하에서도 상황은 개선되지 않았다. 나는 그렇게 불균형한 방식으로 경제발전을 꾀하는 것에 강력히 반대한다. 우리는 세 가지 목표를 동시에 추구해야 한다. 그것은 꾸준한 경제 성장과 균형 잡힌 경제, 그리고 경제 안정이다. 우리는 특히 '가진 자'와 '못 가진 자' 사이에 공정한 분배가 이루어지도록 노력해야 한다. 공정한 분배는 사회 안정과 경제 성장에 필수 불가결한 요소이며, 한국 경제정책의 주요 목표가 되어야 한다.

셋째, 부의 공정한 분배를 실현하기 위해서는 미국에서처럼 대기업의 주식을 많은 국민이 소유하도록 장려할 것을 고려해야 한다. 또는 독일에서처럼 공정한 분배를 보장하고 생산성을 높이기 위하여 사업에 영향을 미치는 경영진의 결정에 노동조합이 참여하도록 권장해야 한다. 또한 정부는 현재 세입의 70퍼센트 이상을 간접세로 충당하고 있는데, 이것은 저소득층에게 무거운 부담을 안겨 주므로 직접세 제도를 강화해야 한다. 그리고 소비자 보호 문제를 체계적으로 다루어야 한다.

넷째, 기업인의 독립과 도덕성은 철저히 보장되어야 한다. 정부가 기업인들을 억압하거나 위협해서는 안 되며, 박정희나 전두환 치하에서 그래 왔듯이 정부가 원하는 대로 일하도록 강요해서는 안 된다. 정부는 기업인들이 경제발전과 소비자의 만족, 그리고 노동자의 권리에 관심을 돌리도록 장려해야 한다. 이 같은 관심사는 오로지 부의 축적만을 추구하는 행위보다 우선해야 한다.

다섯째, 민주정부가 수립되면 한국은 외국 기업의 투자를 환영해야 한다. 외국과의 경제협력은 한국 경제의 건전한 발전을 실현하기 위하여 장려될 것이다. 불공정거래는 절대로 허락되지 않을 것이다. 우리는 외국 기업인들에게 공정한 대가를 보장해야 하며 그들이 한국에서 안전하고 자유롭게 활동할 권리를 철저히 보호해 주어야 한다는 것을 알고 있다.

바람직한 사회구조에 관해서 말하자면, 우리는 우선, 정직하고 부지런한 사람들만이 정상에 다다를 수 있는 사회구조를 만들어야 한다. 한국 사회는 정의와 인간의 존엄성과 자유를 국민에게 보장해 줄 수 있어야 한다. 둘째, 우리는 사회복지 제도를 창설해야 한다. 그러나 부지런한 사람의 의욕을 꺾는 사회복지 제도는 지지하지 않는다. 셋째, 우리는 여성의 평등을 실현하여 동등한 기회와 '같은 일에 대해서는 같은 임금'을 보장해야 한다. 넷째는 억압받는 사람들, 특히 노동자와 영세농민과 그 밖의 저소득층의 권리를 철저히 보장해 주어야 한다. 마지막으로, 교육은 우리 사회의 초석이 되어야 한다고 나는 확신한다. 교육은 경제와 정치와 사회 전반의 건전한 발전을 촉진시켜 줄 것이다. 이런 목적을 달성하기 위해서는 정부가 국민교육을 평생 동안 지원해야 한다. 또한 정부의 교육 계획은 지식을 쌓는 것만이 아니라 인격을 함양하여 개인의 도덕성을 높이는 방법을 모색해야 한다.

내가 오랫동안의 역경을 견뎌 낼 수 있었던 것은 세 가지 이유 때문이다. 첫 번째 이유는 내 신앙에서 나온다. 예수님은 박해받는 사람들을 해방시키고 사회의 불의를 제거하여 지구상에 천국을 세우기 위해 이 세상에 오셨다. 그래서 예수님은 박해받는 자로 태어나셨고, 박해받는 자의 한 사람으로 평생을 살았고, 박해받는 자들을 위해 싸웠고, 그들에게 평생을 바쳤으며, 그들을 위해 죽었다.

나는 주로 세계기독교교회협의회WOC 소속의 신교도와 천주교도가 사회정의를 다시금 강조하고 억압받는 사람들을 돕고 있는 20세기에 기독교도가 된 것이 기쁘다. 천주교회가 핵 동결 같은 진보적인 정책을 지지하리라고 누가 상상이나 했겠는가. 천주교도로서의 내 신앙은 내가 이 세상에서 도망치지 않고 하느님의 뜻이 실현되도록 이 세상에 적극적으로 참여하게 만든 원동력이었다. 신앙은 나로 하여금 개인적인 사치와 안락을 포기하게 해 주었다.

내가 꿋꿋이 견딜 수 있었던 두 번째 이유는 내 역사관 때문이다. 나는 국민과 정의와 인간의 존엄성을 위해 헌신한 사람이 역사의 눈으로 볼 때 실패한 경우를 어떤 책에서도 읽어 본 적이 없다. 또한, 국민과 정의와 인간의 존엄성을 배신한 사람이 역사의 눈으로 볼 때 성공한 경우를 한 번도 들어 본 적이 없다.

내가 계속 싸울 수 있는 세 번째 이유는 삶에 대한 사랑이다. 내 삶은 반드시 의미를 가져야 한다. 그러나 고쳐야 할 필요가 있는 것들과 맞붙어 싸우지 않고 평생을 목적도 없이 허송세월한다면 내 삶은 의미를 가질 수 없다. 우리가 이 인생을 살아갈 기회는 오직 한 번뿐이고, 따라서 우리는 이 인생을 잘 살아야 한다. 한마디로 말해서 나는 내 생명을 너무나 귀중하게 여기기 때문에 내 사명을 계속 추구하지 않을 수 없다. 내 사명은 국민과 정의와 인간의 존엄성을 위하여 헌신하는 것이다. 자유도 정의도 없는 곳에서 이런 태도를 갖고 살아가는 사람은 누구나 역경에 굴하지 않고 온갖 어려움을 이겨내고 아무리 가혹한 사태 변화도 극복해 낼 각오가 되어 있어야 한다. 남이 나에게 고통을 줄 수 있을지는 모르지만, 아무도 나를 강제로 불행하게 만들 수는 없다. 결국, 내가 행복할 것이냐 불행할 것이냐를 결정할 수 있는 삶은 오직 나 자신뿐이다. 나는 내 인생이 행복했다고 생각하며, 수많은 고난에도 불구하고 기꺼이 그 인생을 다시 한번 되풀이하고 싶다.

▶ 리처드 폴크Richard Falk 프린스턴대학교 석좌교수와의 인터뷰, 1983년 초. ◀
(「한국의 상황에 관한 김대중의 생각」, 『월드 폴리시 저널World Policy Journal』 1983년 가을호)

한국 정치는 10년을 주기로
악순환을 거듭해 왔다

한국 국민은 민주적인 열망과 이데올로기와 역량을 충분히 증명해 왔다. 반면에 민주정치의 경험은 거의 갖지 못했다. 일본의 식민통치하에서는 당연히 민주적으로 성숙할 수가 없었다. 또한 1945년의 해방은 우리 힘으로 쟁취한 것이 아니라 동맹국들의 힘으로 주어진 것이었다. 이것은 우리가 민주주의를 우리 자신의 힘으로 쟁취하지 않았다는 것을 의미한다. 민주주의는 우리에게 주어진 것이다. 민주주의가 한국 사회에 뿌리를 내리지 못한 가장 큰 이유는 바로 이것이다.

민주 발전을 가로막은 또 하나의 장애물은 미군정이 행정의 안정성과 계속성을 추구한 나머지 식민 정부에서 행정 경험을 쌓은 친일분자들을 그대로 기용하고 등용했기 때문에 생겨났다. 이 친일분자들은 재빨리 정부를 장악하고 민주 발전을 방해했다.

이승만은 중국에서 돌아온 김구로부터 권력을 지키기 위하여 친일파와 결탁했다. 따라서 이승만 정권은 일본 제국주의와 맞서 싸웠던 애국

자들로 구성되지 않고 일본의 식민 당국에 협조했던 친일분자들로 구성되었다. 그 결과 이승만 정권은 우리나라의 주체성을 해쳤을 뿐만 아니라, 정의를 위해 싸운 사람들이 정당한 대가를 받아야 한다는 도덕적 기대를 배신했다. 게다가 이승만은 민주주의를 억압하고 영구적인 1인 독재를 정당화하기 위하여 반공과 국가안보를 구실로 이용했다. 따라서 그 후의 독재자들에게 권위주의 정치의 기본 공식을 가르쳐 준 사람은 바로 이승만이다.

이승만 정권은 박정희와 전두환의 독재정권과는 달랐다. 이승만은 자유가 자신의 장기 집권 계획을 위협하지 않는 한 그것을 허용했다. 이승만 치하에서는 언론·출판의 자유와 공명선거를 위한 법률적 장치가 있었고, 대통령직선제와 지방자치제가 시행되었으며, 반대 세력을 제도적으로 용인했다. 이런 모든 면에서 이승만 정권은 박정희나 전두환 정권과는 비교가 되지 않는다.

4·19혁명은 불행히도 국민 혁명이 아니라 학생 혁명이었다. 따라서 학생들이 대학으로 돌아가는 동시에 주요 혁명 세력은 정치 무대를 떠났고, 그 뒤에는 거대한 정치적 공백이 남았다. 장면 정부가 자신의 통치를 정당화할 필요성에 쫓긴 나머지 강력하고 일관된 정책을 펴 나갈 힘이 부족했던 것은 바로 이런 이유 때문이다.

1961년 봄이 되자 정치 상황은 안정되기 시작했다. 장면 정부는 기반을 굳힐 수 있었고, 이제까지 분열과 혼란을 일으켰던 사람들도 냉정한 이성을 되찾기 시작했다. 그런데 별안간, 정당한 이유도 전혀 없이 박정희가 군사쿠데타를 일으켰다. 박정희는 혼란한 국내 정치가 반공과 국가안보를 해치고 있기 때문에 반공과 국가안보를 위해서는 쿠데타가 필요하다고 주장했다. 그러나 박정희 정권이 발표한 공식성명에 따르면, 장면 정부를 뒤엎으려는 음모는 장면이 1960년 8월에 행정부를 구성한 지 불과 13일 후에 시작되었다.

박정희는 잠시 동안의 혁명 기간이 지나면 군대로 복귀하겠다고 약속했다. 그러나 그들은 군대로 돌아가는 대신 민간 정치에 뛰어들었다. 그가 비록 약속은 어겼다 할지라도, 1963년과 1967년에 실시된 두 차례의 선거는 직접보통선거였고 비교적 공정했다는 점을 지적해 두어야 할 것이다. 박정희 군사통치는 그 선거에 의하여 상당한 정통성을 획득했다. 그러나 1967년의 총선거는 전혀 이야기가 달랐다. 선거가 끝난 뒤 무려 여섯 달 동안 국회가 열리지 못했던 것은 수많은 불법행위 때문이었다. 부정행위가 위험한 규모에까지 이르렀기 때문에 박정희는 부정선거가 광범위하게 자행되었다고 인정할 수밖에 없었다.

박정희는 1967년의 대통령선거에서 승리했지만 2등과의 표 차가 크지 않았기 때문에 강력한 권한을 가질 수가 없었다. 그는 여기에 자극을 받아서 다음 선거가 실시되기 전에 헌법을 자기 마음대로 고쳐야겠다는 음모를 꾸미게 되었다. 그러나 그러기 위해서는 자신의 더러운 음모를 공공연히 드러낼 만한 용기와 확신이 필요했다. 수많은 사건들이 그의 손에서 조종되었다.

박정희는 한국군을 베트남에 파견하는 대가로 존슨 행정부의 전폭적인 지지를 얻었다. 둘째, 박정희는 그동안 질질 끌어온 한일 관계의 어려운 문제들을 마침내 해결함으로써 일본으로부터 많은 원조를 얻어 낼수 있었다. 따라서 그는 집권을 강화하기 위하여 미국과 일본의 축복을받은 셈이다. 이것은 그에게 헌법 개정을 추진할 용기와 자신감을 주었다. 야당의 일부 강경파들이 1965년의 한일협상을 무조건 반대했다는사실도 언급되어야 한다. 그처럼 불합리하고 비이성적인 행동은 오히려 미국과 세계 여론이 박정희를 지지하도록 만들었을 뿐이다.

박정희는 공포정치와 중앙집권체제를 완비하여 완전한 전체주의국가를 형성했기 때문에 권력에 대한 탐욕을 노골적으로 드러낼 수가 있었다. 마침내 1969년, 박정희는 3선개헌안을 일사천리로 통과시키기 위해 모든 법률을 위반했고 온갖 수단·방법을 가리지 않았다. 그리하여그는 탐욕스러운 영구 집권욕을 노골적으로 드러냈고, 민주정치 체제에 대한 국민의 열망을 산산조각 내고 말았다.

1971년에 내가 야당 대통령 후보로 출마했을 때, 몇몇 두드러진 특징들이 나타났다.

첫째, 야당 후보에 대한 민중의 지지가 전례 없이 높았고 야당 후보의선거운동에 대중이 그토록 광범위하게 참여한 적은 일찍이 한 번도 없었다. 수많은 성직자와 학생, 그리고 지식인들이 내 선거운동에 참여했다. 부정선거를 막기 위해 자원한 약 8천 명의 대학생들이 야당 측 참관인으로 봉사했다. 그러므로 나는 야당 대통령 후보로서 특정 정당을 초월한 국민 대중을 대표하고 있었다.

둘째, 나는 예비군 제도 폐지와 남북대화 촉진, 4대 강국의 협력을 통한 한반도 평화 정착, 자유기업 체제하에서 공정한 분배를 촉진시키기 위한 대중 참여 경제, 그리고 1인 영구 집권 음모 분쇄를 주장했다. 이러한 선거공약은 대중에게 관심의 초점이 되었고, 민중의 엄청난 지지를 받았다.

한국 역사상 처음으로, 1971년의 대통령선거는 특정한 쟁점에 관한 정책 대결이 되는 것처럼 보였다. 그리하여 1971년의 선거는 국내외에서 대단히 호의적인 평가를 받았다. 정부가 권력과 금력을 무제한으로 과시했음에도 불구하고 나는 정부 측 계산으로도 총투표수의 46%를 얻었다. 모든 대도시에서 수십만 명의 유권자들이 내 선거유세를 들으려고 모여들었다. 선거가 끝났을 때 국내외의 모든 사람들은 박정희가 실제로는 이번 선거에서 이기지 못했다고 확신했다.

이 선거에서 한국 국민이 자신과 자신의 잠재력을 발견하고 민주시민으로서의 정치의식을 높인 것은 주목할 만한 가치가 있다. 박정희는 새로운 지도자를 원하는 국민의 강력한 열망과 민주 역량의 성숙에 깜짝 놀랐다. 다시 한번 직접선거를 하면 청와대에서의 또 한 번의 임기를 확보할 수 없으리라는 것을 분명히 깨달았기 때문에 그는 쿠데타적인 방식으로 두 번째 개헌을 단행할 음모를 꾸미기 시작했다.

1972년 10월 17일, 박정희는 통일 회담에 적합한 체계를 만들 필요가 있다는 이유로 유신헌법을 공포했다. 그는 모든 반대를 억눌렀고, 헌법 기능의 일부를 정지시켰으며, 국회를 해산하고, 계엄령하에서 유신헌법을 통과시켰다. 민주주의는 치명적인 타격을 받은 것처럼 보였다.

나는 대통령선거 유세에서 박정희가 총통總統이 되어 영구 집권할 음모를 꾸미고 있다고 한국 국민에게 경고했다. 나는 남북공동성명을 원칙적으로는 지지했지만 7월 13일의 기자회견에서 통일이 1인 통치 체제를 합리화시킬 구실로 이용될 가능성이 매우 높다는 우려를 표명했다. 그런 견해는 한국의 정치 상황에 관한 폴브라이트 보고서에도 당연히 기록되었다. 그러나 미국은 불간섭원칙을 주장하면서 유신 선포에 대하여 완고하게 침묵을 지켰다. 그러나 실제로 미국이 침묵을 지킨 까닭은 한국의 안정만을 생각한 나머지 혼란을 일으키고 싶지 않았기 때문이었다.

내가 예언한 모든 것이 유신체제하에서 실제로 일어났다. 대통령직선제는 간선제로 바뀌었다. 이 새로운 제도는 야당이 대통령선거에 후보를 내세우는 것을 효과적으로 봉쇄했다. 박정희는 유신체제하에서 경쟁자 없는 선거에 두 번 출마했다. 영구집권을 위한 총통제는 그렇게 완성되었다.

대통령은 이제 국회의원의 3분의 1을 임명했고, 나머지는 불법행위가 난무하는 부정선거로 선출되었다. 게다가 대통령은 사법부와 입법부의 권한을 정지시킬 수 있었고, 법률과 같은 효력을 가진 행정명령을 발동할 수 있었다. 따라서 대통령은 이제 사법부와 입법부를 무용지물로 만들고 견제와 균형의 원칙을 비웃었다.

유신체제는 야당 정치의 성격을 근본적으로 바꾸어 버렸다. 유신 이전에는 제3공화국 헌법의 정통성을 인정하고 새로운 대통령을 당선시키는 일에 모든 노력을 집중했다. 따라서 민주화 투쟁은 사실상 선거 투쟁이었다. 그러나 유신체제하에서는 헌법과 정치체제의 정통성 자체가 투쟁의 대상이었다. 반체제운동이 처음으로 구체화되기 시작했고, 그때까지 정치적으로 중립을 지켰던 성직자와 지식인들이 잇따라 민주화 투쟁에 참여하게 되었다. 수많은 사람들이 직장에서 쫓겨나고 감옥에 갇혔다. 그러나 투쟁은 계속되었다. 대학생들이 계속 선도적인 역할을 맡았고, 노동자와 농민들이 가담했다.

반체제운동은 1973년 10월 대학생들이 내 납치 사건에 대한 진상을 밝히라고 촉구했을 때 새로운 추진력을 얻어 더욱 가속화되었다. 북한조차도 남북회담을 위한 박정희의 특사인 이후락을 맞아들이기를 거부했다. 이후락은 중앙정보부장으로서 내 납치 사건에 책임이 있었기 때문이었다. 이로 인하여 남북 정치 회담은 결렬되었다.

박정희는 온갖 수단을 다하여 학생 데모를 진압했지만 학생 데모는 1974년에도 계속되었다. 박정희는 학생들의 항의를 억누르기 위하여 군대까지 동원했지만 학생 데모는 오히려 격렬해질 뿐이었다. 그래서 1974년은 유신체제의 위기였다. 이 위기에 대한 박정희의 해결책은 대통령 긴급조치권의 남용이었다. 그러나 반체제 민주화 투쟁은 계속되었다.

1976년 3월, 천주교 성직자와 목사, 교수, 전직 대통령, 그리고 나를 비롯한 민주적 지도자들이 '3·1민주구국선언'을 발표했다. 이 선언문은 유신 독재체제에 대한 국민적 거부와 민주주의에 대한 국민적 열망을 가장 극적으로 표현한 것이었다. 우리와 그 밖의 많은 사람들이 긴급조치하에서 투옥되었다.

1970년대 말, 주로 동일방직과 YH산업에서 일하는 여성 노동자들이 비인간적인 노동조건과 경영자의 착취에 대항하여 끈질긴 투쟁을 벌이기 시작했다. 그들의 투쟁은 기독교의 지지를 받았고, 때로는 야당 정치인들도 그들을 지원했다. 이윽고 그들의 투쟁은 노동 활동에서 인권과 민주화 운동으로 변형되었다. 한편 가톨릭농민회는 농민들의 권익을 보호하기 위하여 적극적인 노력을 기울였다.

'3·1민주구국선언'이 발표된 뒤, '민주와 통일을 위한 국민회의'라는 이름의 국민 전선에는 성직자와 대학생, 노동자, 농민, 그리고 상당수의 정치인들이 참여했다.

1979년 가을에 시작된 투쟁은 전국적으로 폭발했다. 그리고 과거와는 달리 이번 투쟁은 학생들만 주도한 것이 아니었다. 그것은 이제 각계각층의 국민이 참여한 참된 국민 투쟁이 되었다. 전국에서 일어난 봉기는 한결같이 박정희 퇴진과 유신체제 철폐를 요구했다. 부산과 마산에서 맨 처음 일어난 봉기가 전국을 뒤엎으려 하고 있었다.

김재규가 박정희를 죽인 것은 바로 이런 위급한 순간이었다. 그리고 국민들의 투쟁은 예기치 않게 중단되었다. 박정희의 암살은 불행한 결과를 낳았다. 유신체제는 국민에 의해 폐지된 것이 아니라, 박정희의 암살에 뒤이은 엄청난 혼란과 무질서 때문에 일시적인 유예 상태에 놓였다. 게다가 박정희의 암살은 권력에 굶주린 소수 군인들이 무능하고 무력하지만 무척 야심만만한 최규하를 간판으로 내세울 수 있게 해 주었다. 권력 지향적인 일부 장군들은 최규하를 이용하여 반민주적인 행동 방침을 계획할 수 있었다.

민주화 투쟁은 1979년에 절정에 이르렀지만, 박정희의 암살과 함께 예기치 않은 전환점을 맞이했다. 그 결과는 영원히 치유할 수 없는 비극이었다.

박정희의 암살은 한국 정치사에서 분명 충격적인 사건이었고, 근본적인 정치적 변화를 약속하는 것처럼 보였다. 부마사태에서 분명히 입증된 국민의 민주화 열망이 마침내 금방이라도 실현될 것만 같았다. 세계 여론도 그 가능성을 인정했고, 미국은 한국의 민주 회복을 공공연히 희망했다.

전두환 정권이 오늘날 우리에게 말하고 있는 것과는 반대로 많은 장군들(특히 해군과 공군)은 유신 철폐와 민주 회복을 지지했다. 그러나 1979년 12월 12일에 전두환은 반란을 일으켜 민주주의를 지지하는 참모총장을 숙청하고 무력으로 권력을 장악했다. 쿠데타를 일으키기 위하여 전두환은 휴전선 근처에서 일방적으로 병력을 빼냈고, 그리하여 국가안보를 위태롭게 했다. 한국군에 대한 지휘권을 갖고 있는 한미연합사 사령관은 이 악의적인 권한 침해를 묵인하는 손쉬운 방법을 택했다. 그리하여 그는 모험적인 군인들이 헌법을 무시하고 제멋대로 권력을 추구하도록 방조한 셈이다. 따라서 1980년 5월 17일의 쿠데타는 1979년 12월 12일에 이미 그 씨앗이 뿌려졌다 해도 과언이 아니다.

박정희가 암살된 뒤 민주주의에 대한 국민적 열망은 더욱 부풀어 올랐다. 3김 가운데 하나가 다음 대통령이 되리라는 것이 일반적인 기대였다. 오랜만에 처음으로 정치의 유연한 물결이 나라의 정치적 풍경을 아름답게 장식하고 있었다.

한국 국민은 신중하게 질서와 규율을 유지하여 주한 외국 대사들조차도 감탄할 정도였다. 그리고 학생들은 음모를 꾸미고 있는 장군들에게 이용당하지 않으려고 1980년 5월 10일 며칠 전까지 최대한의 자제력을 발휘했다. 그러나 일부 군인들이 혼란과 무질서를 선동하는 일에 전념했다. 계엄사령관은 엄격한 검열로 언론매체를 통제하여 한국 사회를 혼란시키는 수단으로 언론을 교묘히 이용했다. 계엄 당국은 학생 시위나 광부들의 폭동을 대대적으로 보도하는 것은 허락하면서도 시민과 학생들에게 질서와 자제를 호소하는 내 담화문은 아예 보도를 금지하거나 작은 지면밖에 내주지 않았다. 계엄사령관은 또한 질서를 회복하기 위해 계엄사령관과 대통령 및 3김 씨가 만나 5자회담을 하자는 내 제의도 검열에서 삭제했다. 내가 어떤 신문의 요청에 따라 학생들에게 대학으로 돌아가라는 호소문을 썼을 때 계엄사령관은 그 호소문의 발표를 금지했다.

전두환은 1980년 5월 17일에 정당한 이유 없이 군사쿠데타를 일으켜 민주주의에 대한 국민의 기대를 짓밟았다. 그 당시 전두환은 광주 사태의 책임을 나에게 뒤집어씌웠다. 그는 또한 내가 한 번도 만나 본 적이 없는 학생을 고문하여 나에게서 광주 봉기를 일으킬 자금을 받았다는 허위자백을 받아냈다. 자신의 허위자백에 양심의 가책을 느낀 이 학생은 감옥에서 두 번이나 자살을 기도했고, 지난 12월에 석방된 뒤에 줄곧 나를 한 번도 만난 적이 없다고 고백해 왔다.

이것은 5·17쿠데타가 사회적·정치적 혼란 때문에 불가피했다는 주장이 거짓임을 분명히 입증해 준다. 그보다는 오히려 민주 회복을 부르짖는 광주 시민들을 진압하는 데 고성능 무기가 사용된 것이 문제다. 이런 일들이 벌어지고 있을 때, 미국은 민주주의를 지지하겠다는 약속을 어기고 전두환의 공수부대가 저지른 잔학 행위를 묵인했다. 미군 사령관은 이 군사작전을 지원하기 위하여 자신의 지휘를 받는 한국군 부대를 출동시켰다. 그리하여 새로운 양상의 독재정권이 전면에 부각되었던 것이다.

박정희와 전두환 사이에는 많은 유사점이 있지만, 전두환은 권력을 유지하기 위해서는 자기 스승인 박정희보다 훨씬 더 잔인해질 수밖에 없을 것이다. 이것은 전두환이 수많은 무고한 시민들을 억누르고 학살함으로써 불법적으로 대통령직을 차지했기 때문이다.

전두환 정권은 군사독재를 합리화하기 위하여 나에게 터무니없는 죄를 뒤집어씌워 처형하려고 했다. 전두환 정권은 광주의 민주시민들을 학살함으로써 국민과 군대의 관계를 심각하게 분열시켰다. 정치 지향적인 군인들이 정권을 장악함에 따라 이 사회에서 살아남고 출세하려면 정치적 흥정을 해야 하는 풍토가 생겨났다. 게다가 대령 계급을 가진 몇몇 사람이 장군들을 무시하고 지배하면서 전두환 정권 내에서 막강한 권력을 휘둘러 왔다. 그 결과 군대의 이미지와 신뢰성은 크게 손상되었고 국토방위 태세도 몹시 약화되었다. 이것은 한국의 안보를 위태롭게 만들고 있다.

1980년대 정치의 두드러진 특징은 많은 한국인들이 독재자뿐 아니라 미국에 대해서도 반감을 품게 되었다는 점이다. 부산과 광주의 미국문화원이 방화되었다. 미국 국기가 적어도 두 번은 불태워졌고, 학생 시위에서는 "양키 고 홈!"이라는 구호를 들을 수 있으며, 이 구호는 일부 기독교 단체에서도 되풀이되고 있다.

반미 감정은 미국이 독재정권을 묵인하고 심지어는 방조하고 있는 데 대한 반발이다. 한국 국민은, 특히 레이건 대통령이 전두환을 자신의 첫 번째 국빈으로 백악관에 초청한 것을 보고 어안이 벙벙했다. 한국 국민이 '미국은 진실로 우리의 우방인가?'를 자문하고 있는 것은 지극히 당연하다.

감옥에는 아직도 3백 명이 넘는 양심수가 남아 있고, 더 많은 사람들이 오늘도 투옥되고 있으며, 고문이 전과 다름없이 자행되고 있고, 민주화 투쟁을 계속할 것 같은 사람들은 아직도 정치활동이 금지되어 있다는 사실을 우리는 기억해야 한다. 최근 (미국-엮은이) 국무성이 발표한 '인권 보고서'는 이런 사실들을 뒷받침해 주었다.

우리의 정치사를 되돌아보면 민주주의에 대한 국민적 열망을 맨 처음 저버린 사람은 이승만이었다. 1952년에 야당은 이승만의 재선을 막기 위하여 하나로 뭉쳤지만, 이승만이 미국의 승인을 얻어 자신의 전시 권한으로 동원한 군대에 의해 격퇴당했다.

1960년에 학생들은 이승만 정권을 전복시키는 데 성공했다. 그러나 그들이 학원으로 돌아가자마자 박정희가 무력을 이용하여 그 정치적 공백을 메웠다. 이것이 국민의 민주화 열망에 대한 두 번째 배신이었다.

1971년 나는 야당 대통령 후보로서 국민의 압도적 지지를 얻어 민중의 지지라는 견지에서는 박정희를 물리쳤고, 투표에서도 사실상 박정희를 이겼다고 믿는다. 그러나 결과는 반대로 나타났다. 이것이 국민의 민주화 열망에 대한 세 번째 배신이었다.

대통령선거제가 틀림없이 자신의 집권에 종지부를 찍으리라는 것을 깨닫자 박정희는 유신체제를 도입했다. 그것은 체제 내에서의 선거 경쟁으로부터 이 체제에 대한 노골적인 도전으로 민주화 투쟁의 성격과 전략을 변모시켰다. 그러나 이 민주화 투쟁조차도 전두환이 쿠데타에 성공했을 때 결정적인 타격을 받았다. 이것이 국민의 민주화 열망에 대한 네 번째 배신이었다.

한국의 정치사는 10년을 주기로 하여 악순환을 거듭해 왔다. 우리는 깨어진 희망의 쓰디쓴 절망의 맛을 되풀이하여 맛보았다. 그러나 우리의 정신은 굴복하지 않았다. 우리는 끈질기게 투쟁해 왔다. 우리의 꺾이지 않는 희망과 끈질긴 노력은 세계의 다른 지역에서는 거의 찾아볼 수 없다.

우리는 1980년대에 민주 회복을 가져오는 데 필요한 것들을 갖고 있다. 우선 인권과 민주주의에 대한 흔들리지 않는 참여와 집념을 지적할 수 있다. 둘째로는 우리의 높은 문화 수준과 교육 수준을 들 수 있다. 그리고 셋째는 기독교 정신이 한국 사회 전체에 확산되어 있다는 점이고, 마지막으로는 민중이 공산주의에 대한 유일한 대안으로서 민주주의에 헌신하고 있다는 점을 들 수 있다.

나에 관해서 말하자면, 내가 무엇이 될 것인가는 더 이상 중요하지 않다. 내 관심사는 '어떤 목표를 위해 내 인생을 바칠 것인가' 하는 점이다. 나는 다만 민주주의를 원하는 내 동포들과 고통을 함께 나누고 궁극적인 승리를 같이 누릴 수 있도록 고국으로 빨리 돌아가기를 바랄 뿐이다.

▶ 하버드대학교 강연 「한국 역사에서의 민주주의: 1970년대와 1980년대의 한국 정치」, 미국 매사추세츠주 케임브리지, 1983. 3. 10. ◀

미국 망명 시절, 에모리대학교에서 명예 법학박사학위를 받고 셋째 아들 홍걸(왼쪽), 둘째 아들 홍업(오른쪽)과 함께. 1983. 5. 16

차별·착취·전쟁을 타파하는,
지금은 '민중혁명의 시대'

광주의 사건은 우리 민족의 백 년래의 원망願望인 민중·민족·민주, 이 세 가지 민족적 열망을 집약하고 있다고 생각합니다.

동학농민혁명의 민중, 3·1독립운동의 민족, 4월 혁명의 민주, 이 민중·민족·민주의 세 가지가 박정희 씨 암살 후에 국민의 집중적인 관심으로 떠오른 것입니다. 지금이야말로 민중에 의한 민주정권을 세우고, 그 민주정권은 자유와 정의와 인간의 존엄을 실현하면서 그것을 발판으로 하여 남북의 화해와 통일을 촉진한다, 이것은 온 국민의 절실한 기대였는데 그 시기에 전두환 씨가 국민의 모든 의사와 원망願望에 등을 돌리고 역사적 요구에 역행하는 쿠데타를 일으켰습니다. 이것에 대하여 대표적으로 항의한 것이 광주 시민입니다.

이승만 씨가 1948년에 대한민국의 대통령이 되었습니다. 그에게 주어진 두 가지 사명이 있었습니다. 우선, 일본 제국주의에서 해방된 우리 정권은 당연히 과거의 친일분자를 배제하고 독립을 위하여 싸운 사람들을 중심으로 민족적 정통 정치를 세웠어야 했을 것입니다. 그런데 이승만 씨는 자기의 이익을 위하여 독립운동가를 전부 배제하고 친일파들을 중심으로 하여 정권을 세웠습니다. 민족 정통성을 파괴한 것입니다. 또 하나는, 이 정권은 헌법에 규정한 대로 민주정권이어야 함에도 불구하고 반공과 안보를 구실로 독재정권으로 시종했습니다. 이러한 이승만 씨에 대하여 국민은 1950년의 선거에서 3분의 1밖에 의석을 주지 않았습니다. 그와 같은 국민의 공세 도중에 불행하게도 6·25전쟁, 일본에서 말하는 '한국전쟁'이 일어났습니다만, 그럼에도 굴하지 않고 부산에서는 이승만을 대통령 선거가 있었던 1952년에 대통령 자리에서 끌어내리려는 투쟁이 있었습니다. 그것을 그가 무력으로 진압한 것이 소위 '부산정치파동', 이것이 중기적 전망에서 보는 제1회 실패입니다.

두 번째는, 1960년에 학생들이 4·19혁명은 성공시켰지만 정치적으로는 진공상태가 된 것을 기회로 박정희 씨가 5·16군사쿠데타를 일으켜 4월 혁명을 좌절시켰습니다.

세 번째는, 박정희 씨가 장기 집권을 위한 3선개헌을 강행하자, 이것은 중대한 문제라고 국민적으로 일어났을 때에, 즉 1971년 내가 대통령으로 나선 때였습니다. 그토록 국민들이 일어나고 정권교체에 대한 열망이 나타난 일은 없었다고 합니다. 기독교 학생들을 중심으로 한 약 8천 명의 사람들이 표를 지키기 위하여 뛰어다녔습니다. 그러나 나는 유효투표의 46%를 얻었으나 결국 또 한 번 좌절했습니다.

네 번째는 곧 1979년부터의 국면입니다. 재야 세력은 김영삼 씨의 신민당 총재 복귀를 지원하고 정부의 어용 야당이었던 신민당을 진정한 야당의 방향으로 전환시키면서 협력하여 YH투쟁을 비롯한 여러 가지 투쟁을 하면서 '부산·마산사태'까지 몰고 갔습니다. 앞에서 야스에 선생의 말씀 가운데 정정해 주시면 싶은 것이 하나 있습니다. 그것은 10월 26일의 박정희 씨 암살은 정권의 자괴自壞만을 의미하는 것은 아니라는 것입니다.

한국 사람은 길가의 잡초와 같은 국민으로서 밟으면 밟힙니다. 그러나 밟고 있는 발이 떠나면 곧 일어섭니다. 바람이 불면 눕습니다만, 결코 꺾이지 않고 다시 일어섭니다. 이것이 한국 민중의 역사입니다.

한국 사람은 적어도 2천 년의 역사를 통해서 결코 자기의 본질을 버리지 않았습니다. 그리고 결코 악에게 마음으로부터 굴복하지 않았습니다. 가장 중요한 것은 희망을 버리지 않은 것입니다. 불가능하면 일시적으로 좌절한 그 희망을 품고 기다립니다. 기다리면서 무슨 틈만 있으면 머리를 들고 그것을 실현시키려고 꿈틀거립니다. 이것이 한국인의 한限입니다.

사람은 머리를 잘리면 죽지만 조직은 머리가 잘리면 다른 머리로 갈아 붙입니다. 정권도 그렇습니다. 그리하여 전두환 씨가 제2의 머리로 나온 것입니다.

전두환 씨의 쿠데타를 도운 것은 외부 세력, 노골적으로 말하면 일본과 미국의 세력이었다고 나는 생각합니다. 박정희 씨가 죽고 얼마 안 되었는데, 미국인의 이름을 대면 곧 알 수 있는 유명한, 일본과 한국 문제의 학자가 나에게 사람을 보내서 "한국의 민주주의는 지금 어려울 것이다. 왜냐하면 무엇보다도 일본이 민주화를 바라지 않고 있다."고 전해 왔습니다. 일본의 내정을 잘 알고 있으며 일본에 근무한 일도 있는 학자입니다. 무시할 수 없는 말이었습니다.

나는 그들(신민당 지도자들—엮은이)에게 말했습니다. "당신들은 지금 헌법 개정을 운운할 때가 아니다. 우리들은 제3공화국, 박정희 씨 밑에서 유신헌법 이전의 헌법에 반대한 일은 한 번도 없었다. 3선개헌 강행만이 반대였지 그 이상의 것은 아니었다. 또 우리들은 유신헌법 폐지를 외쳐 왔을 뿐이며 다른 것을 말하지는 않았다. 그러므로 유신헌법만 폐지하면 된다. 그것은 자동적으로 제3공화국 헌법으로 되돌아가게 되는 것이다. 그 헌법하에서 선거를 하자. 선거를 통해 국민의 의견을 충분히 듣고, 그리고 새로운 민주 국회에서 헌법 개정을 하자. 박정희 씨가 지명한 유정회維政會, 그런 사람들과 같이 헌법을 개정한다는 것은 국민에게 명분이 서지 않는다. 그럴 필요도 없다. 지금 헌법 개정을 하노라면 시간을 끌게 되고 그사이에 일부 정치군인들이 나쁜 짓을 한다. 그 틈을 주게 된다."

그들은 언제든지 "안보 안보" 하지만 한국의 안보를 가장 파괴하고 있는 것은 그들입니다. 군의 생명인 군규軍規를 문란케 하고 상관을 체포하고, 상관을 지키는 사람을 죽이고, 지금처럼 군대의 사기를 저하시키고, 군대가 자기 본분인 국방에는 전념하지 않고 정권 획득에만 집념하고 있습니다.

일부 정치군인의 그와 같은 국방을 위협하고, 군기軍紀를 파괴하고, 군의 정치적 중립을 범한 행위, 더욱이 미군 사령관의 지휘권을 정면으로 유린하는 행위를 막는 실력과 권한을 가지고 있는 것은 미군 사령관뿐입니다. 그것을 그는 묵인 또는 추인했습니다. 전두환에게 있어서 두려워할 것이 무엇이 있겠어요.

신문을 보고 5·18민주화운동을 알았습니다. 나는 완전히 기절하지 않았지만 쇼크를 받아서 기절 상태에 들어갔습니다. 그때에는 신문에 186명이 살해되었다고 쓰여 있었습니다. 물론 나는 그 숫자를 믿지 않았지만, 신문에는 광주 시민이 말한 "전두환은 물러가라"는 말을 지우고 "계엄령 폐지"와 "김대중 석방"을 부르짖었다고만 쓰여 있었습니다. 나는 큰 쇼크를 받았습니다. 그러나 그다음 순간 나는 백번을 죽어도 광주에서 죽은 사람들을 생각하여 결코 저들과 타협할 수 없다고 생각했습니다.

광주 사람들의 한恨, 이것은 세계의 많은 사람들의 한입니다. 그리고 지금은 한국인의 한일 뿐만 아니라 자유와 정의와 인간의 존엄성을 염원하는 세계의 양심 있는 모든 사람들의 한입니다. 광주의 한은 박정희 씨가 죽은 후에 한국민의 소원, 민중·민족·민주의 문제를 동시에 해결할 수 있는 그러한 민중의 시대가 좌절된 데 대한 한국인의 한을 지금 대표하고 있는 것입니다.

전 주한 대사였던 사람과 만났더니 한국인은 5·18민주화운동을 백 년 간은 잊을 수 없을 것이라고 말했습니다. 나는 백 년 정도가 아닙니다. 천 년이고 2천 년이고 이것은 잊을 수 없는 것입니다. 그리고 이 광주의 한이 금후에 어떻게 될 것인가 하면, 한국인의 역사에 대한 책임, 그리고 우리 민족의 원망顯望, 민중·민족·민주의 원망에 대한 헌신을 불러일으키는 원동력이 되리라고 생각합니다.

오늘의 시대를 규정짓는다면, 그것은 저는 '민중혁명의 시대'라고 할 수 있지 않을까 보고 있습니다. 인류의 탄생 이래 네 개의 악이 있었다고 지적되고 있습니다. 하나는 노예제도, 또 하나는 인종차별, 또 하나는 착취, 또 하나는 전쟁.

인간이 인간을 노예화한다, 이것은 오늘날에는 거의 절멸해 가고 있습니다. 민족으로 노예화되었던 식민지 제도도 제2차대전 후 거의 해방되고 말았습니다. 개인적인 노예, 민족적인 노예가 모두 해방되었습니다. 물론 부분적으로는 남아 있지만 그것도 당연히 절멸될 운명에 있다고 생각합니다.

제2의 인종차별, 이것도 내가 미국에 와서 10년 전과 지금을 비교해서 흑인의 위치가 매우 향상되어 가는 것을 보고 기뻐하고 있습니다. 지금 미국의 거의 대부분의 대도시는 흑인 시장입니다. 텔레비전을 보아도 흑인 해설가가 나옵니다. 이것은 10년 전에는 생각할 수 없었던 일입니다. 인종차별은 없어지고, 없어지지 않았다 하더라도 긍정되지 않았습니다. 그러므로 남아프리카와 같은 곳은 세계의 규탄의 대상이 되고 있습니다.

제3의 인간의 착취, 이것도 이미 정당화되지 않고 있습니다. 유럽과 일본과 미국에 있어서의 노동자의 지위라든가 생활 조건이 어느 정도 개선되었는가, 이런 것을 보아서도 알 수 있다고 생각합니다. 물론 만족할 상태가 아니고 충분하지 않다고 전제하고 말입니다. 그리고 지금 중남미라든가 한국이라든가 하는 착취가 심한 나라는 결코 안정이 없습니다. 착취는 벌써 긍정되지 않는다는 증거입니다.

그런데 지금 전쟁만은 내셔널리즘과 얽혀서 정당화되고 있습니다. 어떤 나라든 적과 싸울 때에는 많이 죽인 사람이 가장 영웅입니다. 이것은 윤리적으로 볼 때 매우 부끄러운 일이지만, 그럼에도 불구하고 전쟁만은 정당화되고 있어요. 그것은 내셔널리즘과 얽혀 있기 때문에 이렇게 되는 것입니다. 내셔널리즘에는 두 가지가 있다고 생각합니다. 하나는 그 외연적·침략적인 내셔널리즘, 이것은 마땅히 규탄되어야 합니다. 그러나 자기를 지키기 위한 내셔널리즘, 한국인이 독립운동을 했다든가 아프리카 사람들이 제3세계의 권리를 위하여 궐기했다든가 하는 내셔널리즘은 긍정되어야 할 것입니다. 내셔널리즘이 지금 혼동되고 있습니다만 우리들은 외연적인 내셔널리즘과 내연적인 내셔널리즘을 엄정하게 구별하지 않으면 안 된다고 생각합니다.

그러나 크게 볼 때에 내연이건 외연이건 내셔널리즘이란 다분히 배타적인 성격을 가지고 있으므로 각 민족의 독자적인 특징을 발전시키는 것과 민족자치는 조장시켜야 하겠지만, 배타적인 내셔널리즘은 빨리 해소시키지 않으면 이 세계에는 참다운 평화도 없고, 인류의 협력도 없다고 생각합니다. 어떻든 불행하게도 지금은 내셔널리즘 이름 밑에 전쟁이 긍정되고 있어요. 이 악만은 극복되지 않고 남아 있습니다.

노예를 해방시킴으로 해방되는 것은 민중입니다. 인종적 편견에서부터 해방되는 것은 민중입니다. 그리고 착취, 이것은 두말할 것 없이 민중이 피해자입니다. 이와 같이 네 개의 악 중에서 세 개에 있어서는 민중이 해방이 되고 또 해방되어 가고 있습니다. 전쟁이 일어나면 역시 전쟁의 피해를 받는 것은 모두 민중입니다. 가진 자들은 전쟁으로 오히려 얻는 것이 많습니다. 평화도 민중 해방에 절대로 필요한 조건입니다.

나는 지금 3백만 년 전부터의 역사를 돌아보면서 20세기를 어떻게 보느냐고 묻는다면 '민중의 시대'라고 말하고 싶습니다. 이 민중이라는 것은 머조리티majority입니다. 민중민주주의는 인민에 의한by the people 데모크라시, 동시에 소수의 권리에 대한 절대적인 보장, 자본가도 군인도 포함해서 누구에 대해서도 그 권리를 수탈하지 않는다, 그리고 정당한 몫을 주는 정치의 사회, 이러한 머조리티가 사회의 정치, 경제, 모든 것을 지배하면서 그러면서도 소수의 권리를 보장한다, 그리고 소수가 언제든지 다수가 될 수 있는 가능성을 부여한다, 그러므로 모든 결정권은 민중에게 있다, 이러한 정부라면 사회가 안정되지 않는 것이 이상한 것입니다.

우리들의 책임은 이것을 한국에 있어서도 실현해 나가는 것입니다. 민중의 지지와 그 지배하에 있는 민주정부는 이 안정된 사회의 실력을 가지고 북과 대화합니다. 이와 같이 하여 북과 대화함으로써 거기에 당연히 우리들은 민족적 핏줄과 양심에 의해서 민족 화해에 접근할 수 있을 것입니다.

우리들은 우리들 주변의 지정학적 조건 때문에 어쩔 수 없는, 일본, 중국, 그리고 소련과 미국, 이 4대국의 관계를 리얼하게 보고 있습니다. 이 4대국은 본심으로는 한국의 통일을 바라지 않는다는 점도 있겠지요. 그러나 남북이 민족의 지혜를 발휘하여 이 4대국에 대하여 우리들이 결코 그들과 적대 관계가 되지 않는다는 것을 보장할 수 있다면, 그들은 굳이 한국의 통일이라든가 한국민의 발전을 방해하지 않으면 안 되는 이유는 없습니다.

남의 배후에 있는 미·일은 반도의 남북이 하나가 되어 중·소의 편에 서게 되면 곤란할 것입니다. 또 중·소는 한반도의 남북이 하나가 되어 미·일 편에 서는 것도 곤란할 것입니다. 그러나 통일된 한반도 또는 협력적인 한반도의 남북 관계가 어느 편에 대하여서도 공평한 태도를 취하고 위협적이고 적대적인 태도를 취하지 않는 것이라면, 그들은 구태여 내부적인 간섭을 한다든가 통일에 반대할 이유는 없습니다. 한편 한반도가 남북이 적대하고 불안정한 관계에 있는 것은 그들도 언제 말려들는지 모른다는 위험도 있는 것입니다. 이와 같이 한민족 전체의 이익과 4대국의 이익은 어떠한 점에서는 합치합니다. 그것을 우리들이 민족의 뛰어난 지혜를 발휘하여 현명하게 대응하지 않으면 안 됩니다.

나는 이 통일에 대해서 10년 전부터 '선민주, 후통일'을 주장하고 있습니다. 나는 민주정권의 최대의 목적은 통일이 아니어서는 안 된다고 생각합니다. 통일을 목적으로 하지 않는 정권은 민주정권이 아니며, 민중에 반역하는 정권이라고 생각합니다. 민주와 통일의 표양일체表樣一體입니다. 다만 '선민주, 후통일'을 말하는 까닭은 일의 중요성의 전후가 아니라, 일의 진행 순서를 말하고 있을 뿐입니다.

나는 일본에 대해서, 또 미국에 대해서 말하고 싶은 것은 일본과 미국은 지금 한국의 국민을 택하느냐, 독재정권을 택하느냐의 두 가지 중대한 입장에 이르렀다고 생각합니다. 지금의 전두환 정권과 한국 국민 사이에는 매우 타협하기 어려운 선명한 대결이 진행되고 있습니다. 그리고 국민은, 전두환 정권을 지지하는 측이 일본이건 미국이건, 모두 원수로밖에 느끼지 않을 수 없는 절박한 상황에 들어가고 있습니다. 세계에서 가장 친미적인 국민이라고 해 오던 한국 사람들이, 미국의 군대가 안보를 담당하고 있다는 그 나라의 국민이, 미국에 의해 해방되고 한국전쟁 때에는 미국에 의해 지원된 국민이, 4월 혁명 때 그토록 미국에 감사를 표시했던 한국민이 지금 미국의 문화원에 방화하고, 미국 국기를 불태웠습니다. 더구나 기독교 교회가 앞장서서 미국에 대한 비판을 하고 있는 이 사태는 과거에는 상상조차 할 수 없는 일이었지요.

한국 국민을 택한다, 왜 이것이 일본에게 불안한 것일까요. 역사적으로 보아도, 문화적으로 보아도, 현실적 인보관계隣保關係로 보아도, 일본의 진정한 안보를 위해서도, 한반도에 있어서의 평화를 위해서도, 한국에 진정한 국민의 지지를 받는 안정된 정권이 들어서는 일이야말로 일본에게 얼마나 바람직한 일인가, 이것을 일본의 정부와 국민이 심각하게 생각해야 될 줄 압니다. 이렇게 함으로써 일본과 한국은 전후 처음으로 열등감도 우월감도 없는, 상호 이해와 상호 협력, 국민적 레벨에 있어서의 상호 신뢰라는 관계가 성립될 것입니다. 바로 이웃의 한국과도 협력하지 못하는 일본이 어떻게 세계 각국과 국민적 협력을 주장할 수 있겠습니까.

앰네스티인터내셔널은 각국의 양심범과 한 사람 한 사람이 개별적으로 맺고 지원하고 있지요. 나의 지원은 시애틀의 챕터였습니다. 그리고 앰네스티 총회에 갔더니 많은 각 지방의 챕터 분들이 "아무개 아무개를 아느냐?"고 양심범들의 이름을 입에 올렸습니다. 그중에는 내가 알 수 없는 학생의 이름도 물론 있었습니다. 그것을 보고 깊은 감사를 느꼈습니다. 그러나 그분들에게 제가 감히 말한 것은 "당신들이 지원하는 상대를 정하여 그들에게 대하여 여러 가지로 지원 활동해 온 것에 마음으로부터 감사합니다. 그러한 여러분들에게 이런 말을 하는 것은 매우 거북하지만, 한국은 물론 세계 도처에 양심범이 왜 생기는가, 적어도 그 원인의 일부분은 미국 정부의 독재 지원입니다. 만일 미국 정부가 독재자를 지원 안 하고 단지 중립만 지켜 주면 지금과 같은 정치범의 수는 훨씬 줄었을 것입니다. 그런 의미에 있어서 당신들은 정치범 지원에 앞서 미국의 주권자로서, 국민으로서, 당신네들의 잘못된 독재 지원을 시정하는 것부터 시작해 주면 합니다. 또는 양쪽을 겸행해 주시기 바랍니다. 이것을 당신들에게 상기시키고 있습니다."라고 비판했습니다.

나는 박정희 씨와 전두환 씨를 생각하면서 '그들은 나를 투옥할 수 있었다. 나를 죽일 수도 있다. 그러나 역사에 있어서 나는 반드시 그들에 대해서 승리자가 된다.'고 마음을 다졌습니다. 왜냐하면 동서고금 어떤 역사에 있어서도 국민의 편에 선 사람, 정의의 편에 선 사람, 역사의 진행과 발걸음을 맞춘 사람이 패배자가 된 일은 절대로 없었습니다.

나는 나의 국민을 위하여, 내 나라의 통일을 위하여, 지금 이 시간에 어떻게 살아야 할 것인가가 최대의 관심사입니다.

▶ 일본 출판사 이와나미쇼텐岩波書店의 편집장 야스에 료스케安江良介와의 인터뷰, 1983. 6. 16. ◀
(「한국 현대사가 묻는 것」, 『세카이世界』, 1983. 9.)

민족주의는 반드시
민주적이고 민중적이어야 한다

통일에 대해서도 우리는 정말 뜨거운 정열과 더불어 얼음 같은 이성을 가지고 생각을 해야 합니다. 이 문제는 절대로 낭만주의적인, 혹은 민족적인 감상만 가지고 되지 않습니다. 그렇다고 통일에 대한 열망 없이 이해타산만 가지고 될 수는 없는 문제입니다. 우리에게 이런 좋은 예를 보여 주는 두 사람이 있는데, 이승만 박사와 김구 선생입니다. 이승만 박사는 냉철한 계산가였지만 그 사람은 통일할 의사가 전연 없었습니다. 김구 선생은 민족애와 통일에 대한 열망은 어떤 사람보다도 높았지만 그분은 현실적으로 통일을 할 방안을 가지고 있지 못했습니다. 김구 선생이 그때 택할 수 있는 길은 둘 중에 하나뿐이었습니다. 모스크바삼상회의를 받아들여서 그 결정에 따라 3년간의 신탁통치를 받은 후에 통일정부를 수립하느냐, 그 길 하나, 또 하나는 본인이 남한 단독정부라도 참가해서 이승만 박사같이 단독정부로서 영구 분단하려는 사람을 밀어내고 자기가 정권 잡아서 이북과의 대화를 통해 통일의 길로 나아가느냐, 이 두 길 가운데 하나였던 것입니다. 그런데 그걸 둘 다 거절했어요. 신탁통치도 거절하고 남한만의 정부 수립에 참가하는 것도 거절하고 이러기 때문에 그분은 현실적인 안이 없었습니다. 이런 까닭에 통일이 안 됐습니다.

링컨이 "국민의, 국민에 의한, 국민을 위한 정부"라고 민주주의를 정의했지만, 사실은 "국민을 위한, 국민의" 이것은 군더더기입니다. "국민에 의한" 즉 "by the people" 이것이 민주주의의 핵심입니다.

민족주의는 어디까지나 민주적이어야 합니다. 민주주의가 병행되지 않는 민족주의는 배타의 잘못된 방향으로 흐르게 됩니다. 민주주의가 병행될 때만이, 내 권리도 중요하지만 이웃 민족의 권리도 똑같이 중요하다는 세계주의적인 면이 거기에 뒷받침돼야만이 민족주의는 올바로 성립하는 것이지요. 그럼으로써 쇼비니즘으로 가는 것을 막을 수 있다 이거예요. 아울러 민족주의는 어디까지나 민족의 실체는 민중이라는 확고한 인식 속에서 나와야 합니다. 민족의 실체는 민중이다, 이건 부동의 사실입니다. 그렇지 않으면 민족주의의 미명하에 소수의 지배층이 민중의 이름을 팔아 악용하고 민중을 억압하는 구실밖에는 되지 않습니다. 그것이 곧 나치즘이고 일제의 군국주의입니다. 그러기 때문에 민족주의는 반드시 민주적이어야 하고 민중적이어야 한다, 이 점을 우리가 가슴 깊이 경각을 해야 한다, 이렇게 생각합니다.

인생에 있어서 성공이나 행복은 뭐냐, 부자가 되는 거냐, 높은 자리에 올라가는 거냐, 명예를 얻는 거냐, 그렇게 됐는데도 불행한 사람이 얼마든지 있습니다, 그러면 진정한 인생관이란 건 뭐냐, 이렇게 생각하면, 결국 자기의 인생의 삶이 자기 양심에 흡족하고 떳떳하고 자랑스럽고, 그래 가지고 죽을 때 나는 내 인생을 정말로 의미 있게 살았다, 그렇게 사는 그런 방법이 인생관의 옳은 길이 아닌가 하는 생각을 합니다.

나는 모든 사람이 다 인생의 성공자는 될 수 없다고 생각합니다. 다 사업에 성공하고, 다 고관대작이 될 수 없습니다. 그러나 모든 사람이 인생의 삶에 성공할 수 있다, 그건 뜻있게 살고 자기에게 자랑스럽게 살면 성공하는 거다, 이렇게 생각합니다. 그렇게 살기 위한 길은 무엇이냐, 나는 이웃, 그리고 역사, 우리가 처해 있는 현실에 있어서, 우리에게 요청하는 역사의 사명, 가령 한국에서 우리의 역사적 사명이 한국 국민에게 자유와 정의와 인간 존엄성을 갖다주는 민주주의라면 거기에 헌신하는 것, 우리의 사명이 두 번 다시 한국에선 동족상잔이 없는 평화를 가져오는 것이 역사적 사명이라면 거기에 헌신하는 것, 그리고 갈라진 강토를 다시 재결합시키는 것이 역사적 사명이라면 거기에 헌신하는 것, 그리고 동아시아와 세계의 평화에 공헌하고, 또 세계의 우리보다 더 어려운 사람들을 위해서 우리가 봉사하는 것이 우리들의 역사적 사명이라면 거기에 헌신하는 것, 그 역사적 소명 의식을 가지고 살고, 결국 주위의 모든 사람들을, 내 도움을 필요로 하는 사람들을 위해서 사는 것, 이럴 때 우리는 필연적으로 그들과 하나가 되고, 그들과 일체화되고, 일체화가 됐을 때 우리는 떳떳하고 자랑스럽고 만족감을 느낄 수 있고, 자기의 양심에 '내가 뜻있게 살았다.'는 생각을 가질 수 있다. 그렇기 때문에 무엇이 되느냐보다도 어떻게 사느냐를 중심으로 해서 하는 것이 바르게 사는 길이다, 내 일생을 남이 볼 때는 굉장히 고난스럽고, 혹은 불행하게 생각할는지 모르지만, 내 일생이 고통스러웠던 것은 사실입니다. 그것은 절대 부인할 수 없습니다. 나도 인간이기 때문에 굉장히 고통스러웠어요. 그러나 나는 내 일생을 절대로 불행하다고 생각하지 않습니다. 한국의 어떤 대통령 된 사람과도 바꾸지 않겠습니다. 어떤 재벌의 부자하고도 바꾸지 않겠습니다, 내 인생을. 나는 한국의 이 시기에 태어나서, 한국의 이런 여러 가지 어려운 여건 속에 있는 이 시기에 태어나서 내가 국민을 위해서 1만분의 1이라도 봉사할 수 있는 인생을 살려고 노력했다는 것, 내가 그렇게 살았다고 하지 않지만, 그건 참 내게 큰 행복이었고 기쁨이었다고 생각합니다.

역사는 우리에게 우리 모두가 한 나라로서, 말하자면 한 지구촌으로서 같이 살 수 있는 그런 수송 수단과 통신수단과 모든 방법을 주었는데, 그렇게 살거냐, 앞으로도 계속 각자가 갈려서, 서로 민족주의니 뭐니 해 가지고 서로 죽이고, 말하자면 배척하고 착취하고 이렇게 살 거냐 하는 그런 질문을 우리가 받고 있습니다. 그렇기 때문에 우리는, 과거에는 변명이 됐지만 이제는 변명도 할 수 없는 그러한 단계에 와 있다, 좋은 면도 압도적이지만 나쁜 면도 압도적이다. 이것이 오늘날 우리가 살고 있는 시대인데 이것을 뚫고 나가는 길은 우리 한 사람 한 사람이 자기의 주체성을 확립하고, 그래 가지고 자기가 주인으로서의 의식, 주인으로서의 권리뿐 아니라 책임감을 느낄 수 있는 그러한 자기의 전인적 완성, 인간 완성, 이것을 해 나가면서 아까 말한 바와 같이 우리의 삶의 목적이 자기의 이기적 동기가 아니라 이웃과 살기 좋은 사회, 어떻게 하면 천국을 만들고 극락을 만드는 데 바칠 수 있는가, 그래 가지고 나 혼자만의 행복이 아니라 이웃과 같이 행복이 되는 그런 사회를 만들 수 있는가 하는, 그런 우리들의 인간 혁명과 인간의 질적인 향상 없이는 이 문제는 해결될 수 없다. 이렇게 생각하고 있습니다.

우리는 누구나 다 인생을 성공할 수 없지만, 인생을 삶에 성공하도록 해야 합니다. 그것은 무엇이 되기 위해서보다도 어떻게 사느냐를 중심으로 해서 살아야 합니다. 그러기 위해서는 내 양심과 이웃과 역사에 충실하게 우리가 살아야 합니다. 그래서 '행동하는 양심'이 돼야 하고 '행동하지 않는 양심은 악의 편'이라는 것을 다시 우리가 명심해야 합니다.

▶ 한국 기자들과의 간담회, 미국 워싱턴, 1984. 11. 4. ◀

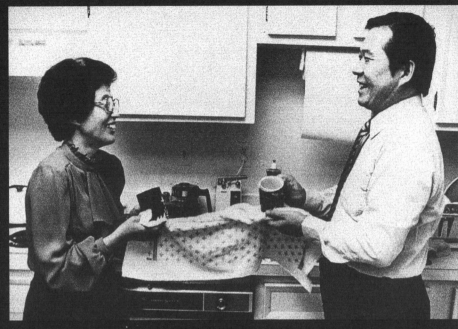

미국 망명 시절, 자택에서 아내 이희호 여사와 함께. 1984. 이 사진은 당시 미국에서 발행되던 주간지 『피플People』에 실렸다.

어떤 자세로 국민을 대했느냐,
이에 따라 지도자의 가치는 결정된다

나는 정치를 하는 사람으로서 하나의 신조를 가지고 있다. 그것은 지도자라는 사람의 가치가 도대체 어떻게 결정되느냐 하는 점이다. 위대한 지도자는 바로 그 사람이 얼마나 오랫동안 권력을 잡고 있었느냐, 또는 얼마나 높은 지위를 차지하고 있었느냐, 그리고 얼마나 많은 업적을 남겼느냐에 따라 결정되는 것이 아니라, 어떤 자세로 국민을 대했었느냐에 따라 결정되는 것이라고 생각한다. 다시 말해서 그 사람이 얼마나 많이 자기 나라 국민을 존경하고 사랑했느냐, 그리고 국민들에게 이득이 되는 올바른 방향과 정책들이 어떤 것이라고 생각했으며, 또 그런 정책을 실현시키기 위해 노력했는가, 즉 어느 정도로 충실하게 그리고 진심으로 국민을 대했으며 봉사했는가, 그 실적이 무엇보다도 중요하다고 생각한다.

나는 국민에 대한 존경과 애정을 정치의 기본 이념과 신조로 삼고 있다. 나는 국민을 높은 곳에서 내려다보거나, 국민에게 자비심을 베푸는 것과 같은 정치 자세를 경멸하며 또한 증오한다.

나는 우리 민족이 훌륭한 장점을 지니고 있다는 것을 알고 있으며, 이처럼 훌륭한 국민을 위해 봉사할 수 있다는 데 대해 최상의 기쁨과 최고의 의무감, 그리고 그로 말미암아 삶의 보람을 느낀다. 국민을 경애하는 마음이야말로 나의 인생관과 세계관을 결정짓게 하였으며, 나의 정치적인 방향을 설정해 준 것이라고 할 수 있다.

▶ 한국인권문제연구소 소식지 「행동하는 양심으로」, 1987. ◀

눈부시게 빛나는 환한 새벽은
고통 속에 밤을 지새운 이에게만 옵니다

광주! 무등산! 망월동! 감옥에서, 미국 땅에서, 그리고 서울 하늘 아래서 얼마나 많은 피눈물을 자아내고 가슴을 떨리게 한 이름이었던가! 이제 나는 그토록 그립고 그토록 외경스러웠던 광주와 무등산과 망월동에 오니, 한편으로는 어머니 품에 안긴 안도감을 느끼고, 한편으로는 준엄한 심판대에 선 것 같은 두려움을 아울러 느끼지 않을 수 없습니다.

여러분의 죽음에 의한 전 세계적인 관심과 동정의 도움으로 구차한 목숨을 부지할 수 있었지만, 나는 과연 여러분과 여러분 유가족을 위해서 무엇을 했단 말입니까? 그리고 무슨 염치로 오늘 여기에 감히 나타날 수 있단 말입니까. 부끄럽기 짝이 없습니다. 오직 죄책감에 몸둘 바를 모르는 심정입니다.

죽음은 누구에게나 두려운 것이라지만, 나는 내가 생명보다 더 사랑하는 우리 국민에게 결코 욕된 존재가 될 수 없었습니다. 그러나 그보다 몇 갑절 더욱 절실한 문제는, 내가 그들한테 굴복했을 때, 광주 영령 여러분의 내 귀에 쟁쟁히 울리는 실망에 찬 질책을 도저히 감당할 수 없겠다고 하는 생각이 나의 마음을 결정적으로 굳혀 주었던 것입니다. 나는 마침내 죽기로 결심했었습니다. 그것만이 내가 여러분과 같이 영원히 사는 길이며, 우리 국민과 역사 앞에 바르게 서는 길이라고 생각되었던 것입니다. 참으로 여러분은 살아서도 나를 도와주었고, 죽어서도 다시 한번 나에게 커다란 힘과 자신을 주었던 것입니다.

2년 반의 감옥생활 끝에 1982년 12월, 자의반 타의반의 망명생활을 하기 위해서 나는 미국에 갔었습니다. 거기서 나는 처음으로 광주 의거의 화보와 비디오테이프를 교포에게서 받았습니다. 화보를 한 장 한 장 넘길 때마다 눈물이 앞을 가려 나는 도저히 다 읽어 갈 수가 없었습니다. 비디오테이프는 가슴이 떨려 차마 볼 수가 없었습니다. 이듬해 5월 18일에야 광주 의거 3주년 기념식에 가서 나는 처음으로 광주 사태에 대한 비디오 상영을 보게 되었습니다. 아, 그 처참한 모습! 그 공포의 현장들! 동족에게 차마 이럴 수가 있는가? 인간이 인간에게 이럴 수가 있는가? 눈물과 신음이 나의 정신과 온몸을 온통 감당하지 못하게 했었습니다. 나의 심정은 인간 그 자체에 대한 절망을 금할 길이 없는 것이었습니다.

내가 느낀 것은 절망만이 아니었습니다. 거기에는 위대한 광주 시민의 생생한 모습이 담겨져 있었습니다. 압제와 불의에 굴하지 않는 용기, 나를 버리고서 온 국민이 자유를 살리고자 하는 거룩한 희생정신, 그리고 민족의 자주와 자유를 수호하고자 하는 불멸의 정신이 하나로 되어서 위대한 광주 의거의 정신을 창출한 것이었습니다.

그날, 금남로에 타오르던 민족의 함성은 국민이 참다운 나라의 주인이 되어야 한다는 역사의 결연한 자기주장이었습니다. 20만 동학군의 죽창이 눈사태처럼 우거진 우금치 고갯마루를 지나 3·1절의 함성과 6·10 만세의 함성, 광주 애국 학생들의 불타는 외침이 산하에 울려퍼지던 모진 식민의 세월을 딛고서, 억압과 불의에 항거한, 민족정기를 바로 세웠던 4·19와, 부마의거의 숭고한 정신으로 이어져 내려온 민족·민주·민중의 천지를 뒤흔드는 함성이었던 것입니다.

존경하고 사랑하는 광주 영령들이시여! 여러분은 죽어서 다시 살게 된 것입니다. 여러분의 의거는 일월日月같이 빛나고, 여러분의 흘린 피는 역사적으로 영원할 것입니다.

지난 6월에 있었던 불굴의 민주화 투쟁은 바로 여러분의 정신이 되살아난 것이요, 전두환 정권이 6·29선언을 하지 않을 수 없었던 것도 따지고 보면 광주 의거 정신의 커다란 승리가 아니고 무엇이겠습니까?

1980년의 여러분의 희생과 투쟁에 감동과 부끄러움을 느낀 우리 민중들이 여러분이 가신 지 불과 7년 만에 저토록 훌륭히 자란 모습으로 광주 의거 정신을 선양하고 용감하게 실천하게 된 것입니다. 이제 민주주의는 될 것이고, 민중은 승리자가 될 것입니다. 광주는 민주주의의 본고장이 될 것이며, 무등산은 민주와 통일을 밝히는 민족의 영봉靈峯이 될 것입니다.

광주 영령 여러분이 잠들어 있는 망월동의 이 초라한 공동묘역은 민족의 성지가 되어서 전 국민의 정성에 의한 대역사가 여러분의 영광을 위해서만이 아니라 오늘을 살고 있는 자와 내일의 후손에 대한 교훈으로서 성대히 이루어지리라고 나는 확신하는 바입니다.

다음에 출현하는 민주정부에서 광주 의거는 전 국민 앞에서 정당한 해결이 반드시 이루어져야 할 것입니다. 무엇보다 광주 의거의 진상이 밝혀져서 용공과 폭도로 몰렸던 광주 시민의 명예가 회복되고, 그 책임의 소재가 명백히 되어야 할 것입니다. 유가족과 부상자에 대한 물심양면의 보상이 충분히 이루어져서 그들이 입은 고통과 희생의 일부나마 보상이 되어야 한다고 우리는 확신합니다.

나는 80년의 그 밀폐되고 조작된 치욕의 군사법정에서 유언했습니다. "나는 이제 죽지만 다시는 이 땅에 정치보복이 결코 있어서는 안 된다." 죽음을 기다리는 최후진술에서 나는 정치적인 이유 때문에 사형을 선고하는 이러한 비극의 역사가 다시는 되풀이되어서는 안 된다고 결연히 말했던 것입니다. 감옥의 독방 안에서 시린 무릎과 떨리는 몸을 민족사에 대한 강철같이 빛나는 희망으로 녹여 가면서, 나는 나에게 죽음을 강요했던 그들을 사랑할 수는 없으나 용서할 수는 있다고 생각했습니다.

나는 선언합니다. 우리는 독재를 범한 인간은 용서할 수 있지만, 독재를 강요한 제도는 독재정치든 반민주정치든 결코 용납할 수 없다고 여러분에게 선언합니다. 나는 이 나라에 용서와 화해를 통해서 진정한 민주화를 실현하는 일이, 집결된 국민의 힘으로 통일의 그날을 앞당기는 일이 이 시대의 우리에게 부여된 소망이라고 생각합니다.

눈부시게 빛나는 환한 새벽은 고통 속에 밤을 지새운 사람에게만 오는 것입니다. 나는 혹독했던 시절의 정치의 겨울에, 겨울을 이겨내는 강인한 넝쿨풀인 인동초忍冬草를 생각했습니다. 인동초는 겨울을 이겨내는 풀이라는 이름인데, 봄이 되어서야 하얀 꽃을 피웁니다. 그 꽃은 처음에는 연한 주홍색이었다가 며칠 후에 소담한 흰 꽃으로 선을 보입니다. 참으로 자연과 신의 섭리가 오묘하다고 내가 생각한 것은, 이 인동초잎과 꽃이 귀중한 해독제로 쓰인다는 사실입니다. 추운 겨울의 고통과 외로움을 참고 이기는 인동초가 세상의 악을 물리치고 해로운 독을 풀어주는 역할을 한다는 사실이야말로 참으로 오묘한 하늘의 조화라 아니할 수 없습니다. 우리의 현명한 조상들은 이러한 자연의 섭리를 일찍 알고 사람을 살리는 귀한 약초로 써 왔던 것입니다.

고난과 시련의 세월을 지나 오늘 나의 소중한 임들 앞에서, 이 김대중이는 모든 것을 바쳐서 이 사회의 악과 해독을 제거하는 인동초의 역할을 할 것을 여러분 앞에 굳게 약속하는 바입니다. 조국에 대한 나의 뜨거운 열정과 민주주의에 대한 나의 한없는 믿음을 담아, 몸부림치는 민중의 서러운 가슴에 흐르는 눈물을 닦아 주고, 동트는 민주와 민중의 새벽을 앞장서 열어 갈 것을 나는 굳게 영령 여러분께 맹세합니다.

무등산이 어머니의 품처럼 너그럽고 인자한 눈길로 우리를 지켜보고 있습니다. 사랑하는 우리의 고향 광주를 아직은 노래하지 않으리라고 절규한 시인의 한없는 고통의 깊이를 나는 이해합니다. 광주는 오늘도 계속되고 있으며, 광주를 우회해서는 민족사의 올바른 전개는 불가능하기 때문입니다.

한라에서 백두까지 평화와 자유와 민주의 찬가가 울려 퍼지는 그날, 광주는 구원의 상징으로 영원한 별빛이 되어 민족의 앞길을 인도할 것입니다.

▶ 광주 망월동 묘역 참배 추모사 「광주 민주 영령이여, 고이 잠드소서」, 1987. 9. 8. ◀

5·18 민중항쟁 후 처음으로 광주 망월동 묘역을 찾아가 유가족을 부등켜안고. 1987. 9. 8.
김대중은 1982년 12월 2년 7개월의 옥고 끝에 형 집행정지로 석방된 후 미국으로 망명했고, 1985년 2월
전격 귀국했으나 즉시 또다시 가택연금을 당하여 광주에 와 볼 수 없었다.

노동자의 권익과 생존을 보장하지 않으면, 그는 곧 악덕 기업주다

6월 투쟁은 '6월 혁명'이라고 규정해야 한다고 생각한다. 국민 전체가 어떠한 성취의 목표를 놓고 싸워서 상당한 부분을 성취시켰다는 의미에서, 독재체제를 민주체제로 변화시키는 길을 연 의미에서 혁명이라고 보는 것이 옳지 않겠는가 하고 생각한다.

어쨌든 6월 투쟁 이것은, 과장한 것 같지만 실제로 5천 년 역사 이래 처음 있는 획기적인 민족사적 일이었다고 생각한다. 그것은 지금까지 권력자 앞에 패배자밖에 되지 못했던 많은 민중이 처음으로 자기 운명의 주인이 되어 가지고, 권력자의 힘에 의해서 패배당하지 않았을 뿐 아니라, 만일 노태우 선언이 조금만 더 늦게 나왔으면 권력자를 완전히 패배시킬 수 있는 그러한 힘을 과시하기 시작했다.

'광주 항쟁은 이번 6월 항쟁에 대한 예시된 모범이 아니었는가'라는 생각이 들고, 우리 국민들이 처음으로 권력 앞에 온몸을 던져서 권력의 부당한 간섭에 싸웠고, 그 결과는 10일 동안 이겼다. 싸운 사실, 즉 국민이 과거 유신 때나 5·16쿠데타 때와 같이 그냥 승복한 것이 아니라, 내 운명은 내가 결정하겠다는 생각으로 싸웠던 국민의 자기 주체 의식, 권리의식, 동시에 자기 책임감 등 이러한 주인으로서의 전체적인 국민의 바른 의식이 나타났다.

광주 투쟁은 여러분이 아시다시피 아주 평화스러운 투쟁을 했다. 열흘 동안의 점령 기간에 쌀가게에 쌀이 떨어진 일이 없고, 은행이 문을 안 닫고, 도적이 없고, 백성들 사이에서는 전혀 싸움이 없었다. 그 엄청난 살해 앞에서 자제를 했고, 따라서 이 나라 국민의 높은 능력(도덕적 자제 능력)을 보여 주었다. 이것이 전 세계적인 동정을 받고, 세계를 감동시켰다. 결국, 국민은 독재정권에 몇십 배 승리를 한 것이다. 그리고 광주 투쟁은 어느 특정 계층이 참가한 것이 아니고, 모든 국민이 참가했다. 이것은 지난 6월 투쟁에 대한 모델을 제공해 준 것이다. 이런 의미에서 광주 투쟁은 우리의 역사에 커다란 족적을 남긴 기록이다.

이런 의미에서 광주 투쟁은 우리 역사에서 획기적인 사건이었고 처음으로 민중들이 자기 운명을 자기가 결정하겠다고 결심한 싸움이다. 비록 성공은 못 했지만 거대한 교훈을 주어서 결국 이 6월 투쟁을 통해서 완성했다. 즉 광주 항쟁은 시발점이고 6월 투쟁은 종착점, 승리점이었다고 나는 성격 규정을 하고 싶다.

나는 노동 문제에 있어 노동삼권, 단결권·단체교섭권·단체행동권 이것이 제한 없이 보장되어야 한다고 강조했다. 나는 노동자들이 노조에서 정치활동을 할 수 있도록 보장하지 않는다면, 진정한 노동 해결이라고 보지 않는다. 노동자건 농민이건 자기를 위한 정당을 가질 때만이 정말로 보호받을 수 있다고 생각한다. 이런 기본적인 문제, 물론 노동자가 정당한 임금과 알맞은 작업 환경의 권리를 부여받는 것은 당연한 것이다. 이렇게 해서 나는 노동자의 권익 보장의 제1차적인 것은 노동자의 인간화, 인간다운 대접, 말하자면 이 나라에서 같은 국민이요, 더구나 산업 건설의 주역인 사람들이 인간적인 대접을 받지 못하고 비참한 차별 대우를 받고 있는 것은 도덕적으로나 인권상으로 용납할 수 없다. 그래서 노동자의 인간적 권리가 중요한 게 아닌가 생각한다.

그리고 노동자들이 생존권을 보장받아야 한다. 이 생존권이라고 하는 것은 불가결한 권리이다. 설사 노동 능력이 없는 사람에게도 생존권적 권리를 부여하는데, 하물며 노동 능력이 있어 가지고 국가 건설에 공헌하고 있는 사람이 이것을 보장받지 못한다는 것은 말도 안 되는 사회적 불의이다.

노동자의 정당한 수입은 생산 의욕을 고취시키고 또 구매력을 증대하여 시장을 활성화시킨다. 돈이 소수에게만 집중되면 구매력이 낙후, 시장은 침체하게 된다. 지금 부富가 소수에게 집중되어 있기 때문에 저 명동이나 고급품 파는 곳에서는 경기가 활성화되지만, 서민층들이 사용하는 일반 시장에서는 경기가 극도로 낙후되어 있다는 것을 우리는 잘 알고 있다. 이래서 국가경제가 건전하게 발전해 나갈 수 없다고 우리는 보고 있다. 노동자들이 수입이 있을 때, 이것을 저금하면 그것이 산업자금으로 다시 회수된다.

우리나라에서 재벌들이 병원, 학교를 세우면 그것을 아주 미담으로 내세우고 투철한 기업경영, 기업윤리라고 말한다. 하지만 기업윤리란 학교, 병원만을 세우는 것이 전부가 아니다. 그것은 개인윤리이지 기업윤리가 아니다. 돈 가진 자의, 부자의 윤리이지, 기업의 윤리가 아니다. 기업의 윤리는 다음 세 가지이다. 첫째, 가장 좋은 물건을 가장 싸게 소비자에게 주는 것이다. 둘째, 그 이윤 중에서 맨 먼저 적정 비율을 노동자에게 주는 것이다. 셋째, 나머지 이윤을 낭비하거나 비생산적인 곳에 투자하지 않고 다시 기업에 투자해서 확대재생산을 일으켜, 또 한 번 더 좋은 물건을 더 싸게 주어 경제를 발전시키는 것이다. 이러한 것을 바르게 실천하는 것이 바로 기업의 윤리이다. 이런 점에서 노동자의 권익과 생존을 보장치 않은 기업인은 무슨 사회보장제를 실시해도 악덕기업주다.

▶ 민주통일민중운동연합 주최로 열린 김대중 대통령 후보 정책 세미나, 1987. 10. 5. ◀

제13대 대통령선거 때 평민당 대통령 후보로서 유권자들을 만난 서울 보라매공원 유세. 1987. 12. 13.
이 선거에서 김대중은 또다시 낙선했는데, 이때의 선거는 사상 최악의 불법·왜곡·조작 선거로 규탄받았다.

서생적書生的 문제 의식과
상인적商人的 현실 감각의 조화를

행복을 얻는 것은 결코 불가능한 것이 아니다. 누구든지 무엇이 되는 것보다도 바르게 사는 데 목표를 두는 삶을 살아간다면, 그런 삶은 하루하루가 성공이요 행복된 삶이다. 특히 사회적으로는 소외된 사람들, 나의 도움을 필요로 하는 사람들을 위해 봉사하고 내 사랑을 아낌없이 줄 때 진정한 행복이 있다고 생각한다.

무엇보다도 성공의 참뜻을 올바르게 파악해야 한다. 성공이라는 것은 결코 높은 자리에 서거나 부자가 되는 것이 아니다. 성공이란 한 순간 한 순간을 바르게 사는 것이다. 성공은 결코 내일에 도달할 목표가 아니라 지금 이 시간에 차지해야 할 현실이다. 이것이 인생의 진리라는 것을 깨닫기 바란다.

자기 자신에 대한 엄격한 윤리적 규제를 습관화해야 한다. 사람의 가장 중요한 싸움은 자기 자신과의 싸움, 그것도 도덕적으로 떳떳하게 사는 자기를 만들기 위한 싸움이라는 것을 명심해 주었으면 좋겠다.

한 사람이 백 보를 가는 것보다는 백 사람이 한 걸음을 가는 것이 옳은 것이다. 왜냐하면 운동은 대중과 연대했을 때만 성공할 수 있는 기본 성격을 지녔기 때문이다. 대중으로부터 고립되는 것이야말로 공작 정치의 목표이자 바람인 것이다.

불균형 분배 구조를 타파해서 빈부 간, 지역 간, 도시와 농촌 간, 대기업과 중소기업 간의 갈등과 적대를 해결하지 않으면 건전한 경제발전은 결코 이룰 수 없는 것이다.

국민을 하늘같이 존경하고 국민을 범같이 무서워해야 한다. 그래서 국민의 뜻에 따라서 국민을 위한 정치를 해야 한다.

역사는 정의의 편이다. 민중의 소망은 반드시 성취된다. 이 세상은 바른 방향으로 전진하고 있다. "내일의 태양이 떠오른다는 데에 조금도 의심 말고 당신의 최선을 다하시오. 그것이 당신 인생의 성공의 길입니다."

나의 좌우명은 첫째로 행동하는 양심이 되라는 것이다. 행동하지 않는 양심은 악의 편이다. 둘째는 앞에서도 누차 강조했지만 무엇이 되느냐가 중요한 것이 아니라 어떻게 사느냐가 중요하다. 셋째는 우리가 이 세상에서 성공하려면 서생적書生的 문제 의식을 갖는 순수성과 더불어 상인적商人的 현실 감각을 갖는 실체적인 자세의 두 가지가 하나로 조화되어야 한다고 생각한다.

▶「김대중 '나의 고백'」, 「사목司牧」, 1990. 11. ◀

사회주의는, 민주주의를 하지
않아서 패배한 것

저는 분명하게 얘기해서 반미反美도 반대하고, 반소反蘇도 반대하고, 반일反日도 반대합니다. 어느 특정 국가를 반대하는 것을 반대합니다. 저는 민족과 국가의 이익을 우선시합니다. 그렇기 때문에 미국과 손잡는 것이 유리할 때는 손잡고, 아닐 때는 비판합니다.

(미국의 죄악은-엮은이) 역사적으로 볼 때 한일합병을 정당화시켜 주고, 또 한편으로는 해방적인 면도 있지만 국토 양단兩斷에 대한 책임도 있고, 그리고 광주 학살 때 미국이 당연히 이것을 억제하고 견제해야 했는데, 이를 회피하여 결과적으로 전두환이 쿠데타에 성공하는 데 협력했던 점입니다. 제가 볼 때 박정희, 전두환 때까지 미국이 우리 국민의 의사보다는 독재자와 결탁해서 독재정권이 지탱하는 것을 도왔습니다. 크게 봐서 미국이 대한민국의 역사에서 민주 세력을 지지한 것은 극히 드물었고, 독재와 반민주 세력을 지지한 것이 대부분이었다고 생각합니다.

저는 사회주의가 자본주의에 졌다고 보지는 않습니다. 민주주의를 하지 않는 사회주의, 민주주의를 하지 않는 공산주의가 진 것이고, 어떤 것은 스스로 붕괴한 것이라고 봅니다. 아시다시피 19세기 중엽부터 자본주의에 대한 안티테제Antithese로서 사회주의가 등장했습니다. 1848년에「공산당 선언」이 발표된 것으로 알고 있는데, 그 후 150년 동안 자본주의와 사회주의가 다 같이 민주주의를 하면 성공을 하고, 민주주의를 안 한 자본주의와 사회주의는 다 실패를 했습니다. 가령 민주주의를 안 한 자본주의의 실패는 히틀러의 독점자본주의, 일본 군국주의하의 독점자본주의입니다. 그리고 민주주의를 한 자본주의는 아시다시피 서구 사회에서 성공했습니다. 심지어 독일이나 일본도 제2차세계대전 이후 민주주의를 하면서 자본주의로 성공을 했습니다. 민주주의를 한 사회주의는 스웨덴이 대표적인 케이스인데, 대단한 성공을 거두었습니다. 그런데 민주주의를 안 하는 사회주의, 말하자면 동유럽에서는 패배했습니다.

그러면 왜 민주주의를 하면 성공하고, 민주주의를 안 하면 패배했을까요? 제일 큰 이유는 민주주의를 하게 되면 민주주의가 갖고 있는 메커니즘을 통해 자기모순을 스스로 해결할 수 있는 자정 능력이 생기기 때문입니다. 여론이나 투표 같은 것을 통해 국민들의 변화된 욕구를 알아차려서 수용할 수 있습니다. 민주주의를 안 한 자본주의나 사회주의는 그것이 없습니다. 동유럽이나 소련에서는 '노동자의 나라'라면서 몹시 떠들지만 열심히 일하지 않습니다. 그래서 결국은 경제가 붕괴되어 버렸습니다. 그러니까 그렇게 강력하게 보이던 공산국가들이 힘없이 무너지는 것이지요. 가장 큰 문제는 경제적 붕괴가 원인이 되어서 국민적

단합이 안 되는 것입니다. 그런 의미에서 저는 사회주의가 패배한 것이
아니라 민주주의를 안 한 사회주의가 패배한 것이라고 생각합니다.

▶ 정운영 『한겨레신문』 논설위원과의 대담, 1991. 12. ◀
(「노동운동의 자유가 민주주의의 척도」, 『사회평론』, 1992. 1.)

선善이 승리하고 악惡이 패배하는
정의사회를 위하여

지금까지 선진 국가는 후진 국가들, 약소 국가들의 희생 위에 자기만 잘사는 이기적인 선진 국가였습니다. 그것은 안 됩니다. 우리는 선진 국가가 되면 될수록 제3세계의 후진 국가들을 가서 도와주고, 같이 손잡고 같이 발전하는 도덕적인 선진 국가가 되어서 세계 어디를 가든지 존경받고 사랑받는 한국 사람이 되어야 한다고 생각합니다. 존경받는 도덕 국가가 되어야 한다고 생각합니다.

지금까지 인류의 역사는 일시적으로 정체하거나 일시적으로 반동하는 일은 있지만 절대로 좌절되거나 후퇴한 일은 없어요. 반드시 역사는 전진하고 있습니다.

정치라는 것은 절대로 최선의 선택이 아니에요. 정치는 최선을 지향하지만 현실적으로는 언제나 차선을 택하거나 아니면 심지어 차악次惡을 택할 때가 있어요.

정의사회를 실현하기 위해서는 무엇보다도 각자에게 정당한 몫을 주어야 합니다. 노동자·농민·서민·장애자·노인·고아 등 소외계층에게 정당한 대우를 해 주어야 합니다. 여성의 지위를 향상시켜야 합니다. 중소기업을 대기업의 횡포로부터 해방시켜 주어야 합니다.

정의사회를 위해서는 양심이 존중되는 세상이 되어야 합니다. 선善이 이기고 악惡이 우리 눈앞에서 패배하는 사회, 정직하고 부지런한 사람이 성공하는 사회를 만들어야 합니다. 그리하여 눈물과 한숨과 좌절에 젖은 사람들에게 웃음과 희망과 의욕을 주는 정의의 시대를 우리 함께 만들자고 호소합니다.

우리들의 목표는 결국 '얼마만큼 잘사느냐'가 아니라 '얼마만큼 바르게 잘사느냐'입니다. 바르게 잘사는 길은 오직 도덕적 선진 국가가 되는 것입니다.

민주정치는 국민이 주인이 되는 정치입니다. 국민이 주권자의 역할을 훌륭히 수행할 때만 민주정치를 이룩할 수 있습니다.

민주주의만이 성공의 길입니다. 민주주의를 해야 진정한 발전의 길인 자유시장경제를 실현시킬 수 있기 때문입니다.

저는 지금까지 "죄는 미워해도 사람은 미워하지 말라."는 것을 가슴 깊이 새기며 살아왔습니다. 저의 가슴속에는 오직 용서와 화해가 있을 뿐입니다. 지금까지 제가 살아온 용서의 역정이 바로 그 증거가 될 것입니다.

우리의 젊은이들에게 희망을 주는 정치를 해야겠습니다. 그것은 정직하고 부지런하고 능력 있는 사람이 성공하고 선과 정의가 우리 눈앞에서 승리하는, 좋은 정치를 실현시킬 때 가능합니다.

21세기에는 한국 문화의 르네상스 시대가 올 것이라고 말하고 있습니다. 경제발전이 선행되면 그다음엔 정치 발전이 있습니다. 그다음에는 역사의 법칙에 의해서 문예 부흥의 시대가 오는 것입니다.

우리는 다양성을 혼란으로 보고 경쟁자를 적으로 생각하는 군사문화를 말끔히 청산해야 합니다.

문화예술인을 지원하되 간섭해서는 안 됩니다. 사상과 표현의 자유를 최대로 보장해 주어야 합니다. 그리고 국민도 문화예술인들의 창작 체험에 동참하기 위하여 책을 읽고 예술 작품을 감상하고 문화 행사에도 적극 참여해야겠습니다. 건전한 경제가 몸의 건강이라면, 건전한 문화는 정신의 건강을 의미합니다.

우리의 해외동포는 발령장 없는 외교관이자 무역 대표입니다.

국민 개개인이 민주적 자유를 고루 누리고 더불어 잘사는 사회를 실현하여 대화합을 이루는 길만이 튼튼한 안보의 길입니다.

저는 어느 누구도 미워하지 않습니다. 모든 사람을 사랑합니다. 저를 해치려고 했던 사람을 포함해서 모든 사람에 대해서 화해와 단결을 제창합니다.

저의 유일한 소원이 있다면 국민 여러분의 얼굴에서 수심의 빛이 가시고 미소가 떠오르며, 소외받은 사람의 눈에서 눈물이 걷히고 기쁨의 웃음이 터져 나오는 그 모습을 보는 것입니다. 우리 국민 모두가 민주적 자유를 고루 누리고 더불어 잘사는 대화합의 세상을 선사하는 바로 그것입니다.

▶ 「김대중 연설문집」, 1991~1992. ◀

30여 년 만에 부활한 지방자치 선거를 맞아, 이희호 여사와 함께 서울 동교동 동교유아원에 마련된 투표소에서,
1991. 6. 20.

이제는 지구상의 모든 것과
더불어 잘사는 시대여야 합니다

철학이라는 것은 인간이 근본적으로 이 세상을 어떻게 보고 어떻게 살아야 할 것이냐 하는 그런 근원적인 것을 과학적이고 논리적으로 구명하는 것이 아니겠습니까. 나는 가장 현실적인 정치인이면서 가장 비현실적인 원칙을 가지고 있습니다. 그것은 원칙과 현실을 합쳐서 현실적으로 성공하는 것을 최선으로 생각하고, 둘 중의 하나를 버릴 때는 현실을 버리고 원칙을 지킨다는 것입니다. 결코 현실에 타협해서 원칙을 포기하지 않는다는 것입니다. '무엇이 되는' 것보다는 '어떻게 사는' 것이 중요한 일이지요. 이렇게 원칙에 충실해서 살려면 때로는 목숨도 내놔야 한다는 것이 역사의 가르침이지만, 나는 고집스럽게도 원칙에 입각해서 떳떳하게 살도록 노력해 왔습니다.

내가 대통령이 되기 위해서 노력한 것은 사실입니다. 그러나 그것을 내가 대통령이 되는 것을 가장 중요하게 여겼기 때문이라고 해석하는 것은 잘못입니다. 대통령이 되고자 하는 것도 우리 민족과 나라를 위해서 '어떻게 사느냐'의 일환으로서 그런 것이지, 대통령이 되는 것 자체가 제 인생의 목표는 아니었습니다.

누구나 고통은 두렵겠지요. 그러나 나는 어떻게 보면 비현실적인 것 같지만 어떻게 보면 대단히 현실적입니다. '무엇이 되느냐'보다는 '어떻게 사느냐' 하는 생각을 가지고 바르게 사는 사람만이 자기 당대에는 자기 양심 속에서 성공을 하고 또 후세에는 역사 속에서 올바르게 평가를 받는다고 생각하기 때문에, 악과 타협하지 않고 수난을 무릅쓰고 선을 위해, 선의 실현을 위해서 싸우는 것이 근본적인 계산을 하면 자기에게도 이익이 된다는 생각을 가졌던 것입니다.

나는 인생을 단거리로 보지 않습니다. 내 생애 전체를 통해서 어떻게 살았느냐 하는 장기적 결산이 무엇이냐, 그것이 후세의 역사와 국민들 마음속에 어떻게 투영될 것인가, 이렇게 생각해 왔기 때문에, 나는 양심에 따라 행동하는 데 따르는 고통을 남이 생각하는 정도로 그렇게 억울하게 여기지 않았습니다. 물론 저도 인간이기 때문에 고통스러울 때도 있었고 슬플 때도 있었고 피하고 싶은 때도 있었지만, 그러나 적어도 진리와 역사와 국민을 배신해 가면서까지는 살지 않으려고 노력해왔고, 또 어느 정도는 그렇게 했다라고 생각하고 있습니다.

이상사회는 한마디로 말하자면 그 구성원들이 모두가 주인의 입장에서 참여하고 내일의 좋은 사회와 자기의 정당한 몫을 기대하면서 최선을 다해서 신바람 속에 노력하는 그런 사회라고 생각합니다. 이상사회의 첫째 조건이 꼭 풍요는 아닙니다. 모든 사람이 원하는 것을 다 충족하는 것도 이상사회의 조건은 아닙니다. 이상사회는 그 구성원들이 모두

'내가 주인이다.' 하는 주인의식을 가지고, 자기가 '왜 이 일을 해야 하느냐?', '이 일을 하는 것이 내게 어떻게 유익하냐?' 하는 데 대한 확신을 가지고 신바람 나게 참여하는 사회입니다. 그런 이상사회에서는 자기가 자기 운명의 주인이기 때문에 권세나 권력이 지배하거나 국민이 하는 일에 대해서 간섭하는 것은 최대한으로 줄여야 합니다.

이상사회에서는 새로운 인도주의가 실현되어야 한다고 생각합니다. 새로운 인도주의, '신인도주의'라고 내가 이름을 붙여 보았는데, 그것은 첫째, 한 국가 내에서 국민의 자유와 번영과 복지의 권리가 고르게 보장되어야 합니다. 특히 소외계층에 대해서 그 권리가 보장이 되어야 합니다. 둘째, 이 세계에서 지금까지 수탈당하고 버림받아 온 제3세계 사람들이 선진 국가와 대등하게 자유·번영·복지를 누릴 수 있는 보장이 되어야 합니다. 셋째, 지금 우리들이 살아오면서 인간만을 생각해 왔는데 그래선 안 됩니다. 이 지구상에 있는 모든 존재들, 즉 동식물·하늘·땅·바다·물·공기의 건강한 생존권이 보장되어야 합니다. 인간 때문에 얼마나 많은 초목과 동물·날짐승·물고기 등이 고통을 받고 있는가, 그리고 얼마나 땅과 하늘이 오염되고 있는가, 이런 데까지 우리의 생각이 미쳐야만 진정한 인도주의자가 되는 것입니다. 이런 새로운 인도주의가 실현되는 사회를 지향하는 것이 이상사회로 가는 길이라고 생각합니다.

자기 국민국가 안에서의 자유와 정의의 실현뿐이 아니라, 지역 연방 안에서의 자유와 정의도 실현되고, 세계적으로 실현되어야 합니다. 그리고 그것은 인간만을 위해서만 아니라 이 지상에 있는 모든 존재, 꼭 동식물만이 아니라 땅과 물과 공기까지도 다 인도주의적 입장에서 생각하고 존중하는 새로운 인도주의의 실현이 될 것입니다. 나는 영국 케임브리지에서 당대의 석학인 앤서니 기든스Anthony Giddens와 이야기하면서 이러한 나의 견해를 '지구적 민주주의global democracy'라는 표현을 써서 설명한 적이 있습니다. 그분의 생각도 기본적으로는 나와 같았는데, 그분은 '세계적 민주주의cosmopolitan democracy'를 생각해 보고 있었다는 말을 했습니다. '코스모폴리탄cosmopolitan'이라고 하면 조금 인간만 생각하는 감이 있습니다. 나는 '지구'라는 말을 강조할 때가 왔다고 봅니다. 지금 지구가 존재하느냐 못 하느냐의 문제가 되고 있거든요. 우리는 지구와 운명을 같이하게 되어 버렸단 말이에요.

이제는 내 국민만 잘사는 시대도 지났고, 이 세계의 이웃과 더불어 잘살아야 되고, 또 지구상에 존재하는 모든 것과 같이 잘살아야 하는 시대가 왔는데, 무엇보다도 중요한 것은 우리 인간이 그렇게 깨달아야 합니다. 그러니까 철학도 이제는 이런 지구 전체의 존재하는 모든 것을 중심으로, 나아가 우주까지도 생각하는 철학이 나와야 되지 않는가, 그렇게 생각합니다.

인간은 본성적으로 선과 악의 양면성을 가지고 있습니다. 이성과 감성의 양면을 또한 가지고 있습니다. 그러므로 인간은 배타적 이기주의자도 되고 사회적 공동선에의 참여자도 됩니다. 그래서 문제는 어떻게 해야만 부정적 측면을 줄이고 긍정적 측면을 확대시키느냐 하는 것입니다. 인간의 부정적 측면을 억제하고 긍정적 측면을 확대하기 위해서는 정치가 잘되어서 사람을 긍정적이고 전진적인 방향으로 유도해 가야 합니다. 그리하여 공동체의 발전 속에서 각자 개인의 이익이 보장되도록 하여 사회 구성원이 자발적으로 공동선을 위해 협력하도록 해야 합니다. 이러한 과정에서 바른 자는 보상받고 그른 자는 중벌을 받아야 합니다. 이것을 해낼 수 있는 것이 정치이며, 그 정치의 가장 바람직한 제도가 민주주의입니다. 그러기 위해서는 물론 선각자적인 지도자가 필요합니다. 그러나 그보다 더 중요한 것은 국민이 민주주의를 할 수 있을 만큼 성숙해야 한다는 것입니다. 이것을 어떻게 하는가, 국민의 자발적인 각성이 중요합니다. 민주주의는 그 국민의 수준 이상은 못합니다.

좋은 정치에 왕도는 없습니다. 선진 민주국가가 모두 그렇듯이 결국 국민이 똑똑하고 성숙해야 합니다. 이와 병행해서 혹은 이를 위해서, 정치 지도자, 지식인, 언론 등의 역할이 매우 중요한 것입니다. 이러한 과정에 우리는 전진해서 사회적 보편선普遍善을 실현하게 됩니다. 시간이 걸릴 것입니다. 그러나 지금까지의 역사에 비추어서 인간의 역사는 이상사회를 향한 전진을 멈추지 않을 것입니다. 이것은 인간의 본성이요, 역사의 본질이기 때문입니다. 그리고 이러한 인간 사회의 발전을 위해서도 비판 정신의 고양이 절대 필요합니다. 국민이 비판 정신을 갖추게 되면 불의한 세력이 발붙일 틈이 없게 됩니다.

비판 정신이란 옳은 것을 옳은 것으로, 그른 것을 그른 것으로 판단하고, 옳지 않은 것을 옳지 않다고 지적하며 시정을 요구할 수 있는 정신을 말합니다. 따라서 사람들이 비판 정신을 갖기는 대단히 어려워요. 옳고 그른 것을 판단하기도 어렵지만, 그른 것을 그르다고 말하고 시정을 요구하기는 더욱 어렵습니다. 그러기 위해서는 용기가 필요하기 때문입니다. 손해도 보고 박해도 각오해야 하기 때문이지요. 그리고 무엇보다도 많은 사람들이 무관심하고, 귀찮은 일에 말려들지 않으려 합니다. 그래서 국민 대다수가 비판 정신을 가질 것을 바라는 것은 요원한 일이라고 비관에 빠질 수 있습니다. 그러나 그렇게 되어서는 안 됩니다. 국민적 비판 정신은 반드시 실현되어야 합니다.

국민은 개개인으로서는 부족한 점이 많지만 하나의 집단 의사, 즉 민심으로 응집될 때는 어떠한 현인보다도 더 현명하고 어떠한 장사보다도 힘이 셉니다. 그래서 예로부터 "민심에 따른 자는 흥하고 민심에 역행하는 자는 망한다順天者興逆天者亡"고 하지 않았습니까.

군사정권 30년을 지내는 동안에 우리나라는 소외의 보편화 시대를 만들어 왔습니다. 무엇보다도 중요한 것은 군사정권하에서 저질러진 소외를 극복하는 것입니다. 농민도 소외되고, 노동자도 소외되고, 지식인도 소외되고, 학생도 서민 대중도 소외됐습니다. 한 줌도 못 되는 수의 사람들이 모든 것을 독점했고, 우리는 어떤 결정권도 갖지 못했습니다. 선거는 하나의 요식행위에 불과했습니다. 지방자치를 하지 않음으로써 부정선거를 마음대로 할 수 있었고, 권력을 통해 조성한 막대한 선거자금으로 유권자를 마음대로 매수해서 선거를 조작했습니다. 결국 유권자들은 그들이 정권을 잡는 데 동원된 하나의 도구요, 부역꾼에 불과한 상태로 소외되고 전락했습니다. 그래서 가장 중요한 것은 우리가 주인의식을 되돌려 받을 수 있는 참여의 보장이라고 생각합니다.

'지역감정'이라는 말은 정확하지 않습니다. '지역감정'이라는 것은 양쪽이 동등한 입장에서 서로에게 나쁜 감정을 갖는 것입니다. 미국에서도 '흑백 차별'이라고 하고, 과거 일제가 한 것도 '민족 차별'이라고 하지 '민족감정'이라고 하지 않습니다. '지역감정'이라는 말은 지역차별주의를 호도하기 위한 마술적 언어라고밖에 볼 수 없습니다. 현재 하고 있는 것은 분명히 호남에 대한 지역 차별입니다. 호남 차별은 20세기를 사는 민족으로서 가장 수치스러운 일이고, 우리 민족의 큰 재앙입니다. 남한 내부적으로도 서로 대립, 분열된 상황에 있으면서 "이래 가지고는 통일은 무슨 놈의 통일이야?" 하는 한탄이 나올 정도의 상태인 것은 틀림없습니다.

1963년 대통령선거에서 박정희 씨가 15만 표 차이로 이겼는데, 호남에서만 35만 표를 이겼습니다. 박정희 씨는 그때 호남과 영남에서만 이기고 나머지는 다 졌어요. 호남에서 35만 표 이겼으니까, 산술적으로 해도 만일 호남에서 졌다면 15만 표 빼고도 20만 표 차로 선거에서 패배하는 셈이 됩니다. 그런데 박정희 씨는 이러한 막중한 은혜를 입은 호남에 대해서 대통령이 당선되자마자 차별하기 시작했습니다. 나는 지금도 왜 박정희 씨가 그렇게 은혜를 원수로 갚을 짓을 했는지 알 수 없습니다. 다만 두 가지 이유를 상상할 수 있는데, 하나는 호남 사람들이 과거 자유당 독재에 철저히 싸우는 것을 보고 독재를 할 수밖에 없는 그로서는 호남을 처음부터 배제시켜야겠다는 생각이었을 것이고, 또 하나는 영호남 대립을 조장해서, 인구 구조상 양대 세력을 이룬 이 두 지역을 이간시키고 대립시켜서 그 지역 싸움 때문에 정부에 대한 저항력을 약화시키려는 의도에서 했지 않았나 하는 생각이 듭니다. 어쨌거나 영호남 대립 구조 속에서 이루어진 호남 차별은 전두환 씨 때까지 계속되었는데, 이것은 노태우 씨의 시대에 이르러 절정에 달했습니다. 노태우 씨는 인재 등용이나 지방 사업에 있어서 박정희·전두환 두 전임자보다 훨씬 더 심했습니다.

노태우 씨는 한발 더 나아가서 영호남 대립을 호남 대 비호남으로 확대시켰는데 그는 이 목적을 위해서 3당 합당을 하였고, 그 후에도 당 최고 위원회에 영남과 충청도 사람만 등용하고 호남 사람에 대해서는 그럴 계획이 있는 양 말만 퍼뜨리다가 끝내 하지 않았습니다. 이렇게 해서 절정에 이른 호남에 대한 차별은 그 위력이 얼마나 큰 것인지 부산 횟집 사건으로 극명하게 드러났습니다. 부산 횟집 사건이 나자 야당은 물론 여당까지도 크게 당황을 했는데, 그것이 영남은 물론 중부권에서까지 여당 후보의 표를 대폭 증가시켜 당선에 결정적 기여를 할 줄은 아무도 몰랐던 것입니다. 권력자들이 30년 동안 자행한 악랄한 반민족적인 마술에 국민이 속아 넘어가서 이것이 결국 제2의 천성이 되다시피 된 것입니다.

이 문제 해결은 딴 길이 없습니다. 첫째, 국민이 반성을 해야 합니다. 이런 말도 안 되는 것을, 그리고 나라와 민족을 망치고 자기 자신의 인간성까지 망치는 이런 일은 그만둬야 합니다. 뿐만 아니라 지역감정은 인간성에 있어 가장 저열한 감정으로서, 나와 나의 가족과 나의 이웃을 오염시킵니다. 국민이 반성하지 않는 한 절대로 이 문제는 해결이 안 됩니다. 두 번째는 집권자가 심각한 반성을 해야 합니다. 집권자가 인재 등용이라든가 지방 발전에 있어서 차별을 하지 않아야 합니다. 이렇게 국민과 집권자 양쪽이 자세를 바꾸고, 정치권이나 지식인이나 문화인들이 모두 일어서서 지역 차별 타파 그리고 영호남 화목 운동의 전개 등에 나서야 합니다. 여기에 참여해서 고쳐야 합니다.

내가 호남에서 태어나지 않았다면 진작 대통령이 되었을 거라는 얘기가 있었는데, 그런 말을 간혹 듣습니다. 하다못해 인구가 적은 강원도에 태어났어도 전라도만 아니면 대통령이 되었을 거라고 말합니다. 하지만 나는 절대로 동의하지 않습니다. 호남에 대한 부당한 차별에 편승해 가면서까지 대통령이 될 생각은 없습니다. 나는 호남 사람으로 태어난 것을 자랑으로 생각합니다. 그리고 '고통받는 사람들, 부당하게 차별받는 사람들의 편에 섰다는 것이 내게 얼마나 떳떳하고 보람 있는 일이냐!'라고 생각합니다. 다른 도 사람들도 훌륭하지만 호남 사람들도 훌륭합니다. 호남 사람들도 결점이 있지만 다른 도 사람들도 결점이 있습니다.

누구나 모두 아는 일이지만 이순신李舜臣 장군은 호남이 없으면 나라가 없다고 했습니다. 실제로 그랬습니다. 임진왜란 때 함경도까지 쳐들어갔지만 호남은 범하지 못했습니다. 여기서 나라를 지탱했습니다. 그리고 정유재란 때에는 결정적인 역할을 호남에서 했습니다. 일본군이 원균元均의 해군을 전멸시키고 나서 무인지경을 가듯이 영남 쪽에서 서해안을 거쳐 인천에 상륙해서 서울로 진격하려고 했습니다. 조선 측에는 해군이 없으니까 이를 막을 길이 없지 않습니까. 만일 그때 이순신 장군이 해남 진도의 울돌목, 즉 명량鳴梁에서 호남의 민중들과 같이 이걸 막아 내지 못했던들 서울까지 다 함락되고 말았을 것은 불을 보듯 뻔했습니다. 배 열두 척을 가지고 일본 군함 수백 척을 저지하여 세계 전사戰史에 예가 없는 대승리를 거두어서 일본으로 하여금 더 이상의 전쟁을 단념케 하고 회군回軍을 결정토록 하게 했던 것입니다. 그것을 호남 땅에서 호남 장정들과 같이했던 것입니다. 권율權慄 장군이 행주산성에서 대첩大捷을 했는데 권율 장군은 전라도 순천 지방에 주둔하고 있다가 호남 장정들과 호남서 만든 최신의 무기를 가지고 올라와 그런 빛나는 승리를 했던 것입니다.

광주학생독립운동만 하더라도 그렇지요. 그것이 일제하에서 3·1운동의 다음가는 우리 민족의 자랑스러운 투쟁이란 것은 누구도 부인할 수가 없습니다. 그리고 해방 후 지금까지 한 번도 변함없이 독재와 싸운 곳이 바로 호남입니다. 뿐만 아니라 5·18민주화운동 때 광주와 목포, 기타 호남인들의 태도는 얼마나 훌륭했습니까. 이 민주화운동은 세계에 자랑할 만한 일입니다. 신군부의 그 무서운 위세 앞에 결연히 일어나서 싸운 것도 호남인뿐이었다는 점에서 자랑스러운 것입니다.

그러나 5·18민주화운동의 위대한 점은 거기에만 그친 것이 아닙니다. 그들은 폭력에 의해서 수백 명이 학살당하고 수천 명이 체포되면서도 끝까지 비폭력으로 대하였습니다. 그들은 육친肉親의 시체를 눈앞에 놔두고서도 여러 날 동안이나 점령하고 있는 기간에 단 한 사람에게도 보복하지 않았습니다. 그들은 시민군이 점령하고 있는 10일간 도시를 철저히 지켜서 은행과 가게가 안심하고 문을 열고, 도둑질한 자도 약탈한 자도 없게 했습니다. 그들은 대화를 통해서 해결하기 위해 거듭 협상을 요구하고 미국의 중재를 요청했던 것입니다. 이런 그들의 자세는 전 세계를 감동시키고 찬양과 동경을 집중시켰던 것입니다. 내가 1983년에 하버드에 있었을 때 하버드 사람들이 가장 높이 평가하면서 그들의 관심과 경탄을 자아낸 것도 이러한 5·18민주화운동의 위대한 특성이었습니다. 앞에서 말한 이런 위대한 특성들을 호남 사람들은 보여 줬습니다. 나는 그런 사람들하고 있으면서 억울하고 차별받는 그들의 편에 서는 것을 가장 큰 자랑으로 생각합니다.

제3공화국 이래 텔레비전 드라마건 라디오 드라마건 "못나고 더러운 건 전부 호남 사람들!" 이렇게 몰아서 호남 사람들에 대한 혐오감을 조성해 왔습니다. 나는 분명히 말합니다. 내게는 추호도 지역 차별의 감정이 없습니다. 모든 지방 사람들은 다 나름대로의 장점이 있고, 호남 지방 못지않은 훌륭한 역사가 있는 것을 나는 잘 알고 있습니다. 누구도 내 지방만 훌륭하고 다른 지방은 그렇지 않다고 말할 근거는 없습니다. 나는 박정희 씨가 18년 집권 중에 한 가장 큰 죄악으로서 민족의 역사에서 영원히 비판받을 일이 이 호남 차별 정책이었다고 생각합니다. 그의 그러한 정책은 세월이 갈수록 더욱 우리 사회의 단결과 다이내믹스를 파괴하고 국가의 건전한 발전과 민족 통일의 역량을 저해시키고 있습니다.

국회에서 여성들이 근 40년 동안 부산서부터 하려고 한 가족법 개정을 적극 추진한 일이 있었습니다. 1989년, 즉 1990년 2월에 3당 합당을 하기 전, 여소야대 시대에 내가 제1당 당수를 할 땐데, 청와대에서 대통령과 박준규 당시 민정당 대표위원, 김영삼 통일민주당 총재, 김종필 공화당 총재하고 저하고 회의를 했어요. 내가 제안을 해서 가족법을 고치자고 했습니다. 아내가 차별당하고, 딸이 차별당하고, 어머니가 차별당하는 이런 법은 안 된다고 했는데, 별로 신통한 반응을 얻지 못했습니다. 그때 그래도 박준규 의장이 호응을 했는데, 다른 당은 별로 찬성하지 않았습니다. 알고 보니까 우리 당 안에서도 남자 의원들 대부분이 찬성하지 않더라고요. 그런 것을 내가 밀어붙여서 마지막에는 하기로 합의가 되었는데, 12월 국회 마감 전날까지 여야 의원들의 사보타주 sabotage로 안 되는 것입니다. 그래서 내가 대통령한테 직접 전화를 걸어서 이걸 실현시켰습니다. 국회 마감 날에야 겨우 통과됐어요. 만약 그날 안 되었다면 그후 3당 합당이 되었으니 아마 지금까지도 그대로였을 겁니다. 그 안이 통과되던 날 난 너무도 감격을 했어요.

나는 낙관주의자입니다. 하나 강조할 점은, 난 인생에서 많은 고통과 박해와 좌절과 실패를 겪었는데, 밝은 쪽을 본다는 것은 나 자신도 때론 스스로 이상하다고 생각합니다. 그건 내 신앙과 철학관에 있어요. 역사를 보더라도 분명히 발전해 왔어요. 세상은 완성의 방향으로 나아가고 있어요. 전쟁·빈곤·폭력이 있고, 매춘이니 마약이니 폭력이니 하는 것이 전 세계적으로 있습니다. 세상에는 어려운 문제와 어두운 면이 있지요. 그러나 그러한 것들이 제거되는 방향으로 역사는 발전되어 왔습니다.

▶ 김광수 한신대학교 철학과 교수와의 대담, 1993. 11. 28. ◀
(「세계사의 흐름과 철학의 위치」, 「철학과 현실」 1993년 겨울호)

정치는 흙탕물 속에
피어나는 연꽃이다

정치는 언제나 양면성을 갖습니다. 정치를 하는 사람이 악하거나 불결할 수는 있습니다. 하지만 그것이 정치 자체가 악하거나 불결하다는 증거가 되지는 못합니다. 왜냐하면 나쁜 사람이나 사회의 추한 면을 없앨수 있는 것도 정치이기 때문입니다. 정치는 부패할 수 있습니다. 그러나 우리 사회의 부패를 척결할 수 있는 것도 정치입니다. 억압하는 것도 정치이지만, 그 억압을 몰아내고 자유를 회복하는 것도 정치입니다. 나라와 사람을 죽이기도 하지만, 살리기도 하는 것이 또한 정치입니다.

정치는 심산유곡에 핀 한 떨기의 순결한 백합화가 아니라 흙탕물 속에 피어나는 연꽃입니다. 사람들이 사는 세상이 흙탕물이기 때문입니다. 흙탕물이라고 외면할 수 없는 것은 그곳이 바로 우리가 사는 세상이기 때문입니다. 연꽃은 바로 그 흙탕물에서만 피어납니다. 정치가 그러합니다. 정치는 흙탕물 속에서 피어야 하는 연꽃의 운명을 타고났습니다.

정치에 있어 중요한 것은 제도로서의 건전성이 잘 보존되고 있느냐 하는 것입니다. 그것만 있다면 일시적인 혼란이나 정치적 부패가 있다고 하더라도 연꽃은 아름답게 활짝 필 수 있는 것입니다.

우리나라는 그동안 견고한 민주제도를 갖추지 못했기 때문에 제대로 연꽃을 피우지 못했는지 모릅니다. 법과 제도를 가지고 통치해야 하는데, 한 사람의 의중에 따라 이쪽에서 저쪽으로 나라의 정책들이 춤을 추듯 왔다 갔다 했습니다. 어제 옳던 것이 오늘 그른 것이 되고 오늘 좋던 것이 내일 나쁜 것이 된다면, 국민들은 어디에 장단을 맞추어야 할지 몰라 중심을 잡지 못하고 이리저리 흔들리게 될 것입니다. 민주주의도 옳고, 민주주의를 부인하는 군사독재도 옳다는 식으로 정치제도가 그 논리를 상실하고 견고한 기반을 잡지 못할 때 좋은 정치가 이루어질 수 없고, 설사 좋은 정치인이 나오더라도 힘을 발휘할 수 없습니다.

좋은 정치제도를 세워야 합니다. 그리고 국민의 지혜와 결단으로 좋은 정치인을 지원해야 합니다. 이리하여 세속의 흙탕물 속에서 아름다운 연꽃 같은 좋은 정치가 이뤄지도록 해야 합니다. 좋은 정치를 통해서 억압받는 사람에게 자유를 주고, 굶주린 사람에게 직장과 먹을 것을 주고, 의지할 것 없는 사람에게 희망을 줍니다. 이러한 때 정치는 바로 예술이 됩니다. 또한 정치는 젊은 세대들에게 미래에 대한 꿈을 주고, 모든 국민에게 번영된 국가의 내일을 기대할 수 있게 하며, 우리 민족에게 50년 분단을 종식시키는 그러한 기대를 줄 수 있습니다. 어떤 예술이 이 이상 아름다운 일을 할 수 있겠습니까?

정치가 잘되려면 국민이 잘나야 합니다. 그리하여 튼튼한 민주제도를 세워 나가야 합니다. 그리고 지역감정이나 중상모략이나 금욕과 권력에 좌우되지 말고 바른 인물을 발굴하고 키워 나가야 합니다. 그리하면 혼탁한 이 사회에 연꽃이 피고 정치는 예술로 승화될 것입니다. 결국 연꽃을 피게 하고 정치를 예술화하는 것은 국민의 예지銳智와 책임감과 결단에 있다고 할 것입니다.

우리 민족이 긴 세월 동안 외부에 동화되지 않으면서 우리의 본질을 유지해 온 것은 자랑스러운 일입니다. 그러나 변화와 개혁의 역동성을 무시하고 우물 안에 안주해 온 것 또한 사실입니다. 이제 우리가 살길은 우물 밖을 보는 데서부터 시작해야 합니다. 그리고 언제나 새로운 환경과 미지의 세계를 향해 마음을 열고 과감하게 변화를 추구하는 방향으로 나가야 합니다. 보수와 개혁의 조화, 안정과 변화의 조화가 필요합니다. 그러나 지금은 보수보다 개혁이, 안정보다 변화가 더욱 요구되는 때입니다.

변화의 물결 속에서 우리가 개혁과 변화를 거부한다면 우리의 미래는 없습니다. 인생은 도전과 응전입니다. 한 가지 성취하면 또 새로운 도전이 오고, 그것을 극복하면 또 새로운 도전이 옵니다. 변화를 받아들이는 것은 인생의 숙명입니다. 변화에 발맞추어 그것을 선도해 간다면 노인도 청년이 되고, 그렇지 않으면 청년도 노인이 됩니다. 변화를 두려워해서는 안 됩니다. 우리가 두려워해야 할 것은 변화가 아니라 변화를 두려워하는 자세입니다.

나는 정체停滯를 싫어합니다. 현실에 안주하는 것을 가장 경계합니다.

끊임없이 변화를 추구해 왔습니다. 그런 나의 습관은 철 따라 가구의 위치를 바꾼다거나, 중요한 생각을 할 때는 아예 구상의 공간을 옮기는 것 등에서도 드러납니다. 연금 시절에도 나는 아침에 일어나면 양복을 갈아입고 응접실로 출근(?)하고, 서재로 자리를 옮겨 책을 읽고, 저녁에 안방으로 퇴근(?)합니다. 아무도 찾아오는 사람이 없는 연금 상황에서도 매일 매일 양복을 갈아입고 넥타이도 바꿉니다. 주어진 상황을 바꿔 보려는 변화에 대한 인간의 끝없는 열망이 역사의 진보를 가져왔습니다. 보수도 필요하지만, 개혁도 필요합니다. 보수와 개혁은 전진을 위한 두 개의 수레바퀴와 같습니다.

자기가 한 번 한 행동은 평생 동안 국민에 의해서 잊혀지지 않고 자기 이름에 붙어 다닌다는, 그런 역사의 엄숙성을 가르쳐 주어야 합니다. 한편 고난과 박해를 무릅쓰고 올바르게 산 사람은 반드시 국민으로부터 보람과 지지를 받는다는 역사의 교훈도 세워져야 합니다. 그래야 정치가 바로 됩니다.

국민이 잘나야 합니다. 국민이 현명해야 합니다. 국민이 무서워야 합니다. 그래야만 우리는 민족 정통성, 민주 정통성, 정의 사회, 양심 사회를 구현할 수 있습니다. 사람이 제값을 가지고 사는 사회를 만들 수 있습니다. 민주주의라는 나무는 시시비비를 먹고 자랍니다.

국민의 단합과 조국의 통일이 우리의 지상至上 과제입니다. 그러기 위해서는 정치로부터 파생된 터무니없는 지역차별주의를 뿌리 뽑는 일부터 해야 합니다. 나는 우리 국민이 선진 국민이 되고자 한다면 이러한 악습으로부터 깨끗이 해방되는 과정을 반드시 거쳐야 한다고 생각합니다.

우리의 지역 문제가 양쪽 지역 사람들에게 동일하게 원인이 있고 책임이 있는 지역감정의 문제가 아니라, 한쪽 지역에서 나온 정권에 의해서 다른 한쪽이 일방적으로 멸시당하고 피해를 입은 지역 차별이 본질이란 것을 강조하고 싶습니다.

경상도에서 대통령이 나오고 다른 지방을 차별한다고 해서 경상도만 잘살게 된 것은 아닙니다. 지역차별주의는 모두를 망치게 합니다. 집권자를 낸 지역의 극히 일부의 특권층에게 혜택을 주고 그 대가로 모든 국민을 불행하게 만듭니다. 국민들은 분열되고, 우리의 경제발전과 통일역량은 결정적으로 약화되었습니다. 우리는 이 비열하고 반국민적인 지역 차별 정책을 증오합니다.

자기 고향을 사랑하는 사람만이 남의 고향도 사랑하게 됩니다. 속 좁은 지역이기주의를 넘어설 수 있습니다. 자기 나라를 사랑하는 사람이 다른 사람의 나라도 소중하게 여깁니다. 지역 차별은 언제 생명을 앗아갈지도 모르는 암세포와도 같습니다. 병을 근본적으로 치유하고 튼튼한 건강체로 이 나라를 회복시켜서 전 국민적 단합 속에 민주와 번영과 통일의 길로 나아가려면, 지역차별주의부터 하루속히 도려내야 합니다. 이보다 더 급한 일이 없습니다. 지역 차별이 있는 곳에 우리의 장래는 없습니다.

현대 정치는 국민에 의한 정치입니다. 국민을 무시하고 앞질러 갈 수도 없고, 국민에게 뒤처져서 낙오할 수도 없는 것입니다. 국민의 손을 잡고 같이 가야 합니다. 국민으로부터 고립된 뜀박질은 실패를 향한 뜀박질입니다. 국민을 무시한 채 제멋대로 달려간 역사상의 그 어떤 독재자도 성공하지 못했습니다. 나는 이 원칙이 단순히 통치자에게만 적용되는 것으로 생각하지 않습니다. 어떤 형태든 정치에 참여하는 사람이 '국민과 함께'라는 이 엄숙한 원칙을 숙지해야 합니다. 그렇지 않을 때는 아무리 고상한 이념이나 사상일지라도 반드시 실패하고 맙니다. 목적이 정의롭고 고상할수록 '대중과 함께'라는 방법상의 원칙은 더욱 잘지켜져야 합니다.

나는 1986년 이후, 특히 6·29가 일어난 후부터는 삼비주의三非主義를 일관되게 주장해 왔습니다. 삼비주의란 비폭력·비용공·비반미입니다. 그런데 그런 주장에 대해 가장 맹렬하게 비판을 해 온 세력이 이른바 운동권 내의 과격파들이었습니다. 그들은 나를 보수화되었다고도 하고, 미국에 아부하여 정권을 잡으려 한다고 매도하기도 했습니다. 그러나 나의 소신에는 추호의 흔들림이 없었습니다. 왜냐하면 그 주장은 절대다수의 국민에게 배우고, 국민과 같이 가야 한다는 오랜 신념의 결과였기 때문입니다.

지금 나는 '국민은 항상 옳다.'는 말을 하고 있는 것이 아니라는 점입니다. 국민은 잘못 판단하기도 하고, 흑색선전에 현혹되기도 합니다. 엉뚱한 오해를 하기도 하고, 집단심리에 이끌려 이성적이지 않은 행동을 하기도 합니다. 그럼에도 불구하고 우리에게는 국민 이외에 믿을 대상이 없습니다. 국민이 따라오지 못할 때는 그들을 무시하고 앞질러 갈

일이 아닙니다. 그럴 때는 일시적으로 걸음을 멈추고 국민과 함께 갈 수 있도록 보폭을 조절해야 합니다. 국민의 손을 잡고 반 발짝만 앞에 서서 이끌어야 합니다. 절대로 반 발짝 이상 벌어져서는 안 되고, 어떤 경우라도 국민과 잡은 손을 놓아서는 안 됩니다. 국민의 손바닥으로부터 전해지는 체온과 국민 정서를 통해 국민의 뜻을 배워야 합니다. 조급한 마음이 일을 그르칩니다. 자기만 옳다는 생각만 믿고 달려가게 되면 국민과 잡은 손은 떨어지고 국민은 우리를 떠납니다. 그런 결과는 반대 세력만 이롭게 만듭니다.

내가 40년 동안 그렇게 어려운 고비들을 수없이 넘기면서도 목숨을 부지하고 오늘에 이를 수 있었던 것은 이러한 일관된 소신과 실천의 결과였습니다. 지금까지 살아오면서 국민의 손을 잡고 가야 한다는 신념을 한 번도 포기해 보지 않았습니다. 사실 일부 국민들로부터 엉뚱한 오해를 받은 적도 있지만, 변함없이 뜨겁게 내 손을 잡아 준 그 많은 국민들이 있었기 때문에 여기까지 올 수 있었던 것입니다. 국민을 믿고 국민의 손을 놓지 않고 걸어간 사람에게는 일시적 좌절이 있을지 몰라도 패배는 없습니다.

5·17 사건으로 사형 언도를 받고 죽음을 기다리고 있을 때, 나의 마음은 걷잡을 수 없이 불안과 공포에 시달렸습니다. 죽음을 생각한다는 것은 참으로 두려운 일이었습니다. 그런데 신군부는 자기네들과 손잡으면 살려 주겠다고 계속 유혹했습니다. 하루에도 몇 번씩 마음이 왔다 갔다 하여 어디에도 정착할 수 없는 때가 있었습니다. 그러나 굴복할 수 없었습니다. 마침내 내가 아니라 국민과 역사의 심판이 나의 죽음에

의미를 부여할 것이라는 확신을 갖기에 이르렀습니다.

'나의 삶은 나를 박해해 온 사람들과는 같지 않았다. 나는 죽더라도 우리 역사와 국민은 올바른 평가를 내려 줄 것이다. 결국 나는 죽음으로써 나를 죽이려는 사람들에게 이기는 것이다. 그들은 내 육신을 죽일 수 있어도 내가 역사와 국민들의 마음속에서 다시 살아나는 것을 막을 수는 없다. 국민과 같이 가는 자에게는 패배가 없다. 역사는 그들이 반드시 승자로 부활한다는 것을 입증해 주고 있지 않은가?'

국민이 언제나 현명한 것은 아닙니다. 그러나 민심은 마지막에는 가장 현명합니다. 국민은 언제나 승리하는 것은 아닙니다. 그러나 마지막 승리자는 국민입니다. 그러기 때문에 하늘을 따른 자는 흥하고 하늘을 거역하는 자는 망한다고 했는데, 하늘이 바로 국민인 것입니다. 유일하게 현명하고, 유일하게 승리할 수 있는 국민에게서 배우고 국민과 같이 가는 사람에게는 오판도 패배도 없습니다.

정치에 인생을 걸어 보겠다고 나서는 젊은이들을 위해 40년 경험에서 얻어진 몇 가지 교훈을 적어 보려고 합니다.

첫째, 정치를 하겠다고 나선 사람은 어떻게 해서든지 국회의원 배지를 달고 출세하는 정치쟁이가 될 것인지, 아니면 진리와 정의를 위해서 일생을 바치고 국민과 민족을 위해 헌신하는 정치가가 될 것인지를 먼저 결정해야 합니다. 그것이 시작입니다. 전자가 되겠다고 마음먹고 있는 사람에게는 해 줄 말이 없습니다. 꼭 듣고 싶다면, 정치를 하지 말라는 말을 할 수 있을 것 같습니다. 그런 정치쟁이는 국민에게 해가 되고, 자기 자신의 인생도 버리게 되기 때문입니다. 만일 진정한 정치가가 되기를 바란다면 무엇이 될 것인가에 연연하지 말고 정치인으로서 어떻게 바르게 사느냐 하는 것을 정치의 목표로 삼고 나가야 합니다. 출발이 다르면 끝도 다릅니다. 정치의 장으로 뛰어들기 전에 자기와의 대화를 통해 진실하게 판단하고 결정하는 것이 좋습니다.

둘째, 원칙은 흔들림 없이 지키되 방법에 대해서는 유연성을 가져야 합니다. 우리가 확고하게 지켜야 하는 원칙이란 민주주의입니다. 민주주의는 어떠한 경우에도 흥정이나 양보의 대상이 되어서는 안 됩니다. 그러나 원칙이 정해진 다음에는 모든 것을 대화와 협상으로 풀어 가며, 양보도 하고, 타협도 하는 유연성을 가져야 합니다.

셋째, 무엇보다 국민을 하늘로 알고 두려워해야 합니다. 국민을 무서워하지 않는 정치인은 반드시 실패합니다. 몇몇 사람을 일시적으로 속이는 것은 가능하지만, 모든 사람을 영원히 속이는 것은 불가능하다는 링컨의 말이 있습니다. 그렇습니다. 이것은 만고의 진리입니다. 만해 한용운식으로 말하자면, 칸트에게는 철학이 님이고, 불자에게는 부처가 님이고, 정치인에게는 국민이 님입니다. 어떤 경우에도 국민을 속여서는 안 됩니다. 어떤 경우에도 국민을 위해서 모든 것을 희생하겠다는 마음의 자세를 버려서는 안 됩니다. 자신의 정치생명을 국민에게 걸어야 합니다. 국민이 아닌 다른 어떤 것도 국민을 대신할 순 없습니다.

넷째, 정치는 종합예술입니다. 사람이 있는 곳에는 정치가 있습니다.

사람이 관련된 문제에 정치가 개입되지 않거나 영향을 미치지 않는 곳이 없습니다. 정치가 건강해야 사회가 건강하고 아름다워지고 국민이 행복해집니다. 정치가 잘되면 억압받던 민중들이 자유를 향유하게 됩니다. 정치가 잘되면 국민경제가 튼튼해져서 삶이 풍부해집니다. 정치가 잘되면 가난하고 고통받는 사람들이 인간다운 삶을 보장받아 행복한 일생을 보내게 됩니다. 정치가 잘돼야 문화예술의 꽃이 피어서 국민들이 삶의 아름다움과 기쁨을 누리게 됩니다. 정치가 잘돼야 나라와 민족의 영광이 세계에 떨치게 됩니다. 이 이상의 예술이 어디에 있겠습니까?

다섯째, 정치를 지망하는 사람은 되도록 지방정치부터 시작하는 것이 좋습니다. 그리고 각 단계마다 고유한 영역이 있습니다. 밑바닥을 알아야 대성할 수 있습니다. 현대는 탈중앙집권화의 시대입니다. 다양한 목소리들이 다양하게 터져 나옵니다. 이런 시대에 지방정치를 모르고서는 중앙정치를 할 수 없습니다. 성공한 정치인들은 대부분 지방정치의 과정을 거친 사람들입니다. 링컨이 그랬고, 레이건과 클린턴 대통령도 그랬습니다.

여섯째, 일찍부터 유명해지려고 너무 서둘러서는 안 됩니다. 조급한 마음이 일을 그르치는 경우가 많이 있습니다. 일본에서 어떤 초선의원이 당수黨首에게 인사를 하러 갔습니다. 그때 당수는 그 병아리 의원에게 이렇게 충고했다고 합니다. "처음부터 너무 유명해지려고 애쓰지 마라. 빨리 유명해진 사람은 정치생명이 빨리 끝난다." 유명해지는 게 나쁘다는 뜻이 아닙니다. 충분한 연륜과 경험의 축적 없이 유명해지는 것은, 마치 부는 바람에 풍선이 날아다니는 것과 같아서 결코 안정된 자리를 찾을 수가 없습니다.

일곱째, 정치인은 국정 전반에 걸쳐 종합적인 지식과 경험을 쌓되 자신의 특정 분야, 예컨대 외교라든지 통일이라든지 건설이라든지, 국방 혹은 문화 등에서 진가를 발휘할 수 있는 전문적인 실력을 배양해야 합니다. 적어도 이것에 대해서라면 나를 따라올 자가 없다고 말할 수 있는 무언가가 있어야 합니다. 현대는 지식산업의 시대입니다. 얼마나 창조적인 지식을 가지고 있는가, 얼마나 정확하고 많은 정보를 가지고 있느냐에 따라서 승패가 결정됩니다. 좋은 정치인은 종합적이면서 동시에 전문적이어야 합니다.

여덟째, 정치를 하는 사람은 반드시 조직에 속해 정당원이 되어야 합니다. 그렇지 않으면 개인적으로 아무리 탁월한 능력이 있다 할지라도 그의 정치는 별로 효과가 없을 것입니다. 민주정치는 정당정치입니다. 그러므로 자기 개인보다 자기가 속한 정당이 국민들로부터 더 좋은 평가를 받도록 먼저 노력해야 합니다. 정당의 이미지가 좋아지면 소속 정치인 개인의 이미지도 덩달아 좋아지기 마련입니다.

아홉째, 정당을 옮기는 것은 물론이고, 여기저기 계보를 옮겨 다니는 정치인은 결코 성공할 수 없습니다. 한번 결정을 내릴 때까지는 신중해야 합니다. 그러나 결정이 내려진 다음에는 어떤 어려움이 있더라도 경솔하게 바꾸거나 변덕스럽게 이곳저곳을 기웃거려서는 안 됩니다. 그런 사람은 가볍고 추해 보입니다. 납득할 만한 이유 없이, 소소한 이해

관계에 따라 거취를 결정하는 사람은 결코 조직이나 국민으로부터 신뢰를 받을 수 없습니다.

열 번째, 정치자금은 반드시 필요합니다. 물론 최선은 돈이 필요 없는 정치를 하는 것입니다. 그리고 정치인 스스로 늘 돈으로부터 청렴하려고 노력하여야 합니다. 그러나 정치는 또 현실이기도 합니다. 정치자금이 없으면 정치를 하기 어려운 상황에서는 정치자금을 확보하는 것 또한 하나의 능력입니다. 하지만 문제가 되는 돈을 만져서는 안 됩니다. 어디에 내놓아도 부끄러움이 없고 떳떳한 자금을 만들 줄 알아야 합니다. 공개적으로 후원회를 결성하여 모금하는 것은 매우 좋은 방법 가운데 하나입니다. 정치자금은 사사로운 일에 사용해서는 안 되며 사욕을 취하는 데 써도 안 됩니다.

정치에는 손쉬운 왕도가 없습니다. 원칙을 충실하게 지키고 방법을 현실에 맞춰 유연하게 취해야 합니다. 언제나 국민과 역사를 의식하고 거울 속에 비친 자신의 눈을 바로 보면서 하루하루를 성실하게 노력해 나가야 합니다. 왕도가 있다면 바로 이것이 왕도입니다. 이러한 진정한 왕도를 지킨 정치인은 그가 얼마만큼 높은 자리에 올라 현실적으로 성공했느냐의 여부에 관계없이 정치쟁이가 아닌 정치인으로서 영광을 누리게 될 것입니다.

삼상지학三上之學이라는 말이 있습니다. 그 삼상은 마상馬上, 침상枕上, 그리고 측상廁上입니다. 즉 '말 위'와 '베개 위'와 '화장실'에서까지 공부해야 한다는 것입니다. 나는 젊었을 때부터 어느 곳을 가든지 책을 들고 다녔고, 어디서든 조금만 시간이 나면 책을 펴 들었습니다. 지금은 습관이 되어서 애쓰지 않아도 그렇게 됩니다. 배우는 데에는 여행길이나 잠자리나 화장실의 구별이 있을 수 없습니다. 대학을 못 갔더라도 열심히 공부하면 대학 졸업한 사람보다 실력을 더 갖출 수 있다는 생각이 채찍이 되어 나를 앞으로 내몰았습니다.

내가 '대학 콤플렉스'를 어느 정도 극복하게 된 것은 6대 국회 때였습니다. 나는 무슨 일을 하든 완전하게 하고, 최고로 잘하려고 합니다. 그렇기 때문에 나는 치밀한 구상과 충분한 준비 없이 무슨 일을 해 본 적이 별로 없습니다. 그때는 나의 완벽주의가 더욱 발휘될 수밖에 없는 상황이었습니다. 나는 열심히 자료를 구해 보고 연구도 하면서 전력을 기울여 준비했습니다. 늦게까지 자료를 읽었습니다. 나는 지금도 마찬가지지만, 충분한 준비와 확고한 자신 없이 회의에 나가거나 발언하지 않습니다. 늘 핵심을 이야기하려 했고, 선명한 대안을 제시하며 비판하려고 했습니다. 대안을 제시한 비판, 비판을 위한 비판의 거부, 이것은 나의 전 정치 생활을 지배한 철칙이었습니다. 나의 성실하고 열정적인 자세는 좋은 결실을 맺었습니다.

나는 사물 전체와 부분을 같이 보고, 과거와 미래를 연결해서 예측하며, 시대의 흐름 속에서 내일의 변화를 보려고 애씁니다. 그리고 자유롭고 구속받지 않는 상상력으로 문제를 보고, 아이디어를 만들어 내려고 노력합니다. 그래서 비교적 사물을 제대로 보고 앞날을 예언해 왔습니다. 4대국 한반도 평화 보장, 3단계 통일 방안, 71년 대선 당시의 유신체제를 예언한 총통제 도래설, 3선개헌 직후부터 일관되게 예언했던 박 정권의 몰락, 80년 5·17군사쿠데타의 예언, 6·29 승리의 예측 등 많은 일이 있었습니다. 이 모든 것이 일정한 틀에 박히지 않은 나의 사고방식의 결과가 아닌가 생각됩니다.

혁명과 개혁은 다릅니다. 혁명은 법을 무시합니다. 개혁은 법을 지킵니다. 혁명은 과거를 따져서 사람을 처벌합니다. 그러나 개혁은 과거의 나쁜 법과 제도를 고치면서 사람은 용서합니다. 혁명은 국민에게 불안과 공포를 느끼게 하지만, 개혁은 희망과 안정을 줍니다. 혁명은 혁명 세력들이 국민을 강제로 끌고 가기도 하지만, 개혁은 국민 모두가 나아가는 방향과 자기가 얻을 몫을 알고 적극 협력하는 신바람 나는 자발적인 행위인 것입니다. 혁명은 원칙도 강경하고 방법도 강경하지만, 개혁은 원칙은 강하지만 방법은 유연합니다. 국민과 같이 가는 개혁에는 결코 실패가 없습니다.

나는 특정인 한두 사람만 존경하지는 않습니다. 누구든지 백성을 하늘같이 받들고 헌신하는 사람들, '행동하는 양심'이 되어서 무엇이 되느냐보다는 어떻게 사느냐에 힘쓰는 사람들, 성인聖人으로부터 길거리의 초동樵童에 이르기까지 배우되 그것을 내 것으로 재창조한 사람들, 이런 사람들을 존경해 왔고, 또 지금도 존경하고 있습니다.

나의 일생은 참는 일생이었다고 할 수 있습니다. 모진 탄압의 고통을 참아야 했고, 모함의 분노도 참아야 했습니다. 국회의원과 대통령 선거에서 되풀이되는 좌절도 참아야 했습니다. 가난과 고립도 참아야 했습니다. 몇 번이고 모든 것을 포기하려 했으며, 몇 번이고 분노를 터트릴까 생각했으며, 몇 번이고 좌절할 뻔했습니다. 그러나 나는 그 모든 것을 참고 견뎌 냈습니다. 그러다 보니 나는 참는 것을 통해서 진리를 터득하게 되었습니다. '오늘은 결코 어제가 아니다. 내일은 결코 오늘이 아니다. 세상은 반드시 변한다. 내일은 오늘의 고통이 감소되기도 하고, 축복으로 변하여 나타나기도 한다. 그러니 참는 데까지 참아야 한다. 참는 것이 축복이다.'

내 인생은 온갖 수모와 고통을 참고 견뎌 내도록 운명 지어진 것이었습니다. 육체적인 고통도 있었고 정신적인 고통도 있었습니다. 어쩔 수 없이 참은 경우도 있지만, 자발적으로 참아 낸 경우도 많았습니다. 그런 고통을 참아 내는 것쯤은 아무렇지도 않았다는 뜻이 아닙니다. 나는 슈퍼맨이 아닙니다. 연약한 육체와 제한적인 정신을 가진 인간에 불과합니다. 울분과 분노로 미칠 것 같은 심정이 되기도 했고, 수없이 많은 좌절감에도 빠졌습니다. 나를 견디게 해 준 것은 하느님과 역사와 국민에 대한 나의 철석같은 믿음이었습니다. 나는 아무리 어려운 사정에 빠져 있더라도 나를 지켜보고 있는 시선을 의식하지 않은 적이 없습니다. 그 시선은 하느님이었고, 또 국민이었습니다. '오늘만 참고 견디자. 그러면 내일은 새날이 온다.' 그러면서 이를 악물고 참았던 것입니다. 나는 그 때문에 어떤 어려움도 참고 이겨 낼 수 있었습니다.

빅터 프랭클Viktor E. Frankl은 유태인 수용소의 경우를 예로 들면서 "살아야 할 이유와 의미를 가지고 있었던 사람은 대체로 죽지 않았다."고 말했습니다. 사람은 살아야 할 의미를 갖지 못하면 참을 수 없기 때문에 죽는 것이고, 고통 그 자체 때문에 죽지는 않는다는 것입니다. 그의 의

미 요법은 수용소 체험에서 나온 것이어서 한층 호소력이 있습니다. 그의 발언에 기대어 나는 "사람은 참아야 할 이유와 의미를 가지고 있으면 결코 고통 때문에 포기하지는 않는다."라고 말하고 싶습니다.

진정한 사랑과 자비는 인내에서 나옵니다. 아무리 참기 어려운 모욕이나 멸시도 상대방의 입장에서 생각해 보면 이해할 수 있는 경우가 많이 있습니다. 우리가 다른 사람을 이해하지 못하는 것은 상대방의 입장에서 서서 생각해 보지 않기 때문인 경우가 많습니다. 도저히 참지 못할 일을 만났다고 여겨질 때, 자기 감정을 객관화시켜 상대방의 입장에서 생각해 보는 자세가 매우 필요합니다.

'정말 못 참을 일인가?' 하고 자문해 봅니다. 그래도 못 참겠다는 대답이 나오면 '그래, 딱 하루만 참아 보자.'라고 생각합니다. 내 경험에 의하면 하루가 지나고 나서까지 참기 힘든 일은 거의 없습니다. 그렇게 하루를 참고 나면 상대방의 입장을 이해하게 됩니다. 이해하면 용서하게 되고, 용서하면 화해하게 되며, 화해하면 사랑과 자비의 마음을 갖게 됩니다. 사랑은 오래 참는다고 했습니다. 오래 참는 마음, 그것이 사랑과 화합으로 가는 출발점입니다. 용서하게 되면 인생의 전투에는 지더라도 전쟁에서 이깁니다.

조급한 마음이 일을 그르치고 사람 사이의 관계를 삐그덕거리게 만듭니다. 우리는 좀더 넓은 시야를 가질 필요가 있습니다. 멀리 보는 사람은 눈앞의 일에 연연하지 않습니다. 전투에서 이기는 것도 중요하지만, 근본적인 것은 전쟁에서 이기는 것입니다. 전투에서 이겼더라도 전쟁에서 진다면 아무 소용이 없습니다.

좋은 친구를 사귀는 최고의 비결은 말을 경청하는 것입니다. 그냥 듣는 것이 아니라, 대화 상대자의 입장에서 같이 기뻐하고 같이 슬퍼하는 경청인 것입니다. 이런 대화 상대자를 좋아하지 않을 사람이 어디에 있겠습니까? 성공의 큰 비결 중의 하나는 남의 말을 경청하는 데 있다고 생각됩니다. 대화가 단절된 회의는 마치 벨트가 끊긴 기계처럼 의사전달의 벨트가 끊어져 버리고, 결국은 화해와 협력의 길이 막혀 버립니다.

민주주의는 일방통행이 아니라 쌍방통행입니다. 주고받고, 오고가는 것입니다. 대화의 요체는 수사학에 있는 것이 아니라 상대의 말을 잘 경청하는 심리학에 있습니다. 소크라테스는 "상대방의 말을 경청할 때 비로소 대화가 가능하다."고 말했습니다. 남의 말에 귀를 기울일 줄 모르는 사람은 대화의 실격자요, 인생의 실격자입니다.

우리는 해방 후 50년 동안, 특히 군사통치 30년 동안 대화 문화의 불모지대를 살아왔습니다. 거기에는 오직 권력자들이 밀어붙인 사이비 언술言術만이 있었고, 서로 상대방의 말을 경청하고 그 가운데서 일치점을 발견하려고 노력하는 진정한 언술의 대화는 없었습니다. 민주주의를 하려면, 국민이 단합을 하려면, 노사 문제를 원만히 해결하려면, 대기업과 중소기업이 협력하려면, 지역 대립을 해소하려면, 대화 문화의 발전이 절대로 필요합니다. 그리고 진정한 대화는 경청이란 것을 명심해야 할 것입니다.

인간의 특징 가운데 하나는 비판 능력에 있다고 할 것입니다. 인간은 비판을 통해서 사물에 대한 가치판단을 했고, 타인과 의사 교환을 함으로써 공동체 생활을 발전시켜 나갔습니다. 비판은 일정한 원칙 아래 사물을 체계적으로 분석하고 통합해서 잘못을 고치고 새로운 발전의 길을 모색하게 합니다. 비판은 국민들의 의사가 정치에 반영되게 하는 불가결의 매체입니다. 민주주의야말로 비판에 의해 시작되고 비판에 의해 완성됩니다. 제도적 비판의 창구가 없이는 민주주의가 살아남기 어렵습니다.

조선왕조의 일제에 의한 병합, 일제 36년의 차질 없는 통치, 해방 후 친일파의 재등장, 이승만과 군부에 의한 독재정치, 그리고 민주주의가 아직도 제대로 뿌리를 내리지 못한 것 등, 이 모든 것이 바로 비판 정신의 결여, 즉 행동하지 않는 양심 때문이란 사실을 우리는 부인할 수가 없는 것입니다.

비판에도 공적인 비판과 사적인 비판이 있습니다. 공적인 비판은 당당하게 공개적으로 해야 합니다. 그러나 사적인 비판은 그 방법이 달라야 합니다. 그러나 어떤 비판도 상대를 헐뜯는 데 그 목적을 두어서는 안 됩니다. 비판의 목적은 크게는 사회를 바로잡고, 작게는 상대방으로 하여금 잘못을 고쳐서 발전해 나가도록 하는 데 두어야 합니다. 그렇기 때문에 성실하고 공정한 비판 못지않게 중요한 것이 비판의 방법입니다. 비판은 상대방의 마음속에 수용되어야 제 몫의 기능을 합니다. 그렇지 못하면 아무런 유익이 없습니다. 따라서 먼저 상대방이 마음의 문을 열고 받아들일 수 있는 조건을 만들 필요가 있습니다.

나는 비판을 하면서 두 가지 원칙을 지켜 왔습니다. 하나는 먼저 상대방의 입장이나 장점을 인정해 주는 비판, 그리고 두 번째는 상대방의 인격을 훼손하지 않으면서 하는 비판입니다. 상대방의 입장이나 장점을 인정해 주지 않으면, 상대방은 비판을 자기에 대한 비난으로 생각하고 수용해 주지 않습니다. 상대방의 인격을 존중하는 비판이 되기 위해서는 다른 사람들 앞에서 비판하지 말아야 한다는 것입니다.

▶ 「새로운 시작을 위하여」, 1993. 12. 17. ◀

바르게 살면 성공한다고
자신 있게 말할 수 있는 세상을 만들겠다

21세기는 어떤 세기인가. 첫째, 21세기란 인류 역사상 최대 변혁의 세기이다. 지난 3백 년 동안 계속된 노동력에 의한 산업혁명의 세기로부터 이제 우리는 두뇌에 의한 지식 문명의 세기로 들어서고 있는 것이다. 둘째, 21세기란 오랜 대서양 시대에 종막을 고하고 아시아·태평양 시대로 들어가는 세기이다. 셋째, 21세기란 한편으로는 세계화의 길로, 그리고 다른 한편으로는 지방화의 방향으로 가면서 국민국가의 시대가 크게 후퇴하는 세기이다. 넷째, 21세기란 군사력 대신 문화가 경제와 더불어 가장 중요시되는 세기이다. 다섯째, 21세기란 민주주의가 동서를 막론하고 세계적으로 보편화되어 가는 세기이다. 여섯째, 21세기란 전 세계가 시장경제체제인 WTO 속에 하나로 연결되는 세기이다.

사회적 구성원의 상호 신뢰와 자발성은 사회 발전은 물론 정치·경제 발전의 원동력이다. 그러므로 정직하고 근면하고 유능한 자만이 성공하는 사회, 정의가 승리하고 땀이 정당한 보상을 받는 사회를 통해서 사회 구성원의 상호 신뢰와 자발성을 실현시키겠다. 청소년들에게 부모들이 "바르게 살아라. 그러면 성공한다."는 말을 자신을 가지고 할 수 있는 세상을 만들겠다.

여성의 권익을 지키고 가정의 안정을 보장하기 위해서 특별한 노력을 하겠다.

각기 4백만이 넘는 장애인과 노인들에 대한 국가와 사회의 지원을 우선적으로 실시하겠다.

나는 집권 즉시 남북정상회담을 열어서 모든 현안을 해결해 나가겠다.

북한에 대한 지원 정책도 지금같이 미국이나 UN 중심의 일변도가 아니라 한국의 주도적인 관여가 반드시 이루어져야 한다.

우리는 강력한 외교력, 경제력, 문화력으로 강력한 한국을 실현하여 세계 속에서 한국의 위상을 높이고 선두 국가의 대열에 진입해야 한다.

▶ 제15대 대통령선거의 국민회의 대통령 후보로 선출된 후 후보 수락 연설,
서울 올림픽체조경기장, 1997. 5. 19. ◀

4

명예 혁명,
국민의 정부

1998~2002

제15대 대통령 취임식 선서, 1998. 2. 25.

화해·협력·평화를 토대로
통일의 대로를 열겠습니다

저는 '국민에 의한 정치', '국민이 주인이 되는 정치'를 국민과 함께 반드시 이루어 내겠습니다.

민주주의와 시장경제는 동전의 양면이고 수레의 양 바퀴와 같습니다. 결코 분리해서는 성공할 수 없습니다. 민주주의와 시장경제를 다 같이 받아들인 나라들은 한결같이 성공했습니다. 그러나 민주주의를 거부하고 시장경제만 받아들인 나라들은 나치즘 독일과 군국주의 일본에서 보여 준 바와 같이 참담한 좌절을 당하고 말았습니다. 이들 나라도 제2차세계대전 후 민주주의와 시장경제를 같이 받아들여 오늘과 같은 자유와 번영을 누리게 되었습니다.

건강한 사회를 위한 정신의 혁명이 필요합니다. 인간이 존중되고 정의가 최고의 가치로 강조되는 정신 혁명 말입니다. 바르게 산 사람이 성공하고 그렇지 못한 사람은 실패하는, 그런 사회가 반드시 이루어져야 합니다. 고통도 보람도 같이 나누고, 기쁨도 함께해야 합니다. 땀도 같이 흘리고, 열매도 함께 거둬야 합니다. 저는 이러한 정신 혁명과 바른 사회의 구현에 모든 것을 바쳐 앞장서겠습니다.

우리는 민족문화의 세계화에 힘을 쏟아야 합니다. 우리의 전통문화 속에 담겨 있는 높은 문화적 가치를 계승, 발전시키겠습니다. 문화산업은 21세기의 기간산업입니다. 관광산업, 회의체 산업, 영상산업, 문화적 특산품 등 무한한 시장이 기다리고 있는 부富의 보고寶庫입니다.

중산층은 나라의 기본입니다. 봉급생활자, 중소기업, 그리고 자영업자 등 중산층이 안정되고 행복한 삶을 누릴 수 있도록 최선의 노력을 기울이겠습니다. '국민의 정부'는 여성의 권익 보장과 능력 개발을 위해서 적극 힘쓰겠습니다. 가정에서나, 사회에서나, 직장에서나 남녀 차별의 벽은 제거되어야 합니다. 청년은 나라의 희망이자 힘입니다. 그들을 위한 교육과 문화, 그리고 복지의 향상을 위해서 정부는 아낌없는 지원 대책을 세워 나가겠습니다.

남북 관계는 화해와 협력, 그리고 평화 정착에 토대를 두고 발전시켜 나가야 합니다. 분단 반세기가 넘도록 대화와 교류는커녕 이산가족이 서로 부모 형제의 생사조차 알지 못하는 냉전적 남북 관계는 하루빨리 청산되어야 합니다. 1,300여 년간 통일을 유지해 온 우리 조상들에 대해서도 한없는 죄책감을 금할 길이 없습니다. 남북문제의 해결의 길은 이미 열려 있습니다. 1991년 12월 13일에 채택된 남북기본합의서의 실천이 바로 그것입니다. 남북 간의 화해와 교류·협력과 불가침, 이 세 가지 사항에 대한 완전한 합의가 이미 남북한 당국 간에 이루어져 있습니다. 이것을 그대로 실천만 하면 남북문제를 성공적으로 해결하고 통일로 가는 대로를 열어나갈 수 있습니다.

반만년 역사가 우리를 지켜보고 있습니다. 조상들의 얼이 우리를 격려하고 있습니다. 민족 수난의 굽이마다 불굴의 의지로 나라를 구한 자랑스러운 선조들처럼, 우리 또한 오늘의 고난을 극복하고 내일에의 도약을 실천하는 위대한 역사의 창조자가 됩시다.

▶ 제15대 대통령 취임사, 서울 국회의사당 앞 광장, 1998. 2. 25. ◀

21세기는 전자전電子戰과
과학전科學戰의 세기

모든 국민은 지역과 계층과 세대의 차이 없이 국민의 안전과 국가 수호를 위해서 총단결해야 합니다. 그리고 국민과 국군이 하나가 되는 '민군일체民軍一體의 협력체제'를 확고히 구축해야 할 것입니다.

사기 높은 강력한 군대를 육성해야 합니다. 이를 위해서 군은 정치적 중립을 철저히 유지해야 합니다. 과거에 있었던 일부 군인들의 부끄러운 정치 개입을 반성하고, 두 번 다시 이와 같은 잘못된 역사를 되풀이하지 말아야 합니다.

군의 정보화와 과학화에 힘써야 합니다. 21세기는 전자전電子戰과 과학전科學戰의 세기가 될 것입니다. 이에 대한 만반의 대비야말로 국가 안보의 요체이며 승리에의 확실한 보장입니다.

▶ 육군사관학교 제54기 졸업 및 임관식 연설, 1998. 3. 16. ◀

21세기는 세계화 시대이며, 또한 해양의 시대입니다. 우리는 바다에 기초해서 국가의 발전을 도모해야 하는 새로운 세기를 맞이하고 있습니다. 바다를 제패한 자만이 세계를 제패할 수 있다는 말이 있습니다. 바다를 제대로 활용하는 나라만이 21세기의 승자로서 세계 무대에 등장할 수 있다고 믿습니다. 우리 국민은 바다를 통해 세계로 나아가는 그런 꿈을 가지고 있습니다. 그 꿈의 선두에 바로 해군 여러분이 서 있는 것입니다.

▶ 해군사관학교 제52기 졸업 및 임관식 연설, 1998. 3. 18. ◀

21세기는 아시아·태평양 시대입니다. 동북아가 그 중심이 될 것입니다. 우리의 지정학적 위치를 고려할 때, 전쟁 억제의 핵심 전력이자 현대전現代戰의 중심인 공군의 역할은 아무리 강조해도 지나치지 않을 것입니다.

▶ 공군사관학교 제46기 졸업 및 임관식 연설, 1998. 3. 20. ◀

육군사관학교 제55기 졸업 및 임관식에서 생도들과 함께. 1999.

우리 경제의 위기는 양적 성장만을
추구해서 온 필연적 결과

지금 우리 경제의 위기는 민주주의를 희생시킨 채 경제의 양적 성장만을 추구한 데서 온 필연적 결과입니다. 민주주의를 하지 않음으로써 정경유착과 관치금융, 부의 편중, 부정부패가 경제의 효율을 저해했고, 결과적으로 우리 경제의 구조적 기반을 병들게 했던 것입니다. 결국 이것이 국제경쟁력 상실로 이어져 외화를 벌어들이지 못하는 요인이 되었고, 그 때문에 국제 금융시장에서 부도 일보 직전까지 가게 되었던 것입니다. 따라서 우리가 당면한 경제위기를 근원적으로 타개하기 위해서는 민주주의와 시장경제를 함께 발전시켜 나가야 합니다.

경제개혁의 바탕은 무엇보다 우리 국민의 주인의식입니다. 나라의 운명을 스스로 책임진다는 주인 된 의식이 모든 노력의 원천이 되어야 합니다.

▶ '나라와 민족을 위한 기원법회' 연설, 서울 신라호텔, 1998. 4. 29. ◀

동서 화합이야말로 분열과 갈등을 극복하는 결정적 열쇠입니다

오늘날 '국경 없는 경제 전쟁 시대'를 사는 우리 모두에게 있어서, 국민의 화합은 그 무엇보다 우선하는 가치이며 좌우명이 되어야 할 것입니다. 국민적 화합에 의한 최선의 노력 없이는 정치도, 안보도, 특히 경제의 재도약을 기약할 수가 없는 것입니다.

우리는 해방 이후 지금까지 내부적으로 분열과 갈등의 역사를 살아왔다 해도 과언이 아닙니다. 남북으로 갈라져 동족상잔의 비극을 치르고도 동과 서로 갈라져서 서로 갈등을 겪고 있습니다. 이러한 분열과 갈등은 국가의 발전을 가로막고 국민 모두를 불행으로 빠뜨릴 뿐이며, 이것은 우리가 최근 수십 년의 역사 속에서 생생히 경험하고 있는 것입니다.

이제 우리는 분열과 갈등의 역사를 청산해야 합니다. 그리하여 당면한 국난을 극복하고 치열한 국제 경쟁에 대처할 수 있는 국민 화합의 시대를 우리 손으로 만들어야 합니다. 이를 위해서는 무엇보다도 동서 간의 화합이 중심축이 되어야 합니다. 동서의 화합이야말로 우리 사회의 분열과 갈등 양상을 치유하고 극복하는 결정적인 열쇠이기 때문입니다.

우리가 망국적인 지역감정을 버리고 서로의 권리와 능력을 존중하면서 함께 사는 열린 마음을 가질 때, 진정한 동서 화합이 이루어진다고 믿고 있습니다. 저는 이를 뒷받침하기 위해 '국민의 정부' 아래에서는 인재 등용과 지역개발에 있어서 어떠한 차별도 있을 수 없다는 것을 강조하고자 합니다.

우리는 지금 세계화 시대의 무한 경쟁 속에서 살고 있습니다. 전 국민의 힘을 합쳐도 극복하기 힘든 어려운 여건 속에 살고 있는 것입니다. 우리끼리 동이니 서니 하고 갈라져 있을 사치스러운 지역 대결이 용납되지 않습니다. 다 같이 뭉칩시다. 그리하여 국난을 극복하고 선진국 대열에 진입합시다.

▶ '제5회 나라와 민족을 위한 대구·경북 국가기도회' 연설, 대구시민회관, 1998. 4. 30. ◀

'교육 입국'은
구호가 아니라 진실입니다

문화적 긍지는 교육에서 나왔습니다. 교육 없이는 문화 수준이 올라갈 수 없다는 것은 두말할 필요가 없습니다. 그리고 이렇게 나라를 유지하는 데는, 문화적 수준뿐만 아니라 한恨이 우리를 지켜 주었습니다. 한이라는 것은 원한의 한이 아니라 민중들이 좌절된 소망을 안고 그것을 이룩하려는 몸부림의 한이라고 봐야 할 것입니다. 이것은 한국 사람만이 가지고 있는 독특한 정신입니다. '한'과 '멋'과 신명이라는 '신', 이 세 가지는 우리나라밖에 없는 정서라고 생각합니다.

우리가 다시 일어서려면 교육이 선두에 서야 합니다. 21세기는 20세기와는 판이하게 다른 시대가 될 것입니다. 이제 눈에 보이지 않는 지식이 좌우하는 정보산업시대로 들어가고 있습니다. 그렇기 때문에 나라가 크고 작은 것은 상관이 없습니다. 우수한 정보산업에서 새로운 발명을 해내고 새로운 아이디어를 낼 수 있는 사람이 많이 나오면 작은 나라도 미국을 능가하지 않겠습니까? 높은 교육 수준과 오랜 문화 전통을 가진 우리 민족이 이러한 지식과 정보산업을 주도할 소질을 가지고 있습니다.

아무리 속에 보물이 있어도 캐내지 않으면 보물이 아닙니다. 그것을 캐내는 것이 교육입니다. 20세기는 경제와 국방이 국력이었지만, 21세기는 경제와 문화가 국력입니다. 이제는 경제도 육체의 경제가 아니라 지식의 경제입니다. 교육이 필요합니다. 문화는 교육 없이 나올 수 없습니다. '교육 입국'이야말로 우리가 가야 할 길입니다. 교육 입국을 통해 '과학기술 입국'으로 나아가야 합니다.

이 나라를 일으킬 수 있는 원동력은 교육이 가지고 있다고 생각합니다. '교육 입국'은 구호가 아니라 진실입니다.

▶ '제17회 스승의 날' 모범 교원 훈·포장 및 표창 수여 후 오찬 말씀, 청와대, 1998. 5. 15. ◀

양심에 따라 옳게 행동하는
사람이 되어야 합니다

사람이 교육을 받는 목적에는 세 가지가 있습니다. 하나는 인격적으로 훌륭한 사람이 되려는 것입니다. 또 하나는 지식을 얻기 위해서입니다. 마지막으로는 튼튼한 체력을 갖도록 하기 위한 것입니다. 이것이 삼위일체가 되어야 전인교육이 되는 것입니다.

가장 기본적인 것은 훌륭한 사람이 되어야 합니다. 훌륭한 사람이 되었을 때 지식을 바르게 쓸 수 있습니다. 훌륭한 사람이 되지 않으면 자신의 지식을 올바로 사용하지 못하기 때문에 자기와 사회를 해치게 됩니다. 또한 훌륭한 사람이 건강해야 좋은 일을 많이 할 수가 있습니다.

훌륭한 사람이란 항상 자기 양심에 따라 무엇이 옳고 그르냐를 판단해서 옳은 대로 행동하는 사람입니다. 그중에서 가장 중요한 것은, 훌륭한 사람은 이웃을 위해서 산다는 것입니다. 집에서는 어머님의 일을 도와드리고, 학교에서는 친구들을 다정하게 대하고, 슬픈 일이 있거나 고통받는 친구가 있으면 위로해 주는 일을 할 수 있습니다. 그래서 남을 위하는 생활이 훌륭한 일입니다. 여러분이 자라면 좋은 사회가 되어 모든 사람이 행복하고 바르게 살 수 있는 세상을 만드는 데 노력해야 합니다. 이렇게 우리가 이웃을 위하면, 양심에 만족감을 느끼고 많은 사람들로부터 사랑받게 됩니다. 이처럼 이웃을 위해서 한 일이 내게로 다시 오게 되는 것입니다.

모두가 인생에 있어서 큰돈을 벌겠다, 국회의원이 되겠다, 학자가 되겠다고 해서 다 되는 것은 아닙니다. 그러나 여러분 모두가 이웃을 위해 살아가면 행복한 사람, 성공한 사람이 될 수 있습니다. 그러한 생각으로 학교에서는 선생님과 친구들을 위하고, 집에서는 가족과 이웃들을 위하고, 그리고 자라서는 사회를 위하는 훌륭한 사람이 되어 주기를 바랍니다.

▶ 도서벽지 어린이 216명 초청 격려 말씀, 청와대, 1998. 5. 26. ◀

청와대 녹지원에서 어린이들과 함께. 1998.

국회는 자신의 역할을 다했는지
항상 반성해야 한다

민주주의의 꽃은 의회민주주의입니다. 국회는 나랏일을 논의하는 토론장이자 국민의 이익을 보호하는 회의장이 되어야 합니다. 국회는 그런 자신의 역할을 충분히 다해 왔는지 항상 반성해야 할 것입니다.

국회는 스스로의 개혁에 주저해서는 안 됩니다. 국회는 정치개혁과 나라 안정의 중심이 되어야 합니다. 이 두 가지 과제를 충실히 수행할 때 국회는 국민의 지지를 받을 수 있을 것입니다.

▶ 국회 개원 50주년 기념식 연설, 서울 국회의사당 중앙홀, 1998. 5. 29. ◀

인간의 존엄성을 침해하는 모든 행위는
어떤 이유로도 정당화될 수 없다

지금 한국은 유엔 인권위원국의 당당한 일원으로서 인권 보호를 위한 국제적 노력에 동참하고 있습니다. 이 모든 결과는 한국 국민이 기나긴 고난과 고통의 순간 속에서도 민주주의와 인권을 향한 전진의 발걸음을 한시도 멈추지 않았기 때문입니다. 따라서 오늘의 이 인권상은 내가 받을 영광이 아니라 나와 함께 투쟁하며 민주주의를 쟁취해 낸 우리 한국 국민에게 돌아가야 할 영예라고 생각합니다.

인간의 존엄성을 침해하는 모든 행위는 어떤 이유로도 정당화될 수 없습니다. 지역적 특성이나 문화적 특수성이 인권침해를 합리화할 수 없습니다. 인권은 이미 역사가 증명해 온 우리 인류의 보편적 가치이기 때문입니다.

▶ 국제인권연맹 제정 '올해의 인권상' 수상 연설, 미국 뉴욕 월도프아스토리아호텔, 1998. 6. 7. ◀

평화와 안정을 위해서는
미군의 한국 주둔이 필요합니다

감옥에서도 제 생명에 대한 위협은 끊이지 않았습니다. 그러나 저는 독재정권에 협력하여 일신의 편안함을 추구할 수는 없었습니다. 결코 국민을 배신할 수 없었습니다. 그들이 저에게 이제 곧 죽을 것이라고 말했을 때, 사실 저는 죽음이 두려웠습니다. 그러나 끝까지 포기하지 않았습니다. 지금도 때때로 거울 속의 저 자신을 물끄러미 들여다보면서 깊은 상념에 잠깁니다. 그리고 40년에 걸친 수난의 세월을 어떻게 견디어 낼 수 있었을까를 생각합니다. 그 당시의 고뇌와 회의는 지금도 말로 표현하기 어려울 정도입니다. 몇 년 후, 저는 여러분의 위대한 지도자였던 에이브러햄 링컨Abraham Lincoln의 이야기를 알게 되었습니다. "나는 준비할 것이다. 그리고 언제가는 나에게도 기회가 올 것이다."라는 말의 참뜻을 알게 되었던 것입니다.

동북아시아는 군사적으로나 경제적으로나 세계에서 매우 중요한 지역 중의 하나입니다. 미국·일본·중국·러시아 등 4대국이 이 지역에 이해관계를 가지고 있습니다. 이들 4대국 사이에 둘러싸여 있는 한국의 국익과 안전은 이들 나라들에 의해 크게 영향을 받고 있습니다. 미군이 한국을 포함한 동아시아에 계속 주둔하는 것이 이 지역의 평화와 안정에 긴요하고 미국의 국익에도 부합한다고 저는 확신합니다.

한국 경제가 이렇게까지 악화된 원인은 분명합니다. 그것은 제 전임자들이 민주주의와 시장경제를 실천하지 않았기 때문입니다. 민주주의는 없었고, 정경유착과 관치금융이 있었을 뿐입니다. 부정부패가 만연했습니다. 비정상적인 대출 관행들이 우리나라 은행과 기업들의 체질을 약화시켰던 것입니다.

한국은 할 수 있습니다. 우리는 전쟁의 폐허 속에서 일어나 30년간의 노력 끝에 한국을 주요 경제대국으로 성장시킨 적이 있습니다. 우리는 그런 잠재력을 가지고 있습니다. 우리는 생동력을 가지고 있습니다.

지금 아시아 각국은 큰 교훈을 배우고 있다고 생각합니다. 그것은 민주주의가 없이는 진정한 시장경제가 있을 수 없고, 시장경제의 활성화 없이는 세계화 시대의 경쟁력을 갖출 수 없다는 사실입니다. 이제 세계와 아시아의 많은 사람들이 민주주의와 시장경제는 함께 발전할 수 있고, 또 발전해야 한다는 데 동의하기 시작했습니다.

▶ 미국 의회 상·하원 합동회의 연설, 미 의사당 하원 본회의장, 1998. 6. 10. ◀

마침내 제6의 혁명인
'지식혁명의 시대'로

우리는 올해로 건국 50주년을 맞았습니다. 우리 민족에게 지난 50년은 수난과 극복의 연속이었다고 할 것입니다. 그리고 앞으로의 21세기는 우리가 일찍이 경험하지 못한 큰 도전과, 여기에 응전해 나가야 하는 민족의 대大드라마가 펼쳐지는 시대가 될 것입니다.

전쟁이 끝난 뒤 우리 국민은 독재정치와 권위주의에 대해 끈질긴 투쟁으로 저항했습니다. 이승만 정권의 12년 독재를 1960년 4·19혁명으로 종식시켰고, 5·16군사쿠데타에 의한 군사독재도 반독재 민주화 투쟁으로 무너뜨렸습니다. 1979년 12·12군사쿠데타와 함께 또다시 등장한 군사독재를 1980년 5·18 광주 항쟁이라는 비극적인 국민 항쟁으로 막아선 이래, 민주화의 투쟁과 헌신은 1987년 6월 항쟁으로 나타나 다시한번 독재를 극복하였습니다. 1990년 3당 합당을 통한 또 다른 독재적 통치를 겪으면서도 국민의 민주주의에 대한 열망과 노력은 계속되었습니다. 참으로 긴 세월 동안 국민의 끈질긴 투쟁이 그 수많은 역경을 극복하고 혁혁한 승리를 거두게 된 것입니다.

경제적으로는 온 국민의 결의와 노력으로 6·25의 폐허에서 세계 11위의 국가로 발전하는 '한강의 기적'을 이룩했습니다. 그러나 정경유착, 관치금융, 부정부패, 그리고 중소기업과 농촌의 몰락 등은 심각한 경제위기를 불러왔고, 특히 외환위기는 국가를 파산 지경에 이르게 하고 말았습니다. 우리 국민은 이 난관을 이기고자 다시 일어나서 다급한 외환위기로 인한 국가파산을 막고, 지금 새로운 경제 건설에 나서고 있습니다.

'국민의 정부'는 민주주의와 시장경제를 병행, 발전시켜 나가는 올바른 정책을 추진하고 있습니다. 우리나라에는 완전한 민주주의와 더불어 세계와 겨뤄서 승리할 수 있는 시장경제가 뿌리내릴 것입니다.

다가올 21세기는 인류 역사상 최대의 혁명을 가져올 새로운 도전과 응전의 시대가 될 것입니다. 인간의 종種이 태어난 혁명적 사건 이후 이 지구상에는 농업혁명·도시혁명·사상혁명, 그리고 산업혁명 등 인류사의 5대 혁명이 있었습니다. 이제 마침내 제6의 혁명인 '지식혁명의 시대'로 들어가고 있습니다. 이 엄청난 혁명에 어떻게 응전하느냐에 따라서 우리 민족의 앞날이 좌우될 것입니다.

21세기는 물질 중심의 20세기와는 달리 무형의 지식과 정보, 인간의 두뇌가 국가경쟁력의 핵심적 요소이기 때문에, 우수한 인재를 많이 확보한 나라가 세계를 지배하는 시대가 될 것입니다. 하드웨어의 시대로부터 소프트웨어의 시대로 세계는 바뀌어 가고 있습니다. 이러한 변화에 대응하기 위해서는 권위주의적 구태를 벗어나 민주주의를 철저히 해야 합니다. 민주주의만이 언제나 어디서나 누구나 자유롭게 정보를 공유하게 함으로써 높은 경제적 부가가치를 창출할 수 있는 사회를 만들 수 있습니다.

21세기는 국민경제 시대를 벗어나 '세계경제의 시대'로 변화합니다. 국경 없는 무한 경쟁의 세계화 시대에는 가장 좋고 가장 값싼 물건을 만드는 나라, 가장 좋은 서비스를 제공하는 나라, 그리고 정보화를 통해서 전 세계와 연결된 나라만이 살아남을 수 있습니다.

우리는 민족주의를 계속 유지하려는 도전에 대해 '세계주의'로 나아가는 슬기로운 응전을 해야 합니다. 우리나라도 세계 국가의 일원으로서, 모든 국민도 세계인으로서의 응전을 하지 않으면 많은 어려움을 겪게 될 것입니다. 하루속히 세계화를 이룩해 나가야 합니다.

21세기에는 '문화의 시대'가 열립니다. 문화를 기간산업으로 육성해 문화 시대의 도전에 적극적으로 응전을 해야 합니다. 우리 민족은 높은 교육 수준과 우수한 문화적 자질을 가지고 있는 21세기 문화 시대에 가장 적합한 민족임을 자각하고 이에 응전해 나가야 합니다.

21세기는 교육의 성공 여부가 국가 운명을 좌우하는 '교육의 시대'입니다. 우리 교육은 다양하고 창조적인 교육, 인성 도야와 체력 증강이라는 삼위일체의 전인교육으로 변화해야 합니다. 실력 위주로 성공과 실패가 좌우되는 사회를 만드는 그러한 교육을 추진해야 하겠습니다.

건국 50년은 하나의 매듭입니다. 역사에 일찍이 없었던 중대한 전환점이자 혁명적인 매듭의 시점입니다. 우리는 이러한 중차대한 시기에 21세기 선진 국가를 향한 모든 도전에 적극적으로 응전해 나가야 하겠습니다.

▶ 대한민국 정부 수립 50주년 기념 말씀, 청와대 홈페이지, 1998. 6. 16. ◀

우리의 교육은
철저한 인성교육이 되어야 합니다

범죄 예방을 위해서는, 첫째 정직하고 근면한 사람이 성공하는 사회를 만들어야 합니다. 그래야 바르게 사는 데 대한 희망을 갖게 됩니다. 그래야만 범죄자들이 사회 부조리를 자신의 범죄를 합리화하는 데 악용하는 것을 막을 수 있습니다. 여기에는 정치의 책임이 가장 크다고 생각합니다.

지금까지 이 나라에서는 바르게 산 사람보다는 그렇지 못한 사람이 성공하는 예가 더 많았다는 것이 사회 상식이었습니다. "유전有錢이면 무죄고, 무전無錢이면 유죄"라는 말까지 나도는 상황이었습니다. 이러한 사회풍토를 일신하지 않고서는 범죄는 없어지지 않습니다. 둘째는 권력이나 재산을 가진 지도층이 먼저 모범을 보여야 합니다. 이들이 비리를 저질러서 국민으로부터 빈축을 사고도 어떠한 제재도 받지 않는다면 범죄는 줄어들지 않습니다.

불로소득자에 대해서는 엄격한 제재를 가해야 합니다. 우리 사회에는 투기나 혹은 불법·부당한 방법으로 취득한 엄청난 부를 가지고 사치, 낭비를 일삼는 사람들이 적지 않습니다. 이런 사회는 국민을 절망하게 만들 뿐만 아니라, 수많은 젊은이나 생활고에 시달리는 사람들을 자포자기하게 만들고, 범죄에 대해서도 무감각하게 만듭니다.

기성세대는 청소년들의 범죄에 대해서 책임을 져야 합니다. 청소년들의 범죄를 없애기 위해서는 가정과 학교, 사회, 정부 4자가 일체가 되어서 범죄 환경을 제거하는 등 청소년들을 보호하고 선도해야 합니다. 우리는 범죄를 저지른 학생도 얼마든지 선량한 학생으로 다시 바꿀 수 있다는 확신을 가져야 합니다. 이는 대안학교의 놀라운 성과를 보더라도 알 수 있습니다.

범죄를 예방하는 데 교육의 힘은 막중합니다. 학교교육뿐만 아니라 사회교육의 역할도 중요합니다. 교육의 목표는 사회적 지위가 높아지거나 부자가 되는 것이 아니라, 바르게 살면서 이웃과 사회, 나아가 국가를 사랑하는 것이 진정한 행복임을 깨닫게 하는 것입니다. 우리 모두가 한 번쯤 체험해 본 일이지만, 그런 삶이야말로 개개인의 양심에 다시없는 충족감과 보람을 가져다주기 때문입니다. 그런 의미에서 우리의 교육은 철저한 인성교육이 되어야 합니다. 자신의 인생은 자신이 책임질 수 있게 해야 합니다. 양심에 따라 살면서 이웃에 봉사하는 일, 그것만이 인생의 행복이라는 것을 깨닫게 하여 자신의 인생을 소중히 여기도록 가르쳐야 합니다.

▶ '98 범죄 예방 자원봉사 한마음대회' 연설, 과천시민회관, 1998. 7. 1. ◀

'절반만이 성공할 수 있었던 사회'를
'남녀 모두가 성공하는 사회'로

21세기는 여성의 섬세한 감각과 예민한 직관력이 더욱 빛을 발할 수 있는 그런 시대입니다. 육체적 힘이 경제를 이끄는 것이 아니라 창의적인 아이디어가 경제를 좌우하는 시대에 남녀 간의 차별이란 국가 발전을 가로막는 장애물일 뿐이라고 생각합니다. 그런 의미에서 여성의 힘을 끌어내는 일이야말로 국가 발전의 주요한 전략이 되어야 할 때입니다. 또한 여성의 인권 신장이 없이 민주주의의 발전은 있을 수 없습니다. 여성의 인권이 보장되고 여성의 능력이 발휘될 수 있는 사회가 바로 민주주의 사회입니다. 50년 만의 여야 간 정권교체를 통해 '여성의 권익 향상과 민주주의가 함께 발전'할 수 있는 토양이 마련되었습니다.

'국민의 정부'는 여성의 인권과 권익 향상에 많은 관심과 애정을 가지고 노력하고 있습니다. 우선 대통령 직속으로 여성문제를 전담하는 '여성 특별위원회'를 최초로 설치하였습니다. 이는 여성과 함께 발전하려는 '국민의 정부'의 강력한 의지입니다. 정부는 여성특별위원회를 중심으로 '남녀가 더불어 사는 사회'를 만들어 가는 데 최선을 다할 것입니다.

'절반만이 성공할 수 있었던 사회'를 '남녀 모두가 성공하는 사회'로 만들어 갈 것입니다. 흔히 "여성은 세상의 절반"이라고 합니다. 세상의 절반을 도외시할 때 나라의 발전도 사회의 성공도 있을 수 없음은 자명한 일입니다. 우리 여성들이 자신의 창의성과 잠재력을 최대한 발휘할 수 있을 때 당면한 국가 위기도 보다 손쉽게 극복할 수 있을 것이라고 확신하고 있습니다. '국민의 정부'는 '여성의 발전이 곧 국가의 발전'이라는 사명감을 갖고 여성의 힘이 제대로 발휘될 수 있는 그런 사회를 만들어 갈 것입니다.

▶ '제3회 여성주간 기념식' 연설, 서울 프레스센터 국제회의장, 1998. 7. 3. ◀

한일 두 나라는 '과거를 직시'하면서 '미래지향적 관계'를 만들어야 합니다

저는 지난 반세기 동안의 정치 역정에서 다섯 번의 죽을 고비를 넘겼습니다. 6년을 옥중에서 보냈으며, 10년 이상 가택연금과 망명 생활을 강요당했습니다. 저는 폭력을 일삼던 군사독재와 온몸으로 싸우면서 인권과 평화의 소중함을 깨달았습니다. 기적은 기적적으로 이뤄지지 않습니다. 한국의 민주화, 특히 한국 헌정사상 최초의 평화적 정권교체는 한국 국민의 피와 땀으로 이루어진 기적입니다.

이제 한일 두 나라는 과거를 직시하면서 미래지향적인 관계를 만들어나가야 할 때입니다. 과거를 직시한다는 것은 역사적 사실을 있는 그대로 인식하는 것이고, 미래를 지향한다는 것은 인식된 사실에서 교훈을 찾고 보다 나은 내일을 함께 모색한다는 뜻입니다. 일본에게는 과거를 직시하고 역사를 두렵게 여기는 진정한 용기가 필요하고, 한국은 일본의 변화된 모습을 올바르게 평가하면서 미래의 가능성에 대한 희망을 찾을 수 있어야 합니다.

많은 동서양의 식자識者들이 '아시아적 가치'라는 것을 말하면서 아시아에서는 서구식 민주주의가 적합하지 않다거나 시기상조라는 말을 해 왔습니다. 그리고 이런 주장은 권위주의적 통치와 관치 경제를 합리화하는 데 쓰였습니다. 그러나 이런 주장은 분명한 오류입니다. 아시아에도 서구 못지않은 인권 사상과 국민주권 사상이 있었으며 그러한 전통도 있었습니다.

맹자孟子는 "임금은 하늘의 아들, 즉 천자天子다. 천자는 하늘의 뜻에 따라 백성에게 선정善政을 베풀 책임이 있다. 만일 이를 거역하고 백성에게 악정惡政을 한다면 백성은 하늘을 대신해서 일어나 그 천자를 몰아낼 권리가 있다."고 말한 바 있습니다. 이는 서구 근대 민주주의의 기초를 세운 존 로크John Locke보다 2천 년 전에 이미 맹자가 주장한 사상인 것입니다.

부처님은 "천상천하유아독존天上天下唯我獨尊"을 외치면서 인간의 존엄성을 강조했으며, "일체중생이 평등하다."고 선언한 바 있습니다. 우리 한국에도 그러한 전통이 있었습니다. 동학東學이라는 민족종교의 창시자들은 "사람이 곧 하늘이다.", "사람 섬기기를 하늘같이 하라."고 했습니다.

서구의 강물에 설치된 수력발전기에서 전기가 생산되듯이 같은 발전기를 아시아의 강물에 설치해도 전기는 생산됩니다. 우리 아시아에서도 민주주의는 본질적인 것이었습니다.

한일 양국은 민주주의와 시장경제라는 보편적 가치를 증진시키는 데 모범이 됨으로써, 정치적·경제적으로 아시아·태평양 시대를 선도하는 주역이 될 수 있다고 확신합니다. 또한 한일 양국은 아시아 지역의 인권과 민주주의 신장을 위해 공동의 노력을 아끼지 말아야 합니다. 아울러 환경, 마약, 빈곤 문제 등 범세계적 과제에서도 우리 두 나라는 서로 협력해 나가야 할 것입니다.

동북아 지역은 세계에서 가장 주목받고 있는 역동적인 역사의 현장입니다. 현 단계에서 동북아 지역의 안정과 번영을 위한 열쇠는 한반도에 평화를 뿌리내리는 것입니다. 저는, 한반도에서는 통일에 앞서 남북한 간의 평화와 협력이 무엇보다도 중요하다고 생각합니다.

저는 우리 한국 국민에게 "외국 자본도 우리나라에 투자하면 우리 기업이다. 지금은 자본 소유주의 국적이 문제가 아니라, 그 기업이 어디에 투자하고 있느냐가 중요하다. 이제는 외국 자본을 환영하고 적극적인 협력을 아끼지 말아야 한다."고 설득해 왔습니다.

우리 두 나라는 모두 막강한 인적자원을 가지고 있습니다. 우리 두 나라에는, 문맹률이 제로에 가까우며 높은 교육 수준과 근면성을 지닌 국민이 있습니다. 또한 동서양의 문화에 대해 깊고 균형 잡힌 식견을 가지고 있는 지식인들이 있습니다. 그리고 서구에서 시작한 민주주의와 시장경제를 자기의 토양에 뿌리내리게 한 정재계의 지도자들이 있습니다. 우리 양국이 좋은 이웃, 좋은 친구로서 함께 손잡고 21세기를 개척해 나가는 데 극복하지 못할 장애는 없을 것입니다. 오직 두 나라 정부와 국민들의 강력한 실천 의지가 요청될 뿐입니다. 1,500여 년에 걸친 한일 교류의 역사가 우리를 지켜보고 있습니다. 우리 양국은 깊고도 오랜 교류의 역사만큼이나 폭넓고 활발한 협력의 역사를 만들어 나가야 합니다. 세계화를 지향하는 우리 모두의 미래는 양국 국민의 우호와 친선을 기다리고 있는 것입니다. 이번 저의 일본 방문이 이러한 양국의 국민적 기대와 시대적 요청에 부응하여, 21세기의 한일 동반자 관계를 구축하는 튼튼한 초석이 될 것을 바라 마지않습니다.

▶ 일본 국회 연설, 일본 국회 참의원 본회의장, 1998. 10. 8. ◀

모든 국가는 '자국의 이익'을 위해 경쟁하되, '공동의 이익'을 위해 협력해야 합니다

중국과 한국은 과거 2천 년 이상 세계 어느 나라보다도 지리적으로나 역사적으로, 그리고 문화적으로 서로 긴밀한 관계를 유지해 왔습니다. 그리고 과거 냉전시대를 거치면서 불행한 관계에 있었던 시기도 있었지만, 우리 양국 관계는 지극히 평화적이며 협력적이었습니다. 특히 한국은 중국으로부터 2천 년 동안 정치·경제·종교·문화 등에서 지대한 영향을 받았습니다. 그러나 우리 민족은 과거 중국이 그랬던 것처럼 이것을 반드시 한국적인 것으로 발전시켰습니다. 불교를 받아들여 해동 불교海東佛教로 발전시켰고, 유교를 받아들여 조선 유학으로 심화시키는 등, 중국에서 받아들인 윤리와 문화의 모든 부문을 우리 것으로 더욱 발전시키고 유지해 왔던 것입니다.

한국과 중국은 근대에 들어와서 다 같이 제국주의 열강의 침략을 받았습니다. 그러나 양국은 모두 불행했던 과거를 떨쳐 버리고 민족의 해방과 자주를 찾았으며, 새로운 번영과 발전을 위한 역사의 전진을 위해 일어서고 있습니다. 우리 양국은 같이 협력하여 21세기의 세계사를 이

끌어 가는 든든한 동반자가 되어야 합니다.

이웃 나라가 발전할 때 상호 협력과 경쟁 속에 자신도 함께 발전할 수 있는 동반 상승의 기회가 주어진다고 생각합니다.

모든 국가는 한편으로 자국의 이익을 위해서 경쟁하되, 다른 한편으로는 공동의 이익을 위해서 협력해야 합니다. 특히 중·미·일·러 등 4대 강국과 남북한의 이해가 교차하는 동북아 지역에 살고 있는 우리 모두는 공동 운명체라는 인식 아래, 이제 선의의 경쟁과 협력의 역사를 만들어 가야 합니다.

이제 21세기를 동북아의 공존과 공영의 세기로 만들기 위한 협력의 기틀을 마련해 나가야 합니다. 동북아 평화와 안정의 핵심은 한반도의 평화에 있습니다.

▶ 베이징대학교 연설, 중국 베이징, 1998. 11. 12. ◀

사회의 모든 분야에서
새로운 의식 개혁이 일어나야 합니다

대부분의 사람들이 한국 경제에 대하여 낙관적인 견해를 피력할 때도 저 자신은 우리가 가지고 있던 문제들을 끊임없이 제기해 왔습니다. 그 하나는 경제발전에 상응하는 민주주의의 발전을 소홀히 한 점이었습니다. 민주주의 없이는 투명하고 공정하며 경쟁력 있는 시장경제의 발전을 기대할 수 없습니다. 건전한 시장경제 없이 억압적인 구조 속에서 이룩된 경제성장은 일시적인 현상일 뿐이지, 결코 건실하고 항구적인 것은 되지 못한다는 것이 저의 일관된 주장이었습니다. 그것은 민주주의와 시장경제는 수레의 양 바퀴나 동전의 양면과 같다는 저의 오랜 지론에 근거한 것이었습니다.

한국이 산업화를 본격적으로 시작한 1960년대 초에는 단기간에 발전을 이루기 위해 정부가 적극적인 역할을 수행했습니다. 정부가 자원을 동원하고 투자와 분배에 결정권을 행사함으로써 단기간에 상당한 성과를 올릴 수가 있었습니다. 반면 정부가 그러한 자의적이고 막강한 권한을 행사할 수 있었던 것은 정권이 민주주의를 억압하고 권위주의적 통치를 했기 때문이었습니다. 권위주의적 통치는 부족한 자원을 소수 특정 부문에 집중시키거나 이해利害 갈등을 억제하기 때문에 단기적으로는 매우 효과적인 것처럼 보일 수 있습니다. 아시아의 개발 독재자들이 그러한 길을 걸어온 것입니다. 하지만 그 성장의 배후에는 도덕적 해이와 비효율, 그리고 관료적 경직성과 정실주의情實主義가 만연하게 됩니다. 또한 지역 및 계층, 산업, 그리고 빈부 간의 격차가 큰 문제로 대두되었습니다. 공정하고 투명한 경쟁 질서가 확립되지 못하여 경제력 집중이 심화되었고, 관치금융이 횡행하여 금융산업이 낙후되었습니다. 견제와 균형의 제도가 없었기 때문에 그런 폐해는 계속 쌓여 왔던 것입니다.

만약 한국이 처음부터 민주주의와 시장경제를 병행, 발전시켰다면 정경유착과 관치금융, 그리고 엄청난 부정부패의 여지를 막고, 투명하고 건전한 경제가 힘차게 발전하여 세계시장의 경쟁에서 승리할 수 있었을 것입니다. 그랬다면 우리를 고통 속에 몰아넣은 파멸적인 외환위기는 피할 수 있었을 것입니다.

개혁은 지난한 과정일 수밖에 없습니다. 개혁은 낡은 질서를 극복하여 새로운 사회질서를 만들고 새로운 삶의 양식을 찾아가는 과정이기 때문입니다.

개혁은 법과 제도를 고치는 것만으로는 충분하지 못하고, 국민의 의식과 관행의 변화가 따라 주어야만 성공할 수 있다는 것이 바로 그것입니다.

이제 사회의 모든 분야에서 새로운 의식 개혁이 일어나야 합니다. 첫째는 과거 수십 년 동안 내려온 부패, 부조리, 비능률, 적당주의, 각종 이기주의 등이 청산되어 민주시민으로서의 책임과 권리 의식이 고조되고, 공정한 경쟁력에 의해서 성패가 좌우되는 시장경제에 대한 믿음이 확립되어야 합니다. 그리고 둘째는 21세기의 대격변기에 대처하는 전 국민의 지식인화가 필요하며, 세계화·과학화·정보화 시대를 기회로 활용할 수 있는 의식 개혁 또한 이루어져야 합니다. 우리는 이와 같은 교훈을 받아들여 국민적 의식 개혁을 지향하는 '제2의 건국' 운동을 시작했습니다.

'제2의 건국' 운동은 국민 모두가 국정 개혁의 주체로 참여하는 범국민적 운동입니다. 우리 한국은 21세기 세계에서 우뚝 서는 나라를 만들기 위해 모두가 전력을 다할 것입니다. '참여하자, 다시 뛰자'는 캐치프레이즈 아래 의식 개혁 운동은 끊임없이 진행될 것입니다. 되풀이 강조하지만, 이러한 의식 개혁으로 우리는 20세기로부터 물려받은 부정적 요소를 총체적으로 청산할 것입니다. 그리고 21세기를 지향하여 전 국민의 신지식인화와 전 국민의 세계인화를 추구하면서, 세계 속에서 미래를 개척하기 위한 의식 개혁을 이룰 것입니다. 이러한 의식 개혁 운동은 민간이 주도하고 정부가 참여하되, 민관이 하나 되어 추진해야 합니다. 실제 관官이 적극적으로 참여해야만 깨끗하고 능률적이며 봉사하는 정부를 만들 수 있습니다. 의식 개혁의 기본에는 민주주의와 시장경제라는 철학이 확고하게 자리 잡고 있어야 할 것은 두말할 필요가 없습니다.

이제 민족주의의 시대는 가고 있습니다. 세계경제가 민족의 테두리 안에 안주하기에는 너무도 커졌고, 한 민족이 이기적 독점을 허용하지 않게 되었습니다. 세계무역기구WTO 체제는 세계경제가 민족 규모에서 세계적 규모로 확대되었음을 의미합니다. 이제 세계는 경제적 국경이 급격히 철폐되어 가는 과정에 있습니다. 그리하여 최근의 국제 금융위기에서 본 바와 같이, 한 나라에서의 금융위기가 전 세계에 걸쳐 영향을 미치고 있습니다.

어떠한 나라도 혼자만 안전하고 자유로울 수 없습니다. '하나의 세계' 시대가 도래하고 있는 것입니다. 그러므로 오늘의 세계경제는 한편으로는 경쟁하고 한편으로는 협력하지 않으면 안 됩니다. 교통·통신의 비약적 발전이 세계화를 촉진하였으며, 특히 정보매체에 의한 정보의 순간적인 교환이 가능해짐으로써 전 세계가 지식과 정보를 공유할 수 있게 되었습니다. 60억에 달하는 세계 인류는 모든 면에서 오랜 민족주의의 낡은 껍질을 벗고 새로운 보편적 세계화의 테두리 속으로 들어가고 있습니다. 경제가 세계화되고 교통·통신·정보가 세계화되고 있습니다. 문화도 세계화되고 있습니다. 모든 것이 세계화를 향해서 쉬지 않고 전진하고 있습니다.

21세기는 세계의 모든 나라가 빠짐없이 민주주의를 향유하는 진정한 민주화의 시대가 될 것입니다. 보편적 세계주의에 적응하기 위해서 한국은 민주주의를 철저히 실천하여 사상과 정보가 자유롭게 교류되게 하고자 합니다. 시장경제를 충실히 이행하되 경제의 모든 분야가 세계와 경쟁하고 협력하도록 하겠습니다. 진정한 시장경제는 철저한 기회

균등과 공정한 삶을 모든 사람에게 보장해 주기 때문입니다. 무엇보다 문화의 교류를 촉진시켜 인류 상호 간의 이해와 우정을 강화하도록 할 것입니다. 그리고 전쟁·빈곤·범죄·마약의 퇴치와 환경보전을 위해서 세계 모든 나라의 사람들과 협력할 것입니다.

우리 모두는 하나밖에 없는 지구를 생명같이 아끼고 모든 인류가 이 지구상에서 안전하고 평화롭고 행복하게 사는 그러한 보편적 세계주의를 위해서 적극 협력해야 할 것입니다. 한국은 세계와 같이 가고 세계와 협력해 나감으로써 인류의 평화와 번영과 복지에 적극 공헌하는 도덕적 강국이 되고자 최선을 다할 것입니다.

▶ '민주주의와 시장경제' 국제회의 기조연설, 서울 롯데호텔,1999. 2. 26. ◀

3·1운동은 일제마저 배척하지 말라는 도의적 윤리 운동이었다

3·1독립운동은 우리나라와 민족에게 있어서, 또한 세계사에 있어서 참으로 큰 역사적 의의를 갖고 있습니다. 3·1운동은 첫째로 우리 민족 내부의 역량을 결집한 범국민운동이자 민중이 궐기한 민중운동이었습니다. 이 운동을 통해서 우리 민족은 하나로 뭉쳤으며, 스스로의 커다란 저력을 확인했습니다. 또한 3·1운동은 최초의 입헌 민주공화 정부인 상해 임시정부를 태동시킨 계기가 되었습니다. 그 이후 26년간 끊임없이 독립투쟁을 전개했던 상해 임정의 법통을 이어받아 우리 대한민국이 건국되었던 것입니다. 뿐만 아니라 3·1운동은 약소 식민지 국가들의 독립운동을 점화시킨 선구적 민족운동이자 비폭력 평화운동이었습니다. 3·1운동에 영향을 받아 중국과 인도, 인도차이나, 필리핀, 아랍 등 세계 각지에서 자주독립과 민족자결의 외침이 들불처럼 번져 나가게 되었던 것입니다.

3·1운동의 또 다른 의의는 이 운동이 인권과 자유, 평등이라는 민주주의적 가치를 선양하고, 주권을 빼앗은 일제마저 배척하지 말라는 도의

적 윤리 운동이었다는 데 있습니다. 자유를 억압하고 인권을 유린한 일제에 맞서 인간의 존엄성과 민족의 자존을 당당히 선언함으로써, 세계 모든 인류가 추구할 보편의 가치와 비전을 제기하였습니다. 이러한 3·1운동의 정신과 기개는 나라가 위기와 어둠 속에 처할 때마다 우리 민족의 앞길을 밝히는 햇불이 되었고, 다시 일어서고자 하는 우리에게 용기와 희망의 버팀목이 되어 왔습니다.

▶ 3·1독립운동 기념탑 제막식 축사, 서울 장충동, 1999. 3. 1. ◀

4·19혁명은 냉철한 지성에서
우러난 자기희생의 혁명

4월 혁명은 민주주의의 신념 아래 철저히 비폭력으로 일관한 혁명이었습니다. 4월 혁명은 단순한 혈기나 정열 때문이 아니라 냉철한 지성과 자각에서 우러난 자기희생과 헌신의 혁명이었습니다. 그리고 세계사에 그 유례를 찾아보기 어려운 성공적인 민주주의 혁명이었습니다.

오늘 우리에게 4월 혁명은 더없이 귀중한 교훈을 던져 주고 있습니다. 나라의 진정한 주인의식을 갖고 올바르게 개혁하고자 하는 결의에 차 있는 국민이 있는 한, 그리고 이를 위해서는 자기희생을 무릅쓰고 행동하는 국민이 있는 한 그 나라는 희망이 있다는 사실을 다시금 깨닫게 됩니다. 민주주의는 지키는 자만의 재산입니다.

지금이야말로 '민주와 정의, 그리고 개혁'이라는 4월 혁명의 정신을 교훈으로 삼아 재도약의 큰길을 열어야 합니다.

▶ '4·19혁명 39주년 기념 국가조찬기도회 및 초청강연회' 축하 메시지, 서울 세종문화회관, 1999. 4. 17. ◀

자유는 인간을 가장 인간답게
하는 가치입니다

"자유가 아니면 죽음을 달라."며 목숨을 걸고 싸운 한 한국인이 이제 민주정부의 대통령이 되어 이 자리에 섰습니다.

저는 참으로 긴 세월 동안 자유를 향한 순례를 했습니다. 그 가운데 저를 지탱해 준 힘들이 있었습니다. 첫째는 제가 믿는 예수입니다. 그분은 십자가상에서 목숨을 바쳤습니다. 예수님은 우리에게 자유인이 되라고 말씀하셨습니다. 십자가는 저에게 자유에의 훈련이었습니다.

역사를 통해서 볼 때 세계 어디서나 자유와 정의를 위해서 싸운 사람이 패배자가 된 법은 없습니다. 저도 제가 비록 현실에서는 좌절하더라도 역사 속에서 반드시 승자가 될 것을 확신했던 것입니다.

자유는 관용과 함께 갈 때 더 큰 자유에 이릅니다. 동서고금을 막론하고 자유는 인간을 가장 인간답게 해 주는 가치입니다.

개인의 자유와 창의력을 존중하는 민주주의는 경제의 건전한 발전을 위해서도 필수 불가결합니다. 민주주의가 없는 곳에 시장경제는 없습니다. 시장경제가 없으면 경쟁력 있는 경제발전은 기대할 수 없습니다.

우리는 이제 머지않아 새천년을 맞이하게 됩니다. 우리의 새천년의 꿈이 무엇이겠습니까? 무엇보다 세계 58억의 모든 사람들의 존엄성과 인권이 보장되고 정치적 자유가 보장되어야 할 것입니다. 둘째는 모든 나라, 모든 사람의 경제적 자유가 보장되어야 합니다. 셋째는 사회적 자유가 보장되어야 합니다. 인종이나 성별에 따른 차별 등 모든 차별이 종식되어야 할 것입니다.

자유의 완성이란 없다는 것을 알고 있습니다. 완성을 향해 끊임없이 노력하는 것이 우리 인간의 사명이라 믿고 있습니다.

인류의 역사는 자유를 지향하여 발전하고 있습니다. 자유의 편에 설 때, 우리의 존엄성은 증진되는 것입니다. 자유라는 것은 공기와 같아서 그 안에서 살 때는 그 가치를 이해하기 어렵습니다. 저는 자유의 가치를 잘 이해하고 있는 사람 가운데 하나입니다. 저는 '자유에 헌신한 사람'으로 기억되기를 원합니다.

▶ '필라델피아 리버티 메달' 수상식 연설, 미국 필라델피아 시 독립기념관 옥외광장, 1999. 7. 4. ◀

재벌의 구조 개혁 없이
경제개혁은 완성될 수 없다

오늘 20세기의 마지막 광복절을 보내며 우리는 굳게 다짐해야겠습니다. 다가오는 21세기에는 조선왕조 말엽과 같이 역사의 흐름을 외면하거나, 또다시 내부 갈등과 대립으로 도약의 기회를 놓쳐서는 안 되겠습니다.

인권과 민주주의를 발전시키기 위해서 개혁 입법이 반드시 이루어져야 합니다. 민주화와 인권 보장은 제 일생의 변함없는 소신입니다. 자랑스러운 인권 국가를 만든다는 결의로 '인권법'을 제정하고 '인권위원회'를 설치할 것입니다. 변화하는 남북 관계를 제대로 반영하지 못하고 있는 '국가보안법'도 개정할 것입니다. 인권침해의 소지가 있는 부분도 고치겠습니다. '부패방지법'의 제정도 차질 없이 추진될 것입니다. 법 제정에 앞서 우선 대통령 직속으로 '반反부패특별위원회'를 구성하겠습니다. 부패의 척결 없이 국정의 개혁은 없습니다. 저는 만난萬難을 무릅쓰고 이를 단행할 것입니다. 국민 여러분의 적극적인 지원이 필요합니다. 공정한 법 집행을 통해 바른 법치를 더한층 발전시킬 것입니다. 이를 위한 사법제도를 이루고자 현재 '사법개혁위원회'에서 개혁 작업을 추진하고 있습니다. 이와 함께 '통합방송법', '민주유공자보상법', '의문사진상규명특별법', '비영리민간단체지원법' 등을 개정 또는 제정함으로써 개혁 정부의 정체성을 더욱 분명히 할 것입니다.

재벌 개혁에 역점을 두겠습니다. 우리 경제 최대의 문제점인 재벌의 구조 개혁 없이는 경제개혁을 완성시킬 수 없습니다. 이제는 시장이 재벌 구조를 받아들이지 않는 시대입니다. 양의 시대가 아니라 질의 시대입니다. 앞으로 무한 경쟁의 세계에서 성공하기 위해서는 재벌 집단이 아닌 개별 기업이 독자적으로 세계 초일류의 경쟁력을 갖추어야 합니다. 재벌 개혁을 위해 그동안 추진해 온 투명성 제고, 상호 지급보증의 해소, 재무구조의 개선, 업종 전문화, 경영진의 책임 강화 등 5대 원칙이 금년 말까지 반드시 마무리되어야 합니다. 나아가 계열 금융회사를 통한 재벌의 금융 지배를 막겠습니다. 산업자본의 금융 지배를 막아야 재벌 개혁을 성공시킬 수 있습니다. 순환출자와 부당한 내부거래를 억제하며, 변칙 상속을 철저히 막겠습니다. 저는 한국 역사상 처음으로 재벌을 개혁하고 중산층 중심으로 경제를 바로잡은 대통령이 될 것입니다. 최근 국내외에서 우려하고 있는 일부 재벌에 대해서도 투명한 원칙에 따라 엄정하게 처리하여 '제2의 기아 사태'와 같은 일이 결코 일어나지 않도록 하겠습니다.

21세기에 세계 일류 국가로 도약하기 위해서는 지식기반경제를 만들어 나가야 합니다. 이를 위해 컴퓨터와 인터넷 등 정보를 활용하는 일이 중요합니다. 우리나라가 세계에서 컴퓨터를 가장 잘 쓰는 나라가 되어야 합니다. 지식경제의 시대에는 중소벤처기업과 문화관광산업과 같은 지식서비스산업의 발전이 필요합니다. 이와 함께 전통 산업인 농업과 섬유·전자·자동차 등 모든 산업에서도 지식을 활용하여 부가가치를 높여 가야 합니다. 지식을 활용한 농어민의 성공 사례에서 본 바와 같이 전 국민 모두가 신지식인이 될 수 있도록 노력해야 할 것입니다.

바르고 유능한 사람이 성공하고, 약자에게도 공평한 기회가 보장되는 사회가 되어야 합니다.

▶ 54주년 광복절 경축사, 천안 독립기념관, 1999. 8. 15. ◀

NGO는 인류의 인권·안전·행복을
위한 절대적 존재

우리는 지금 21세기를 눈앞에 두고 인류의 공동 번영을 위협하는 여러 가지 도전들에 부딪혀 있습니다. 환경오염, 빈곤, 각종 차별, 그리고 폭력과 테러 행위 등 우리를 위협하는 가지가지 사태가 매일같이 세계 도처에서 일어나고 있습니다. 이러한 갈등과 위협을 극복하기 위해서는 인권과 평화의 미래를 만들어 가는 것이 절실히 필요합니다. 저는 이 새로운 비전을 만들어 가는 것이 바로 도덕성·헌신성·자발성에 기초한 NGO 운동의 절실한 역할이라고 믿고 있습니다. NGO는 이제 인류의 인권과 안전과 행복을 위해서 없어서는 안 될 절대적인 존재가 되고 있습니다. 유엔이나 국가권력에 못지않게 필수 불가결한 존재인 것입니다.

지난 수십 년간 국제 NGO 운동은 인권, 환경, 사회개발, 평화 유지 등 여러 분야에서 놀라운 성장을 이루어 왔습니다. 특히 1990년 들어 '리우 환경회의', '코펜하겐 사회개발회의', '베이징 세계여성대회', '이스탄불 세계주거회의' 등 유엔과 함께 주최한 세계적인 회의들을 통해

NGO의 위상과 역할은 비약적으로 강화되어 왔습니다. 이처럼 자발적인 참여와 봉사를 통해 NGO는 시민정신을 전 세계적으로 확산시킴으로써 인류의 평화와 공영에 이바지해 온 것입니다. 이제 NGO 관계자 여러분의 이러한 노력이 희망의 21세기를 열어 가는 힘이 되고 있습니다. 그리고 이러한 노력 덕분에 다가오는 21세기가 명실상부한 NGO의 시대가 될 것이라고 저는 확신하고 있습니다.

모두가 지적하는 것처럼 21세기는 민주정부와 시장, 그리고 시민사회가 국가와 세계 발전의 3대 축을 이루는 시대가 될 것이 분명합니다. 이러한 시대에서 인류 모두가 번영하고 평화롭게 살기 위해서는 무엇보다도 시민사회의 자율성이 보장되고 활성화되어야 합니다. 그래야 민주주의와 시장경제도 발전합니다. 인권이 보장되고, 인간다운 '삶의 질'을 높일 수 있습니다. 이러한 밝은 미래를 위해서는 시민사회의 견인차인 NGO 관계자 여러분이 더 많은 역할을 해 주어야 합니다. 지구촌의 번영과 인류의 행복이 여러분에게 달려 있는 것입니다.

▶ '99 서울 NGO세계대회' 개회사, 서울 올림픽공원 체조경기장, 1999. 10. 11. ◀

광주학생운동은
살아 숨쉬는 오늘 우리의 운동입니다

광주학생운동은 3·1운동과 더불어 일제 식민 치하에서 일으킨 우리 민족의 가장 크고 중요한 민족운동이었습니다. 이곳 광주에서 시작된 학생독립운동은 인근 전남 지역은 물론 서울과 경기도, 평안도와 함경도, 황해도와 강원도, 충청도와 경상도, 제주도 등 전국으로 들불처럼 번져 갔습니다. 뿐만 아니라 이 운동의 여파는 국내는 말할 것도 없고 멀리 만주·중국·일본 등 해외에까지 크게 확산되었습니다. 당시 국내에서 학생운동에 참가한 학교는 194개에 이르렀으며, 참가 인원도 5만 4천여 명에 달했습니다. 그 결과 1,462명이 구속되었고 2,912명이 퇴학이나 무기정학을 당하는 커다란 희생을 치르기도 하였습니다.

이러한 위대한 투쟁을 통해 전 민족의 호응을 일으킴으로써 세계를 놀라게 하고 일제의 간담을 서늘하게 한 그 당시 우리 학생운동의 참가자들에 대해서 저는 여러분과 더불어 한없는 감사와 찬양의 박수를 보내고자 합니다. 이처럼 국민과 더불어 하나로 뭉쳐서 싸운 학생운동은 그후 해방의 그날까지 우리의 독립투쟁에 쉬지 않고 에너지를 공급하는 큰 원천이 되었습니다. 1929년의 광주학생운동에 직접 참여했거나 당시 학교에 다녔던 학생들이 1930년대 이후에 일제의 모진 탄압과 억압에도 굴하지 않고 우리 독립운동을 국내외에서 줄기차게 추진해 나가는 핵심 세력이 되었던 것입니다.

이승만 정권의 12년 독재를 종식시킨 3·15마산의거와 4·19혁명은 학생이 주도한 민주혁명이었습니다. 유신독재를 종식시킨 부마항쟁의 선두에도 학생들이 있었으며 5공 군사독재를 종식시킨 6·10항쟁에도 학생들이 앞장섰습니다. 그리고 무엇보다도 빛나는 것은 1980년에 있었던 광주 민주항쟁입니다.

광주 민주항쟁은 수백 명이 희생된 처절한 반독재 민주투쟁이었습니다. 그러나 이 투쟁은 평화적 정신과 질서 속에 행해졌고 상상할 수 없는 관용의 정신이 발휘되었습니다. 우리는 광주 민주항쟁을 전 국민의 이름으로 역사 속에 영원히 자랑하며 세계 속에 크게 선양해야 한다고 생각합니다. 그리고 이 항쟁에 있어서 광주 시민과 하나 되어 투쟁한 우리 젊은 학생들의 공헌과 희생에 대해서 높이 평가해 마지않습니다.

모든 반독재 민주화 투쟁은 한결같이 일제하의 광주학생운동의 정신을 계승한 우리 학생들이 선두에 서서 이룩한 업적인 것입니다. 이러한 의미에서 광주학생운동은 결코 70년 전의 일이 아니라 이 땅에서 인권과 민주주의와 조국의 통일을 바라는 국민의 염원이 살아 있는 한 영원히 힘차게 살아 숨쉬는 오늘의 우리들의 운동인 것입니다.

우리는 이제 새로운 천 년, 21세기의 문턱에 들어서고 있습니다. 새로운 시대는 우리 청년학생들에게도 새로운 역할과 사명을 요구합니다. 21세기는 우리가 미처 상상할 수 없을 정도의 엄청난 혁명적 변화의 세기입니다. 21세기는 지난 20세기와는 전혀 다른 세기가 될 것입니다. 새로운 세기는 지식과 정보와 문화의 시대입니다. 자본이나 노동력, 토지와 같은 눈에 보이는 물질이 아니라 눈에는 보이지 않는 지식과 정보와 문화적 창의력이 경제의 핵심이 되고 국가경쟁력의 원천이 되는 시대입니다. 우리는 이러한 변화에 적극적이고 성공적으로 적응해야 합니다. 그 변화에 제대로 적응치 못하면 21세기는 우리에게 실패와 좌절의 세기가 될 것입니다. 그러나 변화에 제대로 적응하면 우리는 세계 일류 국가로 등장할 수 있는 절대적인 호기가 될 것입니다.

지식기반의 세기인 21세기는 어떻게 보면 우리의 세기라고 할 수 있습니다. 우리 민족은 세계 최고의 교육 전통을 가지고 있고 국민의 지적 수준과 문화적 창의력이 아주 높습니다. 정부와 국민이 하나가 되어 노력하면 우리는 반드시 세계화의 시대, 무한 경쟁의 시대에 승리하여 세계 일류 국가의 대열에 들어설 수 있을 것입니다. 그러한 내일을 위해서 저는 우리 젊은이들에게 몇 가지를 당부하고 싶습니다.

모두가 신지식인이 되라는 것입니다. 21세기 신지식인은 학벌이나 학력과는 상관없습니다. 어떻게 스스로 창의적인 지적 능력을 발휘해서 자기가 하는 일에 높은 부가가치와 높은 효율을 나타내느냐에 따라 신지식인의 자격이 결정됩니다. 그러므로 가정주부도, 농민도, 노동자도, 사무원도, 상인도 모두가 신지식인이 될 수 있습니다. 특히 세계화 시대 무한 경쟁의 도전과 앞장서서 싸워야 할 청년학생들은 한 사람도 빠짐없이 신지식인이 되어야 합니다. 여러분이 그렇게 발전할 때 우리나라는 세계 일류 국가가 될 것입니다.

모두가 세계인이 되라는 것입니다. 산업혁명 이래 2백 년 동안 계속된 민족주의 시대는 막을 내리고 있습니다. 이제 새천년은 세계가 지구촌 시대입니다. 우리는 세계인이 되기 위해서 세계를 알아야 하고 세계 공통언어를 배워야 합니다. 영어는 미국 말도 영국 말도 아닌 세계어가 되어 있습니다. 우리는 또한 세계의 모든 이웃과 더불어 같이 사이좋게 살아갈 수 있는 정신과 방법을 배워야 합니다. 한국이 동아시아에서 외국인이 가장 살기 힘든 나라라는 외국인의 평가는 우리에게 큰 경종이 되고 있습니다. 우리는 민족의 정체성을 확실히 지키되 세계와 더불어 서로 이해하고 서로 협력하는 그러한 민족으로 발전해 나가야 합니다.

이웃과 사회에 대해서 봉사하는 여러분이 되어야 합니다. 인생에 있어서 가장 고귀한 것은 이웃 사랑입니다. 이웃은 내 부모·형제·학우, 그리고 이 사회 자체인 것입니다. 이웃을 사랑하고 봉사하는 사람만이 이웃으로부터 존경받고 마음으로부터 기쁨을 느낍니다. 행복도 그런 사람만의 것입니다. 우리는 인생의 사업에서 누구나 다 성공할 수는 없습니다. 그러나 이웃을 사랑하는 인생의 삶에 있어서는 누구나 다 성공할 수 있습니다. 그것이 이웃 사랑이고, 이웃 사랑이야말로 인생 성공의 유일한 길입니다.

21세기는 청년학생 여러분의 시대입니다. 거센 파도를 헤치고 희망의 미래를 향해 나아가는 도전 정신과 진취성을 가지고 나아간다면 여러분은 반드시 성공할 것입니다.

▶ '99 학생의 날 및 학생독립운동 70주년 기념식' 치사致謝, 광주 광주제일고등학교, 1999. 11. 3. ◀

광주의 위대한 정신은
전 세계인의 자랑입니다

5·18의 광주는 우리에게 위대한 교훈을 남겨 주었습니다. 그날의 광주는 세계의 모든 시민에게 자유와 평화, 인권과 민주주의의 소중한 가치를 일깨우는 드높은 표상이 되고 있습니다.

5·18에서 우리가 보았던 첫 번째 정신은 인권 정신이었습니다. 불의한 권력의 무자비한 폭력에 맞서서 광주는 인간의 소중한 권리를 지키고자 싸웠습니다. 인권이 침해되고 고귀한 생명이 짓밟히는 것을 보면서 광주 시민은 하나로 일어나 분노하고 저항했습니다. 자유와 민주, 그리고 인권을 수호하려는 거룩한 뜻이 거기에 있었던 것입니다.

둘째는 비폭력의 정신이었습니다. 광주 시민은 맨손으로 잔혹한 총칼에 맞섰습니다. 자유와 정의와 민주주의의 깃발 아래 온몸을 던져 자신을 희생했던 것입니다. 무기를 손에 넣고도 결코 이를 사용해서 누구에게도 살상을 가하지 않았습니다. 철저한 비폭력의 정신이었던 것입니다.

셋째는 성숙한 시민정신이었습니다. 공권력의 공백 속에서도 광주에는 단 한 건의 약탈이나 방화도 없었습니다. 그 어떤 혼란이나 무질서도 없었습니다. 시민 모두가 동지애와 높은 질서 의식을 가지고 서로를 보살피고 치안을 지켰습니다. 이것은 세계에서도 유례없는 일입니다.

넷째는 평화의 정신이었습니다. 시민 자치가 이루어진 열흘 동안 어떠한 보복도 없었으며, 광주 시민들은 진압군 측과의 대화를 시도하는 등 평화적 해결을 위해 부단히 노력했습니다.

이러한 광주의 위대한 정신은 우리만의 자랑이 아니라 인권과 민주주의라는 인류 보편의 가치를 믿고 숭상하는 전 세계인의 자랑인 것입니다. 광주 시민의 행동이야말로 인간이 극한 상황에서도 얼마나 위대한 선택을 할 수 있는지를 보여 준 인간 승리의 대서사시였기 때문입니다.

이제 우리는 5·18 광주 항쟁이 구현한 고귀한 뜻과 정신이 영원히 살아 숨쉬도록 해야 합니다. 지나간 과거가 아니라 언제나 현재로서 뜨겁게 불타오르도록 해야 합니다. 그럼으로써 인간의 존엄성과 민주주의의 소중한 가치가 더욱 확고히 지켜지고 발전되어 나갈 수 있도록 해야 합니다. 특히 지금 이 시간에도 세계 곳곳에서는 아직도 인권과 민주주의 수호를 위해 힘겨운 투쟁이 전개되고 있습니다. 5·18의 광주가 그러한 의로운 투쟁에 용기와 희망을 북돋워 주는 힘찬 격려의 함성이 되어야 하겠습니다.

이 땅에 살고 있는 사람들 중 그 어느 누가 그날의 광주에 빚지지 않은 사람이 있겠습니까? 이제는 우리가 살아남은 사람들로서의 의무를 다해야 할 때입니다. 무엇보다 우리는 광주 항쟁의 정신을 받들어 인권을 더욱 신장시키고 민주주의를 완성하는 데 노력을 다해야 하겠습니다.

▶ '5·18민주화운동 20주년 기념식' 연설, 광주 망월동 5·18묘지, 2000. 5. 18. ◀

더 늦기 전에,
환경을 살려야 합니다

우리의 환경을 이루는 자연은 생명의 원천이자 가장 소중한 자원입니다. 그럼에도 불구하고 지금 수많은 동식물이 멸종되어 가고 있고, 오존층 파괴, 기상이변 등 지구의 존폐 자체가 위협받을 정도로 환경문제가 심각한 상황에 이르렀습니다. 이제 더 늦기 전에 우리는 환경을 살려 내야 합니다. 지구를 어머니로 생각하고 지구상의 모든 생명체와 무생물까지도 형제자매로 존중하는 뼈저린 각성을 해야 합니다.

지식정보화시대인 21세기에는 환경이 더욱 중요시되는 시대입니다. 지난 세기가 자연의 개발과 이용의 시대였다면, 새 세기는 환경의 보존과 개발이 조화를 이루는 시대가 되어야 하고, 될 것입니다. 그동안 우리 국토가 심대하게 파괴되고 환경오염이 심화된 것은 과거 개발지상주의에 입각한 잘못된 정책 때문이었습니다. 이제는 그 잘못된 정책 패러다임을 철저히 바꾸는 새로운 발상과 개혁이 필요합니다.

▶ '세계 환경의 날' 기념식 연설, 서울 세종문화회관, 2000. 6. 5. ◀

북녘 동포 여러분,
우리는 운명 공동체입니다

북녘 동포 여러분! 참으로 반갑습니다. 저는 여러분이 보고 싶어 이곳에 왔습니다. 꿈에도 그리던 북녘 산천이 보고 싶어 여기에 왔습니다. 너무 긴 세월이었습니다. 그 긴 세월을 돌고 돌아 이제야 왔습니다. 제 평생에 북녘땅을 밟지 못할 것 같은 비감한 심정에 젖은 때가 한두 번이 아니었습니다. 그러나 이제 평생의 소원을 이루었습니다. 남북의 7천만 모두가 이러한 소원을 하루 속히 이루기를 간절히 바랍니다.

저는 대한민국 대통령으로서 남녘 동포의 뜻에 따라 민족의 평화와 협력과 통일에 앞장서고자 평양에 왔습니다. 남녘 동포가 이번 김정일 위원장과 저의 회담에 거는 기대만큼이나 북녘 동포 여러분의 기대 또한 크리라 생각합니다. 이제 시작입니다. 꿈만 같던 남북 정상 간의 만남이 이루어진 만큼 지금부터 차근차근 해결해 갈 것입니다. 저는 김정일 국방위원장과 함께 남과 북 우리 동포 모두가 평화롭게 잘살 수 있는 길을 찾는 데 모든 정성을 다하겠습니다.

반세기 동안 쌓인 한을 한꺼번에 풀 수는 없을 것입니다. 그러나 시작이 반입니다. 이번 저의 평양 방문으로 온 겨레가 화해와 협력, 그리고 평화통일의 희망을 갖게 되기를 진심으로 바라 마지않습니다. 할 수 있는 것부터 하나하나 최선을 다하겠습니다.

북녘 동포 여러분! 우리는 한 민족입니다. 우리는 운명 공동체입니다. 우리 굳게 손잡읍시다. 저는 여러분을 사랑합니다.

▶ 남북정상회담을 위해 평양에 도착한 직후 발표한 성명, 평양 순안공항, 2000. 6. 13. ◀

평양에서 남북공동선언문에 합의한 후 김정일 위원장과 함께. 2000. 6. 15.

'뜨거운 가슴'과 '차분한 머리'로
통일의 길을 닦읍시다

우리의 미래는 우리가 개척해야 합니다. 우리 스스로 나서지 않는데 주변국이나 국제사회의 협력이 있을 수 없습니다. 저는 바라고 있습니다. 이번 방문으로 7천만 민족이 전쟁의 공포에서 해방될 수 있기를 진심으로 바랍니다. 저는 기대합니다. 이번 방문으로 반세기 동안의 불신과 대결의 관계가 화해와 협력의 관계로 바뀌기를 충심으로 기대합니다.

이제 반세기 동안 막혔던 길을 열어 나갑시다. 이제 우리 힘을 합쳐 끊어진 철길을 다시 잇고 뱃길도 열고 하늘길도 열어 갑시다. 그래서 온 겨레가 서로 마음 놓고 오가면서 화해, 협력, 그리고 통일에의 길을 닦도록 합시다.

우리가 한꺼번에 모든 문제를 해결한다는 것은 현실적으로 불가능합니다. 저는 서울을 떠나면서 남녘 동포들에게 지금 우리에게 필요한 것은 '뜨거운 가슴'과 '차분한 머리'라고 말씀드렸습니다. 민족애의 열정을 가지고, 그러나 가능한 것부터 하나하나 실사구시의 정신으로 해결해 나가야 합니다. 서로에게 도움이 되는 길을 찾아 나가야 합니다.

21세기는 무한 경쟁의 시대입니다. 모든 나라가 생존을 위해서 세계 속에서의 승자가 되고자 열심히 노력하고 있습니다. 이러한 치열한 국제 경쟁에서 살아남으려면 우리 민족도 남북이 하나 되어 힘을 합쳐야 합니다. "힘과 마음을 합치면 하늘도 이긴다."는 말이 있습니다. 민족이 힘을 하나로 모은다면 이루지 못할 것이 없습니다. 그리하여 언젠가 분단의 시대를 지나간 역사로 이야기할 수 있게 될 것을 확신합니다.

역사는 불신과 대결이 아니라 화해와 협력을 선택한 민족에게 영광을 베풀어 주었습니다. 21세기 첫해에 한반도에서 시작된 화해와 협력의 메시지가 세계 곳곳에 울려 퍼지기를, 함께 기여할 수 있기를 기대합니다.

▶ 북한의 김영남 최고인민회의 상임위원장 주최 만찬 답사, 평양 인민문화궁전, 2000. 6. 13. ◀

화해·협력·통일,
이것이 양측 정상이 만난 이유입니다

우리 민족은 역사 속에서 많은 시련을 겪었습니다. 지난 근대사 백 년은 우리 민족에게 참으로 혹독한 시련의 연속이었습니다. 35년간의 일제 식민 지배가 그렇습니다. 그로 인한 분단과 전쟁이 그렇고, 지금까지 남북을 갈라놓은 철책선이 그렇습니다. 이 모두 19세기 조선왕조 말엽 민족적 단합과 근대화의 개혁을 요구하는 역사의 요청을 저버린 데 그 원인이 있었습니다. 이제 지난 백 년 동안 우리 민족이 흘린 눈물을 거둘 때가 왔습니다. 서로에게 입힌 상처를 감싸 주어야 할 때입니다. 평화와 협력과 통일의 길로 나아가야 합니다. 그것이 21세기 첫해에 우리 양측의 정상들이 한자리에서 만난 이유입니다. 역사가 우리에게 부여해 준 사명입니다. 우리는 이 사명을 수행하는 데 결코 실패해서는 안 되겠습니다.

우리는 오늘 이 역사적인 만남을 계기로 남과 북이 함께 화합과 협력의 길로 나아가야겠습니다. 그리고 남과 북이 힘을 합쳐 인류 역사상 최대의 변혁기인 세계의 변화에 성공적으로 대응해서 민족의 미래를 크게 열어 나가야겠습니다.

우리는 한 민족, 한 겨레입니다. 공동의 운명 속에 사는 민족입니다. 성의를 가지고, 인내심을 가지고 꾸준히 노력한다면 안 될 일이 없습니다. 그리하여 우리는 머지않아 통일에의 목적 지점까지 도달할 수 있을 것입니다.

김정일 국방위원장! 우리는 진정으로 남과 북이 서로 협력하여 공동의 번영을 이룩하고자 서로 힘을 합칠 것을 제의하는 바입니다. 앞으로 남북 간에 협력을 구체적으로 진행하기 위해서는 우리 두 사람과 책임 있는 당국 간의 지속적인 대화가 이루어져야 합니다. 지속적인 대화와 교류를 통해서 서로 이해를 넓히고 믿음을 쌓아 가면 협력 또한 확대될 것입니다. 드디어 백두산에서 한라산까지 평화가 가득 차고 한강과 대동강에서 번영의 물결이 넘칠 것입니다. 그리고 마침내 꿈에도 그리던 통일이 올 것입니다.

저는 믿습니다. 우리 민족의 운명을 우리 민족 스스로 열어 나갈 수 있다고 말입니다. 저는 김정일 위원장께서 얼마 전 중국을 방문했을 때 "한반도 문제는 우리 민족끼리 해결해야 한다."고 말씀하셨다는 보도를 보고 깊은 감명을 받았습니다. 우리 민족은 이제 불신과 적대감을 버리고 화해와 협력을 선택하는 지혜와 용기를 세계에 보여 줄 수 있습니다. 또한 남과 북에서 애타는 심정으로 재결합을 기다리는 수많은 이산가족이 가까운 시일 안에 혈육의 정을 나눌 수 있는 인도적인 결단도 우리는 보여 주게 되었습니다.

저는 지난 40여 년 동안 참으로 많은 박해를 받아 왔습니다. 하지만 그 무엇도 남과 북의 화해와 협력, 그리고 통일을 위해 헌신하겠다는 저의 의지를 꺾지 못했습니다. 저는 7천만 민족의 간절한 염원이며 또 저의 평생 소망이기도 한 조국의 평화적 통일을 이루는 데 헌신하고자 하는 열망을 한결같이 간직해 왔습니다. 이를 위해 우선 김정일 위원장과 저부터 남과 북이 서로 신뢰하고 평화롭게 공존·공영하는 기틀을 다지는 데 헌신하고자 합니다. 우리 모두가 반세기의 분단이 가져다준 서로에 대한 불신의 벽을 허물고, 이 땅에서 전쟁의 공포를 몰아내며 교류·협력의 시대를 여는 데 힘과 지혜를 모읍시다.

▶ 북한 주요 인사 초청 만찬 연설, 평양 목란관, 2000. 6. 14. ◀

우리 양 정상은
민족과 세계에 대한 책임을 이야기했습니다

역사적으로 방북 임무를 대과大過 없이 마치고 귀국했습니다. 제가 그렇게 임무를 수행할 수 있도록 밤잠도 주무시지 않으면서 환호해 주신 국민 여러분께 충심으로 감사를 드려 마지않습니다.

우리 양 정상은 민족과 세계에 대한 책임을 얘기했습니다. 우리가 만일 성공을 못 했을 때 그 엄청난 파장, 우리가 성공했을 때 가져올 세계사적 큰 발전과 전환, 이런 것에 대해 이야기를 했습니다. 그래서 "사명감을 가지고 성공을 위해 노력하는 데 온갖 성의와 지혜를 다하자."고 몇 번이고 다짐했습니다. 저를 수행한 우리 보좌진이나 특별 수행한 분들도 나름대로 자기 분야에서 북측 사람들과 만나서 남북 관계를 발전시키고 저의 일을 지원하는 데 많은 노력을 해 줬다는 것을 여러분에게 보고드리는 바입니다.

우리 민족은 반만년 동안 단일민족으로서 살아왔습니다. 통일을 이룩한 지도 1,300년이 되었습니다. 그런 민족이 타의에 의한 불과 55년의 분단 때문에 영원히 서로 외면하거나 정신적으로 남남이 된다는 것은 결코 있을 수 없는 일입니다. 저는 그것을 이번에 현지에서 확인했습니다. 우리는 미래에 화해도 할 수 있고, 통일도 할 수 있다는 확신을 가지고 돌아왔다는 것을 여러분께 말씀드립니다.

김정일 위원장에게 이야기했습니다. "과거 조선왕조 말엽에 국민이 단합하고 근대화를 서둘러야 할 때 내부가 산산이 분열되고 근대화를 외면하다가 결국 망국의 설움을 얻고 일제 35년과 분단, 6·25전쟁, 그리고 또 대립 백 년의 앙화殃禍를 우리 후손들에게 주지 않았느냐. 지금 세계는 지식정보화시대라는 인류 역사상 최대의 혁명 시대에 들어가고 있고, 경제적 국경이 없는 무한 경쟁의 세계화 시대로 들어가고 있다. 이런 때에 같은 민족끼리 내부에서 힘을 탕진한다면 어떻게 되겠는가. 당장 통일은 안 되더라도 남과 북이 서로 협력해서 하늘도 트고, 길도 트고, 항구도 트고, 서로 왕래하고 협력해서 경제도 발전시키고, 교류를 해 나간다면 우리 민족이 지니고 있는 높은 교육적 전통과 문화 창조력 등을 바탕으로 21세기의 지식기반 시대에 우리가 힘을 발휘하지 않겠는가. 이제 4대국이 우리를 지배하는 제국주의 시대가 아니라 4대국을 우리 시장으로 이용할 수 있는 그런 시대이다. 이때 우리가 정신 차리지 못하고 남북이 협력하지 않고 우리끼리 싸운다면 어떻게 되겠는가. 어떤 일이 있어도 우리는 더 이상 적화통일도 안 되고, 흡수통일도 안 되고, 남북이 서로 공영하면서 차츰 통일의 길로 나가자. 민족을 21세기에는 세계 일류로 만들어야 한다."

▶ 남북정상회담을 마치고 돌아온 직후의 귀국 성명, 서울 김포공항, 2000. 6. 15. ◀

한반도의 완전한 평화를 위해서는
휴전협정을 평화협정으로 바꿔야 합니다

"우리는 어떠한 일이 있어도 다시 전쟁을 해서는 안 된다. 적화통일도 흡수통일도 다 같이 배제되어야 한다. 그것은 전쟁에의 길이 되기 때문이다." 우리의 목적은 조속한 시일 내의 통일이 아닙니다. 현 단계에서의 목적은 평화 공존과 평화 교류입니다. 남북 간의 긴장을 완화하여 냉전을 종식시키는 것이 가장 큰 당면 목표입니다.

한반도에서 완전한 평화체제를 이룩하기 위해서는 지금 남북한과 미국, 중국으로 구성되어 있는 4자회담에서 한반도의 휴전협정을 평화협정으로 바꾸는 합의가 이루어져야 합니다. 평화협정의 당사자는 남북한이 되고 미국과 중국이 이를 지지하는 방식으로 되어야 할 것입니다.

남북 관계의 개선은 남북만의 관계 개선으로는 완전하게 이루어질 수 없습니다. 이를 위해서는 북·미 간의 관계 개선이 필요합니다. 북·일 간의 관계 개선도 필요합니다. 그렇게 되면 전 세계와 북한과의 관계도 개선될 것입니다.

▶ 코리아 소사이어티 주최 만찬 연설, 미국 뉴욕 피에르호텔, 2000. 9. 9. ◀

경의선 복원은
남북 화합과 신뢰의 주춧돌

오늘 우리는 역사적인 민족사의 현장에 서 있습니다. 우리는 이제 끊겼던 민족의 동맥을 다시 잇습니다. 남북으로 끊어졌던 철도와 육로를 다시 묶는 것입니다. 분단된 조국을 하나로 잇는 작업을 시작하고 있는 것입니다. 지난 반세기 동안 남북으로 끊어졌던 경의선 철도는 분단과 냉전의 상징이었습니다. 둘로 갈라진 우리 민족의 실의와 비원이 서린 곳이었습니다. 민족의 화합과 발전을 가로막는 높은 장애물이었습니다. 그런 의미에서 끊어진 경의선을 다시 잇는 오늘의 이 기공식이야말로 우리 민족이 화해와 협력과 번영의 새 시대로 나아가는 민족사의 새로운 출발점이 아닐 수 없는 것입니다. "철마는 달리고 싶다."는 애끓는 외침이 실현되는 민족의 대축제가 아닐 수 없습니다.

경의선의 복원은 남과 북 모두에게 커다란 도약의 기회가 될 것입니다. 우리 민족의 평화와 번영을 이끄는 견인차가 될 것입니다. 우리나라가 극동의 작은 주변국가에서 동북아의 물류 중심 국가, 나아가 세계의 중심 국가의 하나로 당당히 도약하는 발판이 될 것입니다.

경제적인 측면에서 경의선의 복원은 남북 간 교류·협력을 크게 활성화 시킬 것입니다. 그동안 남한에만 머물렀던 우리 경제가 한반도 전체로 그 무대를 확대하는 계기가 될 것입니다. 경의선이 연결되면 우리 기업들이 이를 통해 북한으로 가게 됩니다. 그리고 그곳에서 북한 인력을 활용해 제품이 생산되어 남한과 전 세계로 퍼져 나갈 것입니다. 생산원가도 저렴해져서 그만큼 경쟁력이 높아지게 됩니다. 북한도 남한과 협력을 통해 많은 이득을 얻게 될 것입니다.

우리의 자본과 경영과 기술, 그리고 북한의 토지와 자원과 우수한 인력이 서로 합쳐지면 남북 모두에게 엄청난 경제적 이익을 가져올 수 있습니다. 우리 경제도 발전하고 북한의 경제도 발전하게 됩니다. 그리고 이러한 남북 간의 균형 있는 발전을 통해 민족 전체가 함께 번영하고, 장차 있을 통일의 부담을 크게 줄일 수 있게 될 것입니다. 이것이 얼마나 뜻깊고 중요한 일이겠습니까!

경의선의 복원은 또한 육로를 통해 중국과 러시아, 중앙아시아, 유럽 대륙에까지 우리 경제의 지평을 넓혀 갈 수 있는 기회를 제공해 줄 것입니다. 우리는 지척에 세계에서 가장 큰 시장을 두고 있습니다. 전 세계 인구의 75%, 전 세계 에너지 자원의 4분의 3이 우리 주변의 유라시아 대륙에 집중되어 있습니다.

경의선의 연결로 우리는 이 광대한 시장에 손쉽게 진출할 수 있습니다. 물류비가 크게 절감되고 수송 기간도 많이 단축됩니다. 그만큼 우리 경쟁력이 높아집니다. 무궁무진한 자원을 보유하고 있는 몽골과 러시아와 중앙아시아가 철로를 통해서 우리에게 값싼 원료와 유망한 시장을 제공해 줄 것입니다. 경의선이 연결되면 한반도는 대륙과 해양의 물류 중심지가 될 수 있습니다. 유라시아와 태평양을 연결하는 거점으로서 세계경제의 중심축이 되는 한반도 시대가 열리게 되는 것입니다.

경의선의 복원은 이러한 경제적인 측면에만 국한되는 것이 아닙니다. 경의선은 반세기 동안 허리가 끊긴 우리 민족의 상처를 치유하고, 남과 북이 화합과 신뢰의 토대를 구축하는 주춧돌이 될 것입니다. 남과 북의 군인들이 공동으로 참여하는 지뢰 제거 작업은 동족상잔의 상흔을 지우는 일입니다. 또한 이 땅에서 다시는 전쟁이 있어서는 안 되겠다는 다짐이기도 합니다. 지뢰가 사라진 그 자리에 신뢰의 싹이 돋아날 것입니다. 그리고 그 신뢰의 싹은 장차 평화통일의 꽃을 피우게 될 것입니다.

경의선이 완공되면 남북한 사이의 물적 교류는 물론 인적 교류도 크게 활기를 띠게 될 것입니다. 문화와 체육 교류도 더욱 활발해질 것입니다. 이처럼 교류가 늘어나면 서로에 대한 이해와 신뢰가 쌓이게 됩니다. 그런 만큼 전쟁의 위협은 줄어들게 됩니다. 경의선을 통한 남북 간의 교류야말로 민족의 평화와 번영은 물론 장차의 평화통일로 이어지는 큰길이 된다는 것을 저는 확신해 마지않습니다.

우리는 한 달 전 커다란 감격과 눈물로 이산가족 상봉을 지켜보았습니다. 전 세계로 방송된 이산가족 상봉 장면이야말로 평화의 21세기를 상징하는 장엄한 휴먼 드라마였습니다. 이제 경의선의 연결은 전 세계인들에게 한반도에서 평화의 시작을 알리는 우렁찬 함성이 될 것입니다. 우리는 지금 세계 도처에서 벌어지고 있는 적대와 반목의 시대를 마감하는 모범이 될 것입니다.

우리는 할 수 있습니다. 내일의 대도약을 우리는 이룰 수 있습니다. 그 엄혹했던 IMF 경제위기도 1년 반 만에 극복해 낸 우리입니다. 세계가 놀라는 저력과 지혜가 우리에게는 있습니다. 빛나는 한반도 시대를 우리 힘으로 열 수 있습니다. 다시 한번 힘과 뜻을 모읍시다. 오늘 기공하는 경의선이 민족의 화합과 번영을 이룩하는 찬란한 출발점이 되도록 하자고 국민 여러분께 호소해 마지않습니다.

▶ 경의선 철도 및 도로 연결 공사 기공식 기념사, 파주 임진각, 2000. 9. 18. ◀

정의 필승

제가 일본에서 1973년에 납치되어서 배 선창 밑에서 전신이 꽁꽁 묶여 물에 던져지려 할 때 기다리는 시간이 몇 시간 있었습니다. 또, 1980년 도에 사형 언도를 받아서 1심, 2심, 3심까지 가는 동안 많은 시간이 있었습니다. 그럴 때 저는 참 많은 생각을 했습니다. 그리고 내가 죽는다고 생각하니까 무섭기도 하고 겁나기도 했습니다. 그런데 결국 그런 어려움들을 극복했다고 볼 수가 있는데, 그렇게 극복할 수 있었던 힘 중 하나는 신앙의 힘이 아주 컸다고 생각하고 있습니다. 그러나 신앙은 마음의 결단이지 우리 손에 쥐어지는 아주 구체적인 증거는 없습니다. 그러나 아주 구체적인 증거가 우리에게 있습니다.

그것은 역사를 통해서, 고금동서古今東西 어디에서건 정의롭게 산 사람이 당대에는 성공을 못 하더라도, 역사를 통해서 보면 한 사람도 빼놓지 않고 패배자가 없습니다. 다 성공했습니다. 작게는 가족들 마음속에, 크게는 국민의 마음속에, 또 크게는 세계 사람들의 마음속을 통해 성공했습니다. 그래서 '정의 필승'이라는 말은 구체적이고 증거가 수없이 많은 일이지, 절대로 그냥 헛소리가 아니라는 생각을 옥중에서 했습니다. 내가 이렇게 세상을 뜨더라도 우리나라의 민주주의와 평화통일을 위해서 쌓아 온 내 인생은 반드시 역사 속에서, 국민에 의해서 정당하게 평가될 것이라고 생각하니까, 사형선고의 와중에서도 마음이 굉장히 안정되었습니다. 그렇게 고비를 넘겼습니다. 그런데 너무도 다행스럽게도 죽지 않고 살아서 대통령도 되고, 노벨평화상을 받는 영광까지 얻었으니까, 나로서는 그 행운을 뭐라고 감사해야 좋을지 모른다는 심정을 이번에 또 한 번 가졌습니다.

▶ 노벨평화상 수상 기념 청와대 출입기자 간담회, 청와대, 2000. 10. 16. ◀

한반도에는 화해와 협력의
새 기운이 싹트기 시작했습니다

오늘 저에게 열네 번째 '라프토 인권상'이라는 큰 영광을 허락해 준 재단 측의 결정과 노르웨이 국민의 지원에 깊은 감사의 인사를 드립니다. 저의 지난 40여 년간은 자유와 민주주의, 인권을 향한 순례와 고난의 길이었습니다. 하지만 끝까지 포기하지 않고 여기까지 올 수 있었던 것은 한국 국민이 항상 저와 함께 있었기 때문이며, 전 세계의 민주 인사들이 저와 우리 국민의 민주화 투쟁을 지원하고 격려해 준 덕택이라고 굳게 믿으면서 감사해 마지않습니다. 그러한 지원이 있었기에 죽음조차 저를 좌절시킬 수 없었습니다. 한국에서 평화적 정권교체를 이룩한 첫 번째 민주정부의 대통령이 될 수 있게 했습니다. 그리고 마침내는 이 자리에 서는 영광을 누릴 수 있도록 한 것입니다.

인권은 인류 최고의 가치입니다. 하지만 인간의 역사를 되돌아보면 권력이 있는 곳에서 언제나 인권의 침해가 있었습니다. 자유에 대한 억압이 있었습니다. 그러나 다행스럽게도 바로 그런 곳에서 항상 토롤프 라프토Thorolf Rafto 교수와 같은 자유와 인권을 지키려는 용기 있는 사람들이 있었습니다. 그리고 라프토 교수와 같은 인권의 영웅들이 계속되는 한 인권을 위한 모든 국민들의 노력은 반드시 승리를 거두게 되었던 것입니다.

동서고금 어느 나라 역사를 돌아봐도 자유와 정의, 인간의 권리를 위해 싸운 사람은 반드시 역사 속에서 승리했습니다. 설사 당대에는 성공하지 못하더라도 역사는 그들을 다시 영광 속에 일으켜 세웠고, 그들을 박해한 자들을 비참한 패배자로 만들었습니다. 이러한 역사에의 믿음 때문에 저는 독재의 칼날 앞에 굴하지 않고 목숨을 내놓을 수가 있었습니다.

인권에 대한 상은 새로운 큰 책무를 수상자에게 부과합니다. 아직도 세계 곳곳에서는 이념과 종교, 인종의 차이 등 여러 가지 이유로 인한 인권의 침해가 그치지 않고 있습니다. 그러므로 인권의 상은 영광을 누리라고 주는 것이 아니라 세계의 모든 억압받는 이들을 위해 가능한 모든 노력을 다하라는 엄숙한 요청이 되는 것이라고 저는 믿으면서, 기꺼이 이러한 책임을 다하기 위해 헌신하겠다는 것을 여러분께 약속드리는 바입니다.

인권은 한마디로 '인간답게 살 수 있는 권리'입니다. 인권을 위한 투쟁은 바로 전쟁과 테러, 빈곤과 질병, 범죄와 환경오염, 그리고 부당한 억압으로부터 인간의 생명과 존엄성을 지켜 내는 것입니다. 특히 오늘날 정보화시대에는 국가 간, 개인 간의 정보화 격차를 해소하기 위한 노력이 중요합니다. 이제는 정보화로부터의 소외가 가난의 이유가 될 수 있으며, 그 가난이 결국 인권과 평화를 저해하는 요인이 될 수 있기 때문입니다.

인권에 대한 수많은 위협 중에서도 가장 무서운 적은 바로 전쟁입니다. 저는 지금 지구상 냉전 지대로 남아 있는 한반도에서 전쟁의 공포를 종식시키기 위해 혼신의 노력을 기울이고 있습니다. 이제 한반도에는 화해와 협력의 새 기운이 싹트기 시작했습니다.

▶ '라프토 인권상' 수상식 영상 연설, 노르웨이 베르겐 국립극장, 2000. 11. 6. ◀

불의한 승자는, 당대에 성공할지언정
결국엔 부끄러운 패자가 되고 맙니다

노르웨이는 인권과 평화의 성지입니다. 노벨평화상은 세계 모든 인류에게 평화를 위해 헌신하도록 격려하는 숭고한 메시지입니다. 저에게 오늘 내려 주신 영예에 대해서 다시없는 영광으로 생각하고 감사를 드립니다. 그러나 저는 한국에서 민주주의와 인권, 그리고 민족의 통일을 위해 기꺼이 희생한 수많은 동지들과 국민들을 생각할 때 오늘의 영광은 제가 차지할 것이 아니라 그분들에게 바쳐져야 마땅하다고 생각합니다. 또한 우리 국민의 민주화와 남북 화해를 위한 노력을 아낌없이 지원해 주신 세계의 모든 나라와 벗들에게도 진심으로 감사드립니다.

민주주의는 인간의 존엄성을 구현하는 절대적인 가치인 동시에 경제발전과 사회정의를 실현하는 유일한 길이라고 저는 믿습니다. 민주주의가 없는 곳에 올바른 시장경제가 존재할 수 없습니다. 또한 시장경제가 없으면 경쟁력 있는 경제의 발전은 기대할 수 없습니다. 저는 민주주의적 기반이 없는 국가경제는 사상누각일 뿐이라고 확신했습니다. 그래서 1998년 대통령으로 취임한 이후 민주주의와 시장경제의 병행 발전과 함께 생산적 복지정책을 추진하고 있습니다.

1980년 군사정권에 의해 사형선고를 받고 감옥에서 6개월 동안 그 집행을 기다리고 있을 때, 저는 죽음의 공포에 떨 때가 자주 있었습니다. 그러나 이를 극복하고 마음의 안정을 얻는 데는 '정의 필승'이라는 역사적 사실에 대한 저의 확신이 크게 도움을 주었습니다.

모든 나라, 모든 시대에, 국민과 세상을 위해 정의롭게 살고 헌신한 사람은 비록 당대에는 성공하지 못하고 비참하게 최후를 맞이하더라도 역사 속에서 반드시 승자가 된다는 것을 저는 수많은 역사적 사실 속에서 보았습니다. 그러나 불의한 승자들은 비록 당대에는 성공하더라도 후세 역사의 준엄한 심판 속에서 부끄러운 패자가 되고 말았다는 것도 읽을 수 있었습니다. 거기에는 예외가 없습니다.

노벨상은 영광인 동시에 무한한 책임의 시작입니다. 저는 역사 속의 위대한 승자들이 가르치고 알프레드 노벨Alfred B. Nobel 경이 우리에게 바라는 대로 나머지 인생을 바쳐 한국과 세계의 인권과 평화, 그리고 우리 민족의 화해와 협력을 위해 노력할 것을 맹세합니다.

▶ '노벨평화상' 시상식 수상 연설, 노르웨이 오슬로 시청, 2000. 12. 10. ◀

노르웨이 오슬로 시청에서 노벨평화상 수상 후 군나르 베르게 노벨위원회 위원장과 함께. 2000. 12. 10.

소외계층과 저소득층에게
보다 많은 정보화 교육의 기회를

오늘은 정말 뜻깊은 날입니다. 마침내, 전국의 초중등학교가 인터넷으로 연결되었습니다. 23만 5천여 교실에 컴퓨터의 보급이 완료되었습니다. 34만 교원 모두가 개인 컴퓨터를 가지게 되었습니다. 지식정보 강국으로 가는 교육정보화의 탄탄한 기반이 드디어 마련된 것입니다. 지난 3년여 동안 우리가 목표로 한 '세계에서 컴퓨터를 가장 잘하는 나라'를 만들기 위해 매진해 온 우리 모두에게 참으로 기쁘고 가슴 뿌듯한 일이 아닐 수 없습니다.

동서고금의 역사에서 교육이 중요하지 않은 시대는 없었습니다. 그러나 오늘의 지식정보화시대의 교육의 중요성은 너무도 큽니다. 산업혁명 이래 2백 년 동안 눈에 보이는 물질과 노동력과 자본이 경제와 국력을 좌우했습니다. 하지만 21세기 지식경제 시대에서는 정보화가 선도하는 창의력과 모험심이 경제발전과 국력을 만들어 갑니다.

급속도로 발전하고 있는 정보통신과 생명산업, 나노산업 등 첨단산업들 모두 지식을 근간으로 합니다. 전통 산업도 정보화와 접목되고 첨단화되었을 때 경쟁력이 더욱 커집니다. 지식과 정보로 무장한 산업과 인재가 넘쳐나는 나라가 일류 국가입니다. 그렇다면 이러한 지식과 창의력의 원천은 무엇이겠습니까? 바로 교육입니다. 그러므로 교육에서 성공한 나라는 21세기 지식기반경제에서 성공하는 나라가 될 수 있습니다. 세계 일류 국가가 될 수 있습니다. 원대한 내일에의 희망을 가질 수 있는 것입니다.

일방적인 주입식 교육이나 지나친 학업성적 위주의 교육에서 탈피하는 노력이 필요합니다. 지식기반사회에서 정체된 지식은 유용한 지식이 될 수 없습니다. 무한히 생산되는 지식정보를 이용하여 새로운 가치를 창출할 수 있는 능력이 무엇보다 중요합니다.

창의력이 샘솟는 교육, 지·덕·체가 삼위일체를 이루는 교육, 스스로 학습하는 태도와 능력을 길러 주는 교육, 평생학습을 가능하게 하는 교육을 실천하여야 하겠습니다.

정보화 격차의 해소에도 지속적인 관심을 기울여야 합니다. 지식정보화 시대의 교육은 양날의 칼과 같습니다. 지식정보화시대에는 누구나 아이디어만 있으면 성공의 기회를 가질 수 있지만 가난한 사람이 정보화 교육의 기회를 갖지 못하면 그 격차는 더욱 커집니다. 따라서 소외계층과 저소득층에게 보다 많은 정보화 교육의 기회가 주어져야 하겠습니다.

▶ '전국 초중등학교 정보 인프라 구축 및 인터넷 연결' 기념식 연설, 서울 경기상업고등학교, 2001. 4. 20. ◀

의욕적인 과학기술자가 우대받고
존경받는 풍토를 정착시켜야 합니다

과학기술은 우리가 만들고자 하는 세계 일류 국가, 지식경제 강국의 가장 근본이 되는 요소입니다. 21세기 지식경제 강국 건설의 기초가 될 우리 과학기술의 발전을 위해 다음의 몇 가지를 제창하는 바입니다.

첫째, 과학기술에 대한 국민적 이해와 활용도를 한 차원 높여 '과학의 생활화'를 정착시키는 일입니다. 과학기술 강국이 되기 위해서는 먼저 국민이 과학기술을 이해하고 실생활에 활용할 수 있어야 합니다. 과학기술의 실질적 혜택이 생산의 부가가치를 높이고 삶의 질을 향상시키는 데 널리 적용되어야 합니다. 나아가 모든 분야에서 합리적으로 생각하고 합리적으로 행동하는 '과학 정신'이 국민의 일상생활에 뿌리내려야 하겠습니다.

둘째, 과학기술인 여러분이 연구개발에 전념할 수 있는 여건을 마련하는 일입니다. 실력 있고 의욕적인 과학기술자가 우리 사회에서 우대받고 존경받는 풍토를 정착시켜야 합니다. 특히 정부 출연 연구기관의 연구 환경 개선이 필요합니다.

셋째, 우수한 해외 인력을 적극적으로 받아들이는 과학기술의 국제화 체제를 더한층 강화하는 일입니다. 21세기는 경쟁의 시대인 동시에 협력의 시대입니다. 해외의 인적자원을 폭넓게 활용하는 것은 세계화 시대의 필수적인 전략입니다. 폐쇄주의는 절대 성공할 수 없습니다.

넷째, 유망 기술의 전략적 선택과 개발의 지속적 추진입니다. IT(정보기술), BT(생명기술)와 NT(나노기술)를 세계 정상 수준으로 발전시키고자 합니다. 여기서 개발된 첨단기술을 자동차·조선·철강·섬유 등 전통 산업에 접목시킴으로써 우리 산업 전반의 질적인 발전을 이끌도록 하려는 것입니다. 기초과학에 대한 투자도 계속 확대되어야 합니다. 연구개발에 대한 평가와 보상을 엄정하게 실시하고, 산·학·연의 긴밀한 협동 연구를 우선적으로 지원해야 할 것입니다. 과학 영재의 육성도 중요한 과제입니다.

여성 과학기술인을 보다 적극적으로 육성하는 일입니다. 21세기는 여성의 시대이기도 합니다. 경제활동과 국가 발전을 위한 역할이 갈수록 중요해지고 있습니다. 지식과 창의력으로 승부가 결정되는 지식경제 시대에는 섬세한 감각을 가진 여성의 능력 개발과 활용이 매우 중요합니다.

▶ '제34회 과학의 날' 기념식 연설, 서울 코엑스, 2001. 4. 21. ◀

이웃을 사랑하고, 사회에 봉사하고, 양심적으로 행동합시다

여기 와서 무슨 말을 할까 생각하다가, 제일 좋은 것은 내가 평소에 중요하다고 생각하고, 또 어린이들이 이랬으면 좋겠다고 생각한 것을 말하는 게 좋겠다는 생각이 들었습니다.

첫째, 지식을 발전시켜야 합니다. 우리의 지적 능력을 깨우치는 것은 시대마다 달랐습니다. 우리 조상들은 한문을 배웠습니다. 20세기의 교육과 지식도 지금 여러분이 배우는 것과 큰 차이가 있었습니다. 과거 산업사회는 큰 공장이나 기업체에서 일사불란하고 규칙적으로 일하는 사회였습니다. 교육도 평균적 교육에 중점이 있었습니다. 산업사회에서 가장 중요한 것은 자본과 노동력, 원자재였습니다. 금은 같은 자본과 많은 노동력 확보, 원자재 확보를 위해서 영국이나 프랑스 같은 강한 나라들은 제국주의로 나섰습니다. 많은 식민지를 가졌고 일본도 우리나라를 식민지로 만들었습니다. 산업사회 시대에는 물질 요소를 찾기 위해서 제국주의가 일어나고, 약자는 강자의 지배를 받았습니다.

21세기에는 크게 달라졌습니다. 영토와 돈, 원자재도 중요하지만 더 중요한 것은 우수한 두뇌, 지적 창의력 등 지식입니다. 여러분이 잘 아는 빌 게이츠Bill Gates는 대학을 중퇴하고도 세계 최고의 거부가 되었습니다. 손정의孫正義 씨는 일본 최고의 부자인데, 16세 빈털터리 소년이 화물선 타고 미국으로 건너가 아이디어를 발전시킨 끝에 일본 최고의 부자가 되었습니다. 처음에는 그 사람들이 자본이나 원료를 갖고 있었던 게 아닙니다. 이제 제일 중요한 것은 사람의 머리입니다. 남이 생각하지 않는 것을 생각하는 지적 창의력입니다. 첨단기술, 즉 IT(정보기술), BT(생명기술), ET(환경기술) 등이 전부 지식에서 나옵니다. 그런 일은 새로 시작하는 것이기 때문에 실패하기가 쉽습니다. 그래서 모험심을 갖고 해야 합니다. 이제는 지적 창의력과 모험심 강한 민족이 세계에서 성공하게 됩니다. 한국인은 거기에 알맞은 적성을 갖추고 있습니다.

둘째, 인생을 어떻게 살아야 하느냐 하는 것입니다. 아무리 지식이 많아도 삶에서 성공하지 못하면 성공한 사람이 될 수 없습니다. 인생을 사는 방법은 두 가지가 있습니다. 하나는 '무엇이 되느냐'이고, 둘째는 '어떻게 사느냐'입니다. 실업가·과학자가 되겠다, 이런 목표도 좋지만 어떻게 사느냐, 부모 형제와 어떤 관계로, 남들과 어떤 관계로 사느냐가 더욱 중요합니다. 무엇이 되느냐에만 치중해서는 안 됩니다. 돈은 10억 원이 생기면 20억 원이 욕심나게 마련입니다. 자리도 그렇습니다. 차관을 하면 장관 하고 싶고, 장관 하면 대통령을 하고 싶어지는 것입니다.

무엇이 되느냐를 위한 노력도 좋지만 그것만 갖고 행복해질 수는 없습니다. 그러면 우리는 어떻게 살아야 할까요? 사회와 이웃·부모·친구를 위해서 살아야 합니다. 내 도움이 필요한 사람을 돕고 친구가 낙담하거나 병이 들었으면 찾아가 도와주고, 부모와 선생님을 도와드리고 해야 잘사는 것입니다. 그런 가운데 부자도 되고 성공도 하는 것입니다. 남과 사회를 위해서 이웃과 함께 힘을 합치면 친구로부터 존경받고, 부모로부터 사랑받고, 사회로부터 칭찬받고, 그리고 무엇보다도 자기 양심에 충족되는 것입니다.

셋째, 튼튼한 체력을 길러야 합니다. 요즘 어린이들은 영양이 좋아 옛날보다 키도 크고 체중도 늘었지만 체력은 줄어들었습니다. 운동은 공부 못지않게 중요합니다. 강인한 체력이 있어야 공부도 잘할 수 있습니다. 실리콘밸리에서 연구에 성공하는 사람은 결국 체력이 강한 사람입니다. 옛말에도 "건강한 정신은 건강한 신체에서 나온다."는 말이 있습니다. 음식도 중요합니다. 담배·술 등 해로운 것은 멀리해야 합니다.

요약해서 말하면 첫째, 자기 특성에 맞는 지식을 선택해 그 분야의 1인자가 돼야 합니다. 둘째, 내 이웃을 사랑하고 사회에 봉사하고 양심적으로 행동하는 것이 중요합니다. 셋째, 튼튼한 체력을 길러 인생을 건강하게 지내야 합니다. 여러분이 이런 목표를 향해 살면서 모두 인생에서 성공하기를 바랍니다.

▶ '제20회 스승의 날' 기념 한수초등학교 일일교사 강의, 고양 한수초등학교, 2001. 5. 14. ◀

경의선이 완공되면 태평양의 해상 항로와
유라시아의 실크로드가 연결된다

21세기는 해양의 시대입니다. 해양력이 한 나라의 생존과 번영을 결정하고 국부國富의 중요한 척도가 되고 있습니다. 이미 세계 각국은 해양의 가치에 주목하고 바다를 제2의 국토로 가꾸기 위한 노력을 기울이고 있습니다. 남보다 앞선 해양력을 보유하려는 국가 간의 경쟁도 날로 치열해지고 있습니다.

인류 역사상 마침내 도래한 세계화 시대를 맞아 우리에게는 바다가 새로운 도약의 발판이 되고 있습니다. 태평양의 해양 문명과 유라시아의 대륙 문명을 연결하는 지정학적 위치는 우리가 세계적인 물류거점, 21세기 해양 부국으로 성장할 수 있는 유리한 여건이 되고 있는 것입니다.

경의선이 완공되면 태평양의 해상 항로와 유라시아의 철의 실크로드가 연결됩니다. 바다를 통해 들어온 물자가 멀리 유럽의 파리와 런던에까지 가고, 유럽과 중앙아시아의 물자가 우리의 항구를 거쳐 태평양으로 나아가게 됩니다. 우리 한국은 세계적인 물류거점으로서 지금은 상상할 수 없는 번영과 풍요를 누리게 될 것입니다. 장보고張保皐 대사의 해상왕국 이래 민족의 찬란한 꿈이 이루어지게 되는 것입니다. 이러한 의미에서도 남북 간의 평화와 협력은 우리의 지상과제가 되는 것입니다.

▶ '제6회 바다의 날' 기념식 연설, 여수 오동도, 2001. 5. 31. ◀

우리 사회 발전의 원동력은
남녀평등에 있습니다

지식정보화의 시대인 21세기는 곧 여성의 시대라고 합니다. 여성 특유의 감성과 문화적 창의성이 개인은 물론 국가 발전의 핵심적 요소가 되기 때문입니다. 여성의 이러한 장점들이 국가 발전에 활용되는 데 장애물이 있어서는 안 되겠습니다.

국민의 정부는 그동안 가정과 사회, 그리고 직장에서 남녀 차별의 벽을 제거하고 여성의 능력 개발과 여성의 권익 보호를 위하여 최선의 노력을 기울여 왔습니다. 이를 위하여 여러 제도적 장치를 만들거나 보완했습니다. 올해 들어서는 여성부를 출범시켜 남녀평등과 여성 인력 활용을 위한 획기적인 기반을 마련했습니다. 남녀 차별 금지 및 규제에 관한 법률도 제정하여 남녀 차별적 관행을 개선해 왔습니다. 또한 가정폭력 방지 및 피해자 보호 등에 관한 법률의 시행으로 가정폭력 예방과 피해자 보호에 힘을 기울여 왔습니다.

지금도 우리 사회에는 여성에 대한 사회적 편견과 남성 위주의 관행들이 적지 않은 실정입니다. 남녀 차별의 시정과 여성 인력의 개발 면에서도 아직 부족한 점이 많습니다. 또한 여성 인력의 활용과 여성의 지위 향상이 선진국에 비해 여전히 저조한 것도 우리의 엄연한 현실입니다. 우리나라 경제력은 세계 11위이고 여성개발지수는 세계 30위이지만 여성권한척도는 70개국 중 63위라는 자료가 이를 잘 말해 주고 있습니다. 이러한 문제를 해결하지 못한다면 우리의 미래는 결코 밝을 수 없습니다. 따라서 여성의 인권과 권익을 더한층 개선해 나가는 데 우리 모두는 최선을 다해야 할 것입니다. 그래서 여성들이 자신의 능력을 개발하고 발휘하는 데 아무런 제약이 없는 사회를 만들어 나가야 할 것입니다.

남녀평등은 남녀가 서로 인격의 동등함을 인정하고 상호 존중하는 가운데서 이루어지는 것입니다. 남녀 간의 진정한 이해를 바탕으로 서로 도우면서 동반자적 관계를 형성하는 것이 중요합니다. 한 가정의 근간이 부부의 평등함에 있듯이, 우리 사회 발전의 원동력도 남녀 양성의 평등함에 있다고 저는 믿습니다. 우리가 21세기 지식 강국이 될 수 있도록 모든 분야에서 여성과 남성이 동등하게 참여하고 책임을 분담하는 진정한 남녀평등 사회가 이루어지기를 바랍니다.

▶ '제6회 여성주간 기념식' 기념사, 서울 여의도 63빌딩 국제회의장, 2001. 7. 3. ◀

여러분 한 사람 한 사람은
피와 땀으로 얼룩진 분들입니다

21세기는 인류 역사상 최대의 격변기입니다. 큰 특징은 세계가 하나 되는 세계화 시대입니다. 민족 단위의 국민국가 시대가 지나가고 전 세계가 하나가 돼서 세계 속에 경쟁하고 세계와 더불어 협력하는 시대에 살고 있습니다.

한국은 전 세계에 550만 명의 동포가 있습니다. 엄청난 재산이고 우리의 큰 힘입니다. 여러분 한 사람 한 사람이 피와 땀으로 얼룩진 분들입니다. 과거에 러시아·만주·일본 등에서 고통도 받은 분들입니다. 이같은 일들을 잊어서는 안 됩니다.

여러분께서 피눈물 나는 노력을 한 것을 저는 잘 압니다. 우리 550만 재외동포들에게는 모든 역경을 헤치고 살아남은 잡초 같은 끈질긴 생명력이 있습니다. 여러분이 속해 있는 각 사회에서 당당한 사람으로 우뚝서 있고 자식 교육도 잘 시키고 있습니다. 고국을 잊지 않고 찾아온 여러분의 애국심과 자긍심에 깊이 감사드립니다.

미국으로 망명했을 때 우리 교포들은 국가의 민주주의를 위해 참으로 여러 가지를 후원해 주셨습니다. 저는 그 은혜를 크게 입었고, 지금도 그 은혜에 대해 고맙게 생각하고 있습니다. 이런 점에서 대통령이 된 뒤 여러분을 위해 몇 가지 노력한 바가 있습니다. 바로 저는 여러분과 만날 때마다 "여러분이 살고 있는 그 사회에서 적극적인 노력으로 성공하고 대접받는 사람이 돼라. 한국계 시민으로 문화를 유지하고 살되 그 나라에 어울리는 사람이 돼라. 한국만 생각하는 사람이 아닌 한국적 사고와 문화를 지니면서도 그 사회에서 인정받는 사람이 돼라."라고 강조했고, 여러분은 제 뜻에 따라 주셨습니다.

지금은 세계화 시대입니다. 러시아·아프리카·아메리카 등 지역적 문제는 아무것도 아닙니다. 이런 때일수록 누가 세계화 시대에, 그리고 경쟁 시대에 이기느냐가 중요합니다.

21세기 지식기반사회를 만들고 남북이 화해·협력을 이루면 반드시 세계 일류 국가가 될 것입니다. 그러기 위해서는 여러분이 큰 역할을 해야 합니다. 세계 속에 사는 여러분의 활약이 더욱 필요한 때입니다.

▶ 세계 한인회장단 초청 다과회 말씀, 청와대, 2001. 7. 10. ◀

정보화와 세계화의 혜택은
인류 전체가 함께 누려야 한다

지난 20세기에는 전 세계적으로 250차례의 크고 작은 전쟁이 있었습니다. 그 때문에 무려 1억 1천만 명이 목숨을 잃었습니다. 그중 60%인 약 6,300만 명은 민간인들이었습니다.

20세기 전쟁의 주된 원인은 크게 두 가지였습니다. 하나는 '민족주의의 대결'이고, 다른 하나는 '이데올로기의 대결'입니다. 민족주의의 대결은 20세기 전반기에 그 세를 떨쳤습니다. 두 차례의 세계대전을 통해서 인류는 이를 철저하게 경험했습니다. 중동 일부에서 지속되고 있는 민족 대립 양상은 지금도 세계평화에 큰 위협이 되고 있습니다. 이데올로기의 갈등 역시 1950년의 한국전쟁을 비롯해서 20세기 후반기의 40여 년에 걸친, 첨예한 동서 냉전을 가져왔습니다. 그리고 아직도 우리 한반도에는 냉전의 잔재가 남아 있습니다. 민족주의와 이데올로기 외에도 지금 세계 각지에서는 인종·종교·문화 간의 갈등이 끊이지 않고 있습니다.

세계평화야말로 온 인류가 걸어가야 할 가장 숭고한 목표이며, 반드시 성취해야 할 지상과제입니다.

인류는 지금까지 다섯 번의 혁명을 겪었습니다. 첫째는 인간 종의 탄생이요, 둘째는 1만 년 전 농업의 시작이요, 셋째는 5, 6천 년 전 나일강·티그리스-유프라테스강·인더스강·황허강 유역에서 일어난 4대 문명의 발상이요, 넷째는 2,500년 전 무렵 중국·인도·그리스·이스라엘 등을 중심으로 이루어졌던 사상 혁명이요, 다섯째는 18세기 말 영국에서 시작되었던 산업혁명입니다. 산업혁명은 근대국가 형성의 경제적 토대를 제공했고, 동시에 본격적인 민족주의 시대를 열게 했습니다. 강한 민족은 '침략적 민족주의', 즉 제국주의로 나아가는 것을 서슴지 않았고, 약한 민족은 '방어적 민족주의'에 전력을 다했습니다. 이러한 대결이 결국 20세기 들어 두 차례의 세계대전이라는 비극을 초래했던 것입니다. 산업혁명은 분명 인류 문명의 발전과 풍요에 찬란한 빛을 가져다 주었습니다만, 그 이면에는 약소민족의 비참한 희생과 강대국 간의 제국주의 전쟁이라는 어두운 그림자를 짙게 드리우고 있었던 것입니다.

여섯 번째 혁명기라고 할 수 있는 21세기 정보화·세계화 시대의 빛과 그림자는 무엇이겠습니까? '제3의 물결'로 불리는 정보화 혁명은 인류에게 '지식기반경제'라는 새로운 가능성을 열어 주었습니다. 지식과 정보가 부를 창출하는 핵심 요소로 등장한 것입니다. 가난한 나라와 가난한 계층도 컴퓨터를 잘 활용하면 누구나 새로운 부의 창조에 참여할 수 있게 되었습니다. 이것은 과거 토지와 자본, 노동력 등 거대한 유형적 자원에 의존했던 산업사회의 한계를 극복하는 새로운 패러다임입니다.

아울러 시공을 초월한 엄청난 규모의 정보 유통으로 세계화는 더욱더 가속화되고 있습니다.

지난 1995년 WTO 체제의 출범은 본격적인 세계화 시대의 개막을 알렸습니다. 상품과 서비스, 자본이 국경을 자유롭게 넘나들게 되면서, 말 그대로 '하나의 지구촌' 시대가 열리고 있는 것입니다. 인류는 더욱 가까워지고 부는 더욱 크게 창출될 수 있게 되었습니다.

이러한 것들은 모두 정보화·세계화의 밝은 빛입니다. 그러나 그 이면에는 역시 어두운 그림자가 있습니다. 이른바 '정보화 격차'의 문제가 바로 그것입니다. 정보화에 앞선 나라가 뛰어난 경제력을 가지고 개도국의 경제를 압도하고 있습니다.

빈부격차의 해결 없이는 21세기의 세계평화를 보장할 수 없습니다. 핵무기도 미사일도 안전을 보장하지 못합니다. 빈부격차의 문제야말로 종교·문화·인종·이념 갈등의 저변을 차지하고 있습니다. 정보화와 세계화의 혜택은 인류 전체가 함께 누려야 합니다. 모든 국가, 모든 민족의 이해관계와 다양성이 존중되어야 합니다.

인권과 민주주의가 인류 보편의 가치로서 존중되고 실천되어야 할 것입니다. 가난이 해소되고 민주주의가 실현될 때 21세기의 세계평화는 가능해지고, 인류는 안전과 행복을 누릴 수 있다고 저는 확신합니다.

한반도 평화는 7천만 민족의 문제일 뿐 아니라 동아시아와 세계평화에도 직결된 문제입니다. 21세기에도 평화를 위한 우리의 전진은 계속될 것입니다. 저는 그러한 전진의 원동력을 '대화와 협력'이라고 생각합니다. 대화와 협력의 실천을 통해서 인류는 빈곤 문제를 위시한 21세기의 새로운 문제에도 슬기롭게 대처해 나갈 수 있다고 저는 믿어 의심치 않습니다.

국가·문명·종교·인종 간의 대화를 통해서 상생의 협력 관계를 이끌어 내야 합니다. 대화가 있는 곳에 이해가 있고, 이해가 있는 곳에 협력이 있습니다. 협력이 있는 곳에서만이 빈곤의 해소를 기대할 수 있습니다. 그렇게 될 때 전쟁의 그림자는 사라질 것입니다. 유네스코 헌장 전문에 "전쟁은 인간의 마음에서 시작한다."라고 나와 있습니다. 우리 모두 마음속에 있는 전쟁의 문화를 씻어 냅시다. 그리고 그 자리에 대화와 협력의 문화를 심읍시다. 21세기를 평화의 세기로 만듭시다.

▶ '노벨평화상 100주년 기념 심포지엄' 제1회의 주제발표, 노르웨이 오슬로 홀멘콜펜파크호텔,
2001. 12. 6. ◀

5

다시 처음처럼,
민주·인권·평화를 위하여

2003~2009

6·15남북공동선언 7주년 기념식장에서. 2007. 6. 14.

한반도 문제는 반드시
우리가 주인이 되어야 합니다

우리가 한반도 평화를 실현하기 위해서, 또 모든 것을 원만히 해결하기 위해서는 남북 간의 관계가 개선되는 것과 동시에 북·미 간의 관계도 개선되도록 노력해야 합니다. 이 둘이 병행될 때 진정한 평화가 있습니다.

한반도는 우리 땅입니다. 우리 땅인 만큼 한반도에서 잘살고 못사는 것도 우리들에게 달려 있습니다. 한반도의 중대 위기가 있을 수 있는 절박한 지금 상황에서야말로 국민들이 큰 결심을 해야 한다고 생각합니다. '어떤 일이 있어도 한반도의 평화를 해쳐서는 안 된다. 어떤 일이 있어도 무력을 사용해서는 안 된다. 우리의 목숨이 걸린 문제인 만큼 전쟁은 막아야 한다.'는 굳은 결심을 국민 전체가 가져야 합니다. 이것은 정치나 지역을 초월한 문제입니다.

외교는 어느 것이 국익이 되느냐가 문제입니다.

▶ 6·15남북정상회담 3주년 기념 KBS〈일요스페셜〉특별대담, 서울 동교동 자택, 2003. 6. 15. ◀

한반도처럼 4대국이 둘러싼 지정학적 환경은 세계 어디에도 없습니다. 국민 전체가 외교관이 되어야 합니다. 이런 정세에서 강대국의 세력 다툼을 부인하기는 어렵습니다. 결국은 세력 균형이 관건이고, 미국을 활용해야 합니다. 미국은 자신의 이익을 추구하겠지만 영토적 야심을 갖고 있지는 않습니다. 문제는, 한반도 문제는 반드시 우리가 주인이 되어야 한다는 것입니다.

▶「한겨레」 신년 회견, 2004. 1. 1. ◀

빈곤 퇴치는
인류 행복의 시발점입니다

지식과 기술의 급속한 발전으로 인류의 삶도 풍요로워지고 있습니다. 세계화의 과정 속에 여러 분야에서 많은 발전의 기회들이 생겨나고 있습니다. 그러나 안타깝게도 이러한 발전의 혜택은 국가 간에, 그리고 계층 간에 균형 있게 미치지 못하고 있습니다. '가진 자'와 '못 가진 자' 간의 격차가 커지고 있습니다. 세계은행의 최근 통계에 의하면, 발전과 풍요의 이면에서 아직도 약 12억 명에 달하는 사람들이 하루 1달러 미만의 소득으로 생활하고 있다고 합니다. 사하라 이남 아프리카 지역, 중남미 등 여러 지역에서 1990년대 말보다 많은 사람들이 빈곤에 처해 있습니다.

세계보건기구에서 파악하고 있는 통계에 의하면, 2002년 전 세계적으로 사망한 5,700만 명의 사람들 중 약 20%인 천만 명이 5세 미만의 아동이었습니다. 그리고 이 아동 사망자의 98%는 개발도상국가의 어린이들이었습니다. 많은 개발도상국가에서 인적자원은 발전을 이루기 위한 가장 중요한 수단입니다. 아이들이 희생된다는 것은 가정과 사회,

그리고 국가의 희망과 꿈이 사라지고 있음을 의미합니다.

빈곤이야말로 우리 인류가 직면하고 있는 가장 엄중한 도전이라고 생각합니다. 또한 세계보건기구의 최대의 적이라고 생각합니다. 우리는 세계화 시대, 정보혁명 시대, 지식산업사회 시대를 살고 있습니다. 그러나 많은 사람들이 이러한 새로운 기회와 혜택으로부터 소외되고 있으며, 이 때문에 국가 간, 또한 국가 내부의 빈부격차가 더욱 심화되고 있습니다.

빈곤은 기아와 질병의 일차적인 원인입니다. 지속되는 빈곤은 빈곤계층에 대한 사회적·문화적 차별을 가져오게 되고, 이는 사회통합의 중요한 장애 요인으로 작용하고 있습니다. 나아가 종교·인종·문화 간의 갈등과 분쟁의 뿌리에도 빈곤 문제가 도사리고 있습니다. 빈곤 문제의 해결 없이는 지금 세계를 불안 속에 몰아넣고 있는 테러리즘도 해결할 수 없습니다. 빈곤 문제는 우리가 21세기에 평화와 협력에 바탕을 둔 인류 공동체를 실현하기 위해 시급히 해결해야 할 과제인 것입니다. 특별히 세계 인구의 절대 다수를 차지하는 가난한 사람들의 수명과 건강을 위해서도 불가피한 문제입니다.

빈곤과의 싸움에서 국제사회의 협력은 매우 중요합니다. 세계화 시대에는 어느 국가, 어느 지역에서의 혼란과 불안정도 더 이상 남의 일이 아닙니다. 잘사는 국가가 못사는 국가를 돕는 것은 잘사는 국가 자신들의 안정과 번영을 위해서도 필요한 일입니다. 또한 정보 격차로 발생하는 새로운 불균형을 해소하기 위한 국제적 협력도 필요합니다. 각국 정부가 자국 내에서 행하는 빈곤 타파 정책도 긴요합니다.

1998년 대한민국 대통령에 취임한 후 빈곤층 국민들을 지원하기 위해 '생산적 복지정책'을 실시한 바 있습니다. 생산적 복지정책은 첫째, 활동 능력이 없는 사회의 약자들에게 무료 의료 혜택을 줍니다. 4인 가족에 월 8백 달러까지 생계비를 지원합니다. 둘째, 이 정책은 이러한 구호 활동에 그치지 않고 구직 교육을 실시합니다. 21세기 지식기반경제 시대에 적응시키기 위하여 모든 국민, 즉 학생·주부·노인·재소자·군인·장애인에 이르기까지 컴퓨터 교육을 실시했습니다. 지금 한국은 세계적 정보화 국가입니다. 가난한 집 자식들도 좋은 직장을 얻고 벤처기업을 통해 큰 성공을 거둔 사례가 많습니다.

존경하는 의장, 그리고 각국 정부 대표단 여러분! 질병은 노동력 상실을 가져옵니다. 빈곤계층에서 질병은 한 가정의 생존권이 위협받는 상황을 의미합니다. 이러한 상황은 종종 아동에게 노동이 강요되고 교육의 기회를 박탈하는 등의 여러 부정적 파급 효과를 발생시킵니다. 질병은 빈곤에서 벗어나려는 많은 개도국 국민들의 노력을 좌절시키고 있는 주요 요인 중의 하나입니다. 빈곤은 질병을 확대시킵니다. 질병의 확대는 빈곤을 더욱 악화시키는 악순환으로 연결됩니다.

인간에게 굶주리지 않고 건강하게 사는 것 이상 중요한 일이 없습니다. 건강과 빈곤 퇴치가 모든 인류 행복의 시발점입니다.

▶ 제57차 세계보건기구WHO 총회 특별연설 「건강과 빈곤 퇴치가 인류 행복의 시발점」, 스위스 제네바 유엔유럽본부 대회의장, 2004. 5. 17. ◀

일본이 '보통 국가'가 되려면, 과거부터 청산해야 한다

일본에 대한 우리의 걱정은 과거에 대한 반성이 매우 부족하다는 것이다. 일본은 해가 갈수록 과거를 정당화, 미화하려고 한다. 일본이나 독일이나 다 제2차대전 '침략국'이다. 일본은 독일과 비교하면 싫어하지만, 독일은 반성하고 사과하고 보상하고 국민에게 철저히 과거를 교육시키는데 일본은 거리가 너무 멀다. 독일은 철저한 반성을 했기 때문에 침략을 당한 주변국들로부터 신뢰와 지지를 받게 되었다. 또 철저한 과거 청산의 결과로 독일은 통일을 이루고 현재 유럽연합EU의 중심 국가가 되었다. 일본이 '보통 국가'가 되려면, 우선 침략을 한 다른 보통 국가들이 하듯 과거 청산을 해야 한다. 그런데 일본이 군사력 강화와 자기 정당화를 하면서 보통 국가를 얘기하면 침략당한 사람들이 얼마나 걱정하겠나.

한국과 일본, 중국은 반드시 함께 손잡아야 한다. 그래야 동북아와 동아시아 전체, 그리고 세계가 안정된다. 이건 절대적 조건이다. 그런데 세 나라가 모래알처럼 각자 흩어져 있는 상태여서 걱정스럽다. 일본은 독일 얘기 하면 화내지 말고 '왜 우리에게 그렇게 말하는가'를 반성할 필요가 있다. 그런 점에서 일본이 크게 생각을 바꿔야 한다. 그런데 불행하게도 일본이, 아베 정권에서 그럴 가능성은 적지 않은가 싶어 상당히 걱정스럽다.

일본이 전후에 경제적으로 크게 일어나고 많은 성취를 했는데 중요한 것 하나가 부족한 게 있다. 일본이 민주주의를 싸워서 쟁취한 게 아니라는 것이다. 고문당하고 목숨 바치고 희생해서 된 게 아니라는 것이다. 한국은 얼마나 많은 사람이 죽었나. 나도 사형선고를 받아서 죽을 사람이 기적으로 살아난 것 아닌가. 일본은 그런 일이 없다. 그렇기 때문에 일본 민주주의는 주체 세력이 없다.

일본의 민주주의라는 것이, 전쟁에 지고 나니까 맥아더D. MacArthur 원수가 와서 "이제부터 민주주의 하라."고 하니까 하다시피 한 것 아닌가. 일본의 민주주의는 근간이, 뿌리가 약하다. 일본의 뜻있는 사람들이 그것을 굉장히 심각하게 생각해야 한다. 그래서 이제 지금 지키는 데라도 목숨을 바칠 필요가 있으면 바쳐야 한다. 그것을 제대로 못 하면 일본은 앞으로 한쪽으로 끌려가고 국제사회에서 친구를 많이 잃을 것이다. 일본이 민주주의 뿌리가 확고하지 않고 주체 세력이 약한 것, 그걸 어떻게 보완하느냐에 일본의 뜻있는 사람이 자기희생을 각오하고 노력해야 한다.

▶ 인터넷 언론 『오마이뉴스 재팬』 창간 기념으로 편집위원 아오키 오사무靑木埋와 가진 인터뷰, 2006. 12. 9. ◀
　　(「부시의 ABC 정책이 대북 정책 실패 초래」, 『오마이뉴스』, 2006. 12. 11.)

평화를 유지하고 협력하면
우리 민족이 축복받는다

내가 6·15남북정상회담 때 김정일 위원장의 마음을 사로잡는 결정적인 말을 했어요. "인생이란 것은 누구나 영원히 사는 사람이 없다. 또 높은 자리에 간다고 해서 영원히 가는 사람도 없다. 당신과 나는 남북을 대표하는 입장인데 우리가 마음 한번 잘못 먹으면 우리 민족이 공멸한다. 그러나 우리가 마음을 잘 먹고 평화를 유지하고 잘 협력해 나가면 우리 민족이 다 같이 축복을 받을 것이다. 역사에서 높이 평가받을 것이다. 우리가 지금 기로에 서 있는 것이다. 실제로 독일의 예를 들어서 우리가 당신들을 흡수 통일할 거라고 생각하는데, 우린 그럴 생각 없다. 아니, 그럴 생각이 없는 게 아니라 능력이 없다. 우리는 북한이 독자적으로 경제발전을 하는 데 도와주고 남북이 그렇게 왕래하면서 교류·협력하고 장차 평화적으로 통일하는 것을 바라지, 흡수통일 같은 거 안 한다. 마찬가지로 당신들이 일부에서 생각하는 공산당 통일은 우리도 죽어도 용납 안 한다. 만일 그렇게 하려고 하면 전쟁밖에 없다. 그런 건 당신들도 꿈에라도 버려야 한다. 그러니 같이 살면서 같이 협력하고 같이 발전하다가 이만하면 됐다 할 때 그때 통일하자." 그것이 김정일 위원장에게 천 마디 말보다도 더 영향을 주었다고 생각해요.

▶ 전 환경부 장관 손숙과의 인터뷰, 서울 동교동 자택, 2007. 8. 18. ◀
(CBS 라디오 〈손숙의 아주 특별한 인터뷰〉, 2007. 8. 21.)

통일은 단계적으로,
민주적 통일이 될 때까지 기다려야 합니다

북한이 핵을 가지려는 이유는, 미국과 직접 대화를 통해서 안전을 보장받고 경제제재 해제와 국교 정상화를 얻기 위한 목적 때문입니다. 따라서 미국은 지금까지의 태도를 바꿔서 북한과 대화하고, 줄 것은 주고받을 것은 받는 결단을 내려야 합니다. 그렇게 하면 북핵 문제는 해결됩니다.

분단된 지 60년이 되었습니다. 우리 젊은이들은 과거 통일 시절을 잘 모릅니다. 그러나 우리는 세계에서도 보기 드물게 1,300년 동안 단일국가를 유지해 왔습니다. 단일민족입니다. 단일문화입니다. 단일언어입니다. 그렇기 때문에 우리의 오랜 전통과 본질적인 정체성은 60년 동안의 분단으로 훼손될 수 없는 것이고, 실제로도 그러합니다. 그러나 또 한편, 지난 60년 동안 남북 각기 상당히 이질적인 발전을 이루었고, 더구나 북한은 공산주의, 우리는 민주주의를 하기 때문에 근본적인 이념에서도 차이가 있습니다.

사고방식에도 많은 차이가 있습니다. 이런 상황에서 급속히 통일을 추진한다는 것은 큰 갈등을 불러일으키고, 통일이 되더라도 동·서독의 예에서 보다시피 많은 문제점들이 생겨날 것입니다. 따라서 통일은 남북연합, 남북연방, 단계적으로 완전 통일해서, 예측한다면 20~30년 더 걸릴 생각을 하면서, 통일을 지향하는 노력을 꾸준히 하되 통일을 서두르지 않아야 합니다. 민주적 통일이 될 때까지 기다려야 한다고 생각합니다.

한반도에 있어서 남북통일은 절대적인 명제입니다. 그러나 이것은 절대적이지만 말처럼 쉽게 통일이 되는 것도 아니고, 남북 관계에서 여러 가지 이해관계나 혹은 그동안에 있었던 적대 관계의 해소, 신뢰의 구축, 그리고 군사적인 안전 조치 등에 관해서 통일의 길로 한 발 한 발 나가야 할 것입니다. 그리고 주변 정세도 중요합니다. 그래서 저는 조금 전 연설문에서도 말씀드렸듯이 통일은 단계적으로 해야 한다고 생각합니다.

▶ 내셔널 프레스 클럽National Press Club 연설 「한반도 평화에 서광이 비치고 있다」, 미국 워싱턴, 2007. 9. 18. ◀

햇볕정책의 핵심은
냉전의 찬 바람을 중단시키자는 것

햇볕정책의 핵심은 북한의 옷을 벗기는 것이 아니라 냉전의 찬 바람을 보내는 것을 중단하자는 것입니다. 이솝 우화와는 관련이 없습니다. 햇볕정책의 구체 내용은 평화공존, 평화 교류 및 협력, 그리고 평화통일입니다. 통일을 일방적으로 하는 것이 아니라 합의에 의해 단계적으로 연합제, 연방제를 거쳐 완전한 통일을 이루고, 그래서 서로 윈윈win-win 하자는 것입니다. 7천만의 한국민이 화해·협력하여 다시 손을 잡아 우리 조상들이 1,300년 동안 유지해 온 통일을 다시 이룩해야 합니다. 그러나 통일 과정에서 어느 일방의 희생이나 지배가 있어서는 안 되며, 공동의 승리를 거둘 수 있어야 합니다.

▶ 월도프아스토리아호텔에서의 발언, 미국 뉴욕, 2007. 9. 25. ◀

빈곤국 국민의 불만은
군사적 대결보다 더 큰 리스크

나는 1998년부터 2003년 2월까지 5년간 대통령 재임을 했는데 임기의 반은 클린턴 대통령을 상대했고 반은 부시 대통령을 상대했습니다. 클린턴 대통령은 햇볕정책, 즉 평화적 방법, 대화를 통해 어려운 문제를 푼다는 정책을 적극적이고 공개적으로 지지해 주었습니다. 그리고 2000년 내가 북한을 방문할 때도 이를 지지해 주었습니다. 그 이후 내가 클린턴 대통령에게 주선을 해서 북한과 미국 간의 고위층 교류가 이루어졌고, 거의 국교 정상화 단계까지 갔는데 클린턴 대통령의 임기가 끝났습니다. 2001년 2월 부시 정권이 들어서자마자 에이비시 ABC(Anything But Clinton) 정책을 취하면서 그동안 나와 클린턴 대통령이 만들어 온 대북 관계에서의 모든 진전을 폐기하고, 나쁜 행동에는 보상을 할 수 없다며 대결주의로 돌아갔습니다. 사태는 미국에 불리하게만 전개되어 북한은 핵확산금지조약NPT을 탈퇴했고 국제원자력기구IAEA 요원을 추방했으며 모라토리엄하에 있던 장거리미사일을 발사했으며, 마침내는 2006년 10월 9일 핵실험을 하기까지 이르렀습니다.

기후변화 문제는 중대한 문제인데 한 가지 희망을 가질 수 있는 이유는, 잘사는 나라든 못사는 나라든, 동쪽 진영이든 서쪽 진영이든 기후변화의 위협은 모두에게 똑같다는 것입니다. 즉 협력하지 않으면 공멸한다는 공동의 이해를 가지고 있어서 해결할 수 있을 것입니다.

곤란한 문제는 따로 있는데 바로 빈부격차입니다. 잘사는 나라의 사람은 못사는 나라의 빈곤 문제가 자기들에게는 위협이 되지 않으니 신경을 쓰지 않습니다. 그리고 저개발 국가에서 에이즈나 말라리아 등으로 고통받는 사람들의 문제도 남의 일 보듯이 합니다. 그러나 빈국 국민은 "잘사는 너희가 우리를 수탈해서 그런 것"이라고 원망할 수도 있고, 바로 그런 것이 오늘날 국지전이나 테러의 배경이 되고 있지 않나 생각합니다. 그래서 빈부격차야말로 인류의 큰 문제점입니다. 빈국 국민이 갖는 이런 불만은 군사적 대결보다 더 큰 리스크입니다.

▶ 독일 사회학자 울리히 벡Ulrich Beck 교수와의 대담, 서울 동교동 자택, 2008. 4. 4. ◀

'잃어버린 10년'이라는 표현은
권위주의 시절로 돌아가겠다는 것

촛불시위를 보면, 누가 따로 선동한 것도 아닌데 평범한 국민들이 유모차 끌고 나오기도 하고, 노인도 나오고, 학생들도 나오고 하는 모습이에요. 그 사람들이 생각을 한 방향으로 정리해서 제시하고, 그걸 비폭력적으로 주장하고, 인터넷을 통해 활발히 토론하고 하는 걸 보면 우리 국민이 얼마나 위대한지 깨닫게 됩니다. 앞으로는 정치가 이런 대중들과 엔지오NGO들이 함께 뭉쳐서 '시민 세력'이라고 할까, 직접민주주의 세력으로 결집하고, 이들이 의회정치와 연계하는 그런 방향으로 발전하지 않을까 하는 생각도 듭니다. 우리 민주주의 미래의 아주 큰 희망을 봅니다.

1998년 '국민의 정부' 출범을 계기로 이제 이 나라에서는 어떠한 독재자도, 어떠한 군부도 민주주의를 뒤집을 수 없는 그런 국민의 힘이 형성됐다고 봅니다. 저는 어려운 상황에서도 민주주의를 성취해 낸 우리 국민들을 정말 자랑스럽게 생각하고 존경합니다. 그런데 최근 이명박 정권 사람들은 '잃어버린 10년'이라는 표현처럼 '국민의 정부'와 '참여

정부' 10년 동안 이루어진 이 엄청난 변화, 크게 성장한 국민의 힘을 잘 못된 것이라고 생각하면서 과거로 돌아가려 하고 있어요. 과거로 돌아 간다면 결국 권위주의 시절로 돌아간다는 얘기잖아요. 그런 것이 지금 촛불시위 앞에서 저항을 받고 있지 않은가 생각을 합니다.

결론적으로 말해, 대한민국의 지난 60년은 우리 국민이 전무후무한 시 련에도 불구하고 이걸 극복하고 이 나라를 세계적인 모범 국가로 세운 시간이에요. 2차대전 이후 독립한 150여 개 신생국가 중에서 민주주의 와 시장경제를 모두 성장시키고 사회정의를 어느 정도 확대하고 있는 나라는 한국뿐이에요.

나는 과거부터 대통령중임제와 정부통령제가 우리에게 맞는다고 생각 해 왔습니다. 우리의 경우 과거 3선개헌 전의 박정희 정권하 대통령중 임제와 이승만 정권하의 정부통령제의 결합이 좋다고 생각했어요. 그 래서 1987년 6월 항쟁 이후 개헌 때 직선제가 부활되고 할 때도, 우리 야당에서는 정부통령제와 4년 중임제를 가지고 나갔습니다. 여당에서 는 전두환 씨가 자기가 7년 단임제를 했기 때문에 반드시 단임제를 해 야 한다고 주장했어요. 그런데 장기 집권 저지가 그때는 아주 금과옥조 였어요. 또 전두환의 압력을 무시할 수가 없는 상황이었어요. 여당이 절대 안 된다고 하고, 그러니까 거기서 양보를 할 수밖에 없었어요. 정 부통령제를 하게 되면 그때 전라도, 경상도가 정부통령 후보를 하나씩 나누면 지역 대립이 없어지니까 여당이 전략상 안 되는 거예요. 그래서 그들이 완강하게 반대하여 결국은 쟁취를 못 했어요. 참 안타까웠어요. 나는 지금도 정부통령제와 4년 중임제가 필요하다고 생각하고 있어요.

20년의 실험을 거친 지금은 이제 우리에게 맞는 권력구조를 위한 개헌이 필요하지 않나 생각합니다.

촛불시위에는 일종의 직접민주주의적 경향이 있다고 생각해요. 옛날 그리스 아테네에서 했던 그런 직접민주주의인 것이지요. 촛불시위에서 중요한 것은, 직접민주주의 상황에서도 평화가 유지되었다는 거예요. 그만큼 우리 국민이 자치 능력이 생겼고 의식이 강화됐거든요. 수십만 명이 모여서도 그렇게 질서를 지켜 가는 것, 월드컵 때도 그랬는데 우리 국민이 그만큼 성숙했어요. 아주 위대한 국민으로 자랐어요.

▶ 『역사비평』 편집위원인 연세대 박명림 교수와의 대담, 서울 동교동 자택, 2008. 7. 3. ◀
(「오늘의 한국 문제와 남북 관계」, 『역사비평』 2008년 가을호)

역사의 시기마다
국민은 매번 이겼다

촛불시위 때 자발적으로 수십만 명이 거리로 나왔다. 이런 국민 앞에서 민주주의 안 하고는 불가능하다. 이런 국민 앞에서 어떻게 독재가 있을 수 있겠나. 일시적 반동은 있겠지만 절대 후퇴는 없다. 민주노동당과 민주당이 시민사회단체 등과 광범위한 민주연합을 결성해 역주행을 저지하는 투쟁을 한다면 반드시 성공한다. 국민을 이기고 독재할 사람은 누구도 없다. 강권 정치를 하는 사람은, 자신은 실패하지 않을 것이라고 생각한다. 그때와 다르다는 착각도 한다. 국민은 역사마다 독재정권을 좌절시켰고 매번 이겼다.

남북 관계는 의도적으로 파탄 내려고 하는데, 성공 못 한다. '비핵개방 3000' 정책은 핵을 포기하면 도와주겠다는 것인데, 부시 정부도 실패한 정책이다. 북한의 최대 소원은 미국과 관계 개선인데, 이를 받아 줄 오바마 정권이 나왔다. 이명박 정부가 이에 역행한다면 김영삼 정부 시절의 통미봉남通美封南 사태를 맞이할 수 있다. 강경 기조로 가는 것이 통치하는 데 쉽다고 생각하는 것 같은데, 근본적으로 생각을 잘못하고 있다. 미국이 북한과 마무리를 지으려고 하는데 어떻게 (대북 강경 기조를- 엮은이) 계속할 수 있겠나.

▶ 강기갑 민주노동당 대표와의 면담, 서울 동교동 자택, 2008. 11. 27. ◀

이명박 정권은 '6·15공동선언'과 '10·4정상선언'을 공식 인정하라

'퍼주기'라는 말은 사실을 왜곡하는 부당한 비방에 불과하다. 김영삼·김대중·노무현 정권 15년 동안 쌀·비료 20억 불 상당, 연평균 1억 5천만 불, 국민 1인당 5천 원 정도를 북한에 주고 긴장 완화와 평화를 얻었다. 북한 민심이 우리에 대한 증오와 적대감에서 감사와 동족애로 바뀌었다. 남북 교류를 통해 지원해 준 것과 비교가 안 되는 큰 결과를 얻게 된 것이다. 정권이 바뀌어도 전 정권의 권리와 의무는 그대로 승계하는 것이 국제적 원칙이다. 이명박 정권은 당연한 의무로서 '6·15공동선언'과 '10·4정상선언'을 공식 인정해야 한다.

▶ 노벨평화상 수상 8주년 기념 행사 '한반도 평화를 위한 대강연회' 연설
「남북 간 대화와 협력을 복원시키자」, 서울 63빌딩, 2008. 12. 16. ◀

이명박 정권 1년 동안
상상할 수 없는 일이 일어났다

이명박 정권 1년 동안 생시인지 꿈인지 모를 정도로 상상할 수 없는 일이 일어났다. 오늘날 대한민국 민주주의는 지난 50년간 독재정권에 맞서 수많은 사람들이 고문당하고 투옥되고 목숨 바쳐 쟁취한 것인데, 지난 1년 동안 이명박 정부가 2, 30년 전으로 회귀하려는 역주행 모습을 보임에 따라 심각한 위기에 처하게 됐다.

외환위기 당시 37억 불에 불과한 빈 금고를 물려받았지만 전 국민의 노력으로 극복했다. 국민의 정부가 1,400억 불, 참여정부가 2,200억 불의 외화를 쌓았다. 강력한 구조조정으로 부실투성이 기업을 건전한 기업으로 탈바꿈시켰다. 이명박 정부는 역대 최고 외환보유고, 건전 기업, 은행을 물려받은 정부로서 전임 정부에 감사해야 한다. 하지만 경제위기는 계속되고 있고 중소기업·비정규직·서민을 최악의 상황으로 몰아넣고 있다.

▶ '국민의 정부' 장·차관 및 청와대 비서관 신년 하례식 인사말, 김대중도서관 지하 강당, 2009. 1. 1. ◀

북한 핵문제 타결의 주도적 역할은
중국만이 할 수 있습니다

중국은 북한·미국 등을 설득하여 이미 합의된 내용에 따라 북한 핵문제를 타결시켜 한반도 평화를 실현하는 데 주도적 역할을 해 주시기를 바랍니다. 이러한 일은 중국만이 할 수 있다는 것을 세계가 모두 인정하고 있습니다.

지금 남북 관계가 상당히 경색되어 있습니다. 대화는 끊기고 여러 가지 협력 사업도 차질을 보이고 있습니다. 군사적 긴장의 조짐조차 보입니다. 한국 국민은 북한과의 관계 개선을 매우 바라고 있습니다. 이때에 중국이 남북 양자 사이에서 영향력을 행사하여 2000년 6월 15일 남북 정상회담에서 김정일 위원장과 제가 이룩했던 화해·협력의 상황으로 다시 돌아갈 수 있도록 도와주실 것을 부탁합니다.

중국은 북한 핵문제가 성공적으로 해결되는 데 따라 이미 6자회담에서 합의된 바 있는 '동북아의 평화와 안전을 위한 지역협력체제' 구성에 앞장서 주셔야겠습니다. 동북아 안보 협력체제야말로 한반도는 물론 관련 6자 당사국의 안전과 이익에도 일치한다고 생각합니다.

지금 우리 국민은 중국의 놀라운 발전과 세계적 영향력 확대에 큰 감동을 받고 있습니다. 한국민들은 한중 관계를 더욱 긴밀히 해서 상호 이익을 증진시키기를 바라고 있습니다. 외교·경제·문화·관광 등 모든 분야에서 한층의 교류·협력이 이루어지도록 바라며, 중국 측의 적극적인 협력을 기대하고 있습니다. 우리 양국은 천 년의 우의의 역사를 가지고 있습니다. 후손인 우리들이 더한층 이를 발전시켜 나가야겠습니다.

중국은 1820년대 세계 최대의 부강한 나라였습니다. 중국이 21세기에 있어서 가장 강성한 나라가 될 것이라는 것은 많은 전문가들의 일치된 견해입니다. 지금은 세계화의 시대입니다. 과거 제국주의 시대와 달리 부강한 나라는 그만큼 인류의 평화와 발전, 그리고 정의의 실현에도 큰 책임이 있습니다. 21세기 안에 동아시아 공동체가 실현되고 나아가 세계연합 등도 내다볼 수 있다고 생각합니다. 그 첫 출발이 6자회담의 성공에 의한 한반도 평화와 동북아의 안보 협력체제의 구현입니다. 중국과 미국을 포함한 6자의 모든 나라가 굳건히 협력하여 평화와 우호와 공동 번영의 동북아 시대를 이룩하기 위하여 역량을 총집중합시다. 그리고 더욱 앞으로 나아갑시다. 우리의 중국에의 기대는 매우 큽니다.

동북아시아를 볼 때 중국·러시아·북한·남한·일본·미국 6자 중에서 모두가 서로 협력을 해서 화해하고 나가야 합니다. 동북아의 안정된 평화가 이룩되면 6자 모두에 이익이 됩니다. 만일 그것이 안 되면 동북아가 흔들려서 전쟁이 일어날 수도 있고 엄청난 불행이 올 수 있습니다.

대결주의로 가서는 이익은 거의 없고 피해가 오게 됩니다. 그러한 바보 짓을 우리가 해서 되겠습니까. 여하튼 우리 6자는 이제 세계를 이끌 수 있는 그러한 능력을 가지고 있습니다. 그 능력의 중심은 중국입니다. 우리가 서로 힘을 합쳐 아시아의 발전은 물론이고 세계의 발전을 위해 노력한다면 우리는 세계로부터 축복받고 역사에 크게 기록될 것입니다. 저는 중국이 과거에 이룩한 여러 가지 역사를 볼 때 이 일을 해 나가는 데 선두가 될 수 있다고 생각합니다. 도덕을 숭상하고 백성의 뜻을 하늘처럼 받드는 중국이 이제 세계 사람들의 뜻을 하늘과 같이 받들면서 그러한 역할을 해 준다면 과거 진나라, 당나라의 번영에 비교가 안 될, 그야말로 역사적으로, 도덕적으로 평가받는 중국이 되지 않을까 생각합니다.

▶ 베이징대학 연설「북핵 해결과 동북아의 미래, 중국에 기대한다」, 중국 베이징대학 훙야팅弘雅廳 강당, 2009. 5. 6. ◀

지배하는 강대국이 아니라,
책임지는 강대국의 시대

지금 세계는 물질적으로, 과학적으로, 혹은 정보화에 의해서 완전 하나의 세계가 되어 있습니다. 이제 세계는 강대국들이 다시 등장하고 있습니다. 그 강대국 중에 가장 첫째 가는 것이 중국입니다. 우리는 중국에 대한 기대가 너무도 큽니다. 옛날의 강대국은 제국주의적 위력을 가지고 약자를 짓밟고 흡수 통합하고 그리고 많은 착취를 했습니다. 그러나 오늘의 강대국은 그러한 권리보다는 책임이 더 크다고 생각합니다. 현재의 대국은 억압과 착취에 대한 권리가 아니라 책임을 지는 대국, 평화에 대한 책임, 기아에 대한 책임, 질병에 대한 책임, 환경에 대한 책임, 인류 화해에 대한 책임, 이런 것을 지는 것이 대국의 사명이 되었습니다.

사람의 사상은 비약해도 현실은 비약하지 못합니다. 그리고 우리가 보면 경제발전, 사상의 발전, 문화·과학의 발전은 앞서가지만 언제나 정치는 뒤처져서, 오히려 정치가 어느 때는 장애물이 되어서 세계대전도 일으키고 여러 가지 불행을 일으키고 있습니다. 그래서 지금 시대는 강대국이 강대한 힘을 가지고 억압하고 착취하고 정복하는 것이 가능한 시대가 아니고, 그러한 짓을 하면 오히려 손해 보는 시대입니다.

이제 강대국은 지배하는 강대국이 아니라 책임지는 강대국이 되는 시대가 되었습니다. 강대국의 본질 중 하나인 부정적인 억압과 착취를 하던 과거 시대는 이미 지나갔고, 이제는 강대국이 책임을 지는 시대, 가난과 질병과 무지와 환경문제 등 여러 가지 저개발 국가의 고통받고 있는 사람들에게 따뜻한 이해를 가지고 책임지는 시대가 왔습니다. 이러한 것을 실천하는 강대국만이 세계로부터 사랑받고 지지를 받고 또 성공하리라고 생각합니다.

▶ 중국 사회과학원의 동북아 및 아시아·태평양 지역 관계 연구원들과의 좌담,
중국 베이징 사회과학원, 2009. 5. 6. ◀

내 몸의 반이
무너진 것 같은 심정이다

너무도 슬프다. 큰 충격이다. 평생 민주화 동지를 잃었고, 민주정권 10년을 같이한 사람으로서 내 몸의 반이 무너진 것 같은 심정이다.

▶ 독일 『슈피겔Der Spiegel』지와의 인터뷰 도중 노무현 전 대통령의 서거 소식을 듣고,
서울 동교동 자택, 2009. 5. 23. ◀

이명박 정부 들어 민주주의는 엄청 후퇴했고, 빈부격차는 커지고, 남북 관계는 초긴장 상태임에도 국민들은 속수무책이다. 이 때문에 국민은 슬프고 절망하는 것이다. (검찰은 노무현 전 대통령의-엮은이) 일가친척을 저인 망 훑듯이 훑었고, 노 전 대통령이 소환되고 나서는 20여 일 동안 증거 도 못 댔다. 그가 느꼈을 치욕과 좌절, 슬픔을 생각하면 나라도 이런 결 단을 할 수밖에 없었다.

▶ 고故 노무현 대통령 분향소 조문 후의 말씀, 서울역, 2009. 5. 28. ◀

김대중도서관 전시실에서 노무현 대통령에게 전시물을 설명하며, 2006. 12.

행동하지 않는 양심은
악의 편이다

이명박 대통령은 지금 우리 국민이 얼마나 불안하게 살고 있는지 알아야 합니다. 개성공단에서 철수하겠다는 얘기가 나왔습니다. 북한에서는 매일같이 "남한이 하는 일을 선전포고로 간주하겠다, 무력 대항하겠다."고 말하고 있습니다. 세계에서 이렇게 60년 동안이나 이러고 있는 나라가 어디에 있습니까. 그래서 저는 이명박 대통령에게 강력히 충고하고 싶습니다. 전직 대통령 두 사람이 합의해 놓은 6·15와 10·4를 이 대통령은 반드시 지키십시오. 그래야 문제가 풀립니다.

북한이 극단적인 핵 개발까지 끌고 나간 것은 절대로 지지할 수 없습니다. 김정일 위원장은 6자회담에 하루빨리 참가해서, 또 미국과 교섭해서 북핵 문제를 해결하고 한반도 비핵화를 해야 합니다. 한반도 비핵화는 절대적인 조건입니다.

결국 제가 말하는 것은, 외교는 원원win-win으로 해야 한다는 것입니다. 당신도 좋고 나도 좋아야 외교가 성공합니다. 북한은 핵을 포기하고 장거리 미사일까지도 포기하는 단계까지 갔습니다. 그러므로 북한에 줄 것은 줘야 합니다. 그래서 외교도 해 주고 경제원조도 하고 한반도 평화협정도 맺어야 합니다. 다 합의되어 있는 얘기를 미국이 실천을 안 하고 있습니다.

이명박 대통령께 다시 말씀드리고 싶습니다. 지금 우리나라 도처에서 이명박 정권에 대해서 "민주주의를 역행시키고 있다."고 말하고 있습니다. 노무현 대통령의 장례식에 전국에서 5백만 명이 문상問喪을 한 것을 보더라도 지금 우리 국민들의 심정이 어떤지 우리가 알 수 있습니다. 저는 지금 국민이 걱정하는, 과거 50년간 피 흘려서 쟁취한 10년간의 민주주의가 위태롭지 않느냐는 점을 생각하면 매우 불안합니다.

저는 오랜 정치 경험과 감각으로, 만일 이명박 대통령과 정부가 지금과 같은 길로 계속 나간다면 국민도 불행하고 이명박 정부도 불행하다는 것을 확신을 가지고 말씀드리면서, 이명박 대통령이 큰 결단을 내리기를 바라 마지않습니다.

더불어 여러분께도 간곡히 피맺힌 마음으로 말씀드립니다. '행동하는 양심'이 됩시다. 행동하지 않는 양심은 악의 편입니다. 독재정권이 과거에 얼마나 많은 사람들을 죽였습니까. 그분들의 죽음에 보답하기 위해, 우리 국민이 피땀으로 이룬 민주주의를 지키기 위해서 우리가 할 일을 다 해야 합니다. 사람들의 마음속에는 누구든지 양심이 있습니다. 그것이 옳은 일인 줄을 알면서도, 행동하면 무서우니까, 시끄러우니까, 손해 보니까 회피하는 일도 많습니다. 그런 국민의 태도 때문에 의롭게 싸운 사람들이 죄 없이 세상을 뜨고 여러 가지 수난을 받아야 합니다. 그러면서 의롭게 싸운 사람들이 이룩한 민주주의를 우리는 누리고 있습니다. 이것이 과연 우리 양심에 합당한 일입니까?

여러분께 말씀드립니다. 자유로운 나라가 되려면 양심을 지키십시오. 진정 평화롭고 정의롭게 사는 나라가 되려면 '행동하는 양심'이 되어야 합니다. 방관하는 것도 악의 편입니다. 독재자에게 고개 숙이고, 아부하고, 벼슬하고, 이런 것은 말할 필요도 없습니다. 우리나라가 자유로운 민주주의, 정의로운 경제, 남북간 화해·협력을 이룩하는 모든 조건은 우리의 마음에 있는 양심의 소리에 순종해서 표현하고 행동해야 합니다.

우리 모두 행동하는 양심으로 자유와 서민경제를 지키고, 평화로운 남북 관계를 지키는 일에 모두 들고 일어나서 안심하고 살 수 있는 나라, 희망이 있는 나라를 만듭시다.

▶ 6·15남북정상회담 9주년 기념행사 연설 「행동하는 양심이 되자」,
서울 63빌딩 국제회의장, 2009. 6. 11. ◀

노무현 대통령과 같은 훌륭한 지도자를
영원히 기억해야 합니다

당신은 저승에서, 나는 이승에서 우리 모두 힘을 합쳐 민주주의를 지켜 냅시다. 그래야 우리가 인생을 살았던 보람이 있지 않겠습니까. 저승이 있다면 거기서도 기어이 만나서 지금까지 하려다 못 한 이야기를 나눕시다. 그동안 부디 저승에서라도 끝까지 국민을 지켜 주십시오. 위기에 처한 이 나라와 민족을 지켜 주십시오. 국민의 정부, 참여정부가 10년 동안 이제 좀 민주주의를 해 보려고 했는데 어느새 되돌아가고 있습니다. 나는 이것이 꿈같습니다. 정말 꿈같습니다. 우리 모두 행동하는 양심, 각성하는 시민이 됩시다. 그래야 위기에 처한 민주주의를 살려 낼 수 있습니다.

우리는 우리 시대에 인간적으로나 정치적으로나 노무현 대통령과 같은 훌륭한 지도자를 가졌던 것을 영원히 기억해야겠습니다. 그리고 그분이 바라던 사람답게 사는 세상, 남북이 화해하고 평화적으로 사는 세상, 이런 세상을 위해서 우리가 뜻을 계속 이어 가서 끝내 성취하도록 노력해야 할 것입니다. 만일 우리가 그렇게 노력하면 노무현 대통령은 서거했다고 해도 서거한 것이 아닙니다. 반대로 우리가 아무리 5백만 이 나와서 조문했다고 하더라도 노무현 대통령의 그 한과 억울함을 푸는 노력을 하지 않으면 그분의 죽음은 허망한 것으로 그치게 될 것입니다. 우리 모두 노무현 대통령을 역사에 영원히 살리도록 노력합시다.

나는 비록 몸은 건강하지 못하지만 그래도 마지막 날까지, 민주화를 위해 목숨 바친 사람들이 허무하게 생각하지 않도록, 민주주의를 지키기 위해 내가 할 일을 하겠습니다. 여러분들은 연부역강年富力强하니 하루도 쉬지 말고 뒷일을 잘해 주시길 바랍니다. 나와 노무현 대통령이 자랑할 것이 있다면 어떤 억압에도 굴하지 않고 민주주의·서민경제·남북평화를 위해 일했다는 것입니다. 이제 후배 여러분들이 이어서 잘해 주길 부탁합니다.

▶ 「노무현, 마지막 인터뷰」 추천사, 2009. 6. 27. ◀

· 김대중 연보 ·

1924	1월 8일, 전남 무안군(현 신안군) 하의면 후광리 97번지에서 부친 김운식金 云式, 모친 장수금張守錦의 사이에서 태어났다.
1933	초암草庵 김연金鍊으로부터 서당에서 한학 교육을 받았다.
1934	5월 12일, 4년제인 하의공립보통학교에 2학년으로 편입하였다.
1936	9월 2일, 상급 학교 진학을 위해 목포로 이사하여 목포제일공립보통학교 (목포북교공립심상소학교)로 전학하였다.
1939	4월 5일, 목포공립상업학교(5년제, 현 전남제일고등학교의 전신)에 수석으로 입학하였다.
1943	12월 23일, 목포공립상업학교를 졸업하였다.
1944	5월, 목포상고 졸업과 함께 목포상선회사에 취업하였다. 이후 회사 관리 인으로 회사를 경영하는 등 청년 사업가로 활동하였다.
1945	4월 9일, 차용애車容愛 여사와 결혼하여, 슬하에 홍일, 홍업 두 아들이 태 어났다. 8월 19일, 8·15해방이 되자 몽양 여운형 선생이 이끄는 건준(건국준비위원 회)에 참여하였다.
1947	2월, 50톤급 선박 1척을 구입하여 '목포해운공사'라는 회사명으로 연안 해운업을 시작하였다.
1948	이해 후반기에 상호를 '동양해운'으로 변경하였다. 사업이 번창하여 한국 전쟁 직전에는 70톤급 2척, 50톤급 1척 등 3척의 선박을 보유하였다.
1950	6월 25일, 사업 관계로 서울 출장 중에 6·25를 맞았다. 걸어서 8월 10일 경에 목포로 귀가하였다. 9월 28일, 공산군에게 체포되어 목포형무소에서 총살당하기 직전에 탈출 하였다. '목포일보'를 인수하여 1952년 3월까지 사장으로 재임하였다.
1952	5월 25일, 부산정치파동이 발생하였다. 이 사건을 계기로 반독재 민주화

를 위하여 정계 진출을 결심하였다.

1954 5월 20일, 제3대 민의원 선거에서 무소속으로 목포에서 출마해 낙선하였다.

1955 4월, 상경하였다. 이후 한국노동문제연구소 주간으로 활동하는 등 다양한
사회 활동을 전개하였다.
10월 1일, 『사상계思想界』 10월호에 「한국 노동운동의 진로」를 기고하였다.

1956 6월 2일, 명동성당 노기남 대주교실에서 길철규 신부의 집전으로 영세를
받았다. 대부는 장면 박사이며, 세례명은 '토머스 모어'이다.
9월 25일, 민주당에 입당하였다. 장면 박사의 지도 아래 민주당 신파로 활
동하였다.

1959 8월 28일, 부인 차용애 여사가 병사하였다.

1960 9월, 민주당 대변인으로 임명되어 8개월 동안 활동하였다.

1961 5월 13일, 강원도 인제에서 5대 민의원 보궐선거에 출마해 당선되었다.
네 번째 도전에 성공하였으나 5·16군사쿠데타로 국회의원 선서조차 하
지 못하였다.

1962 5월 10일, 이희호李姬鎬 여사와 재혼하였다.

1963 7월 18일, 민주당 재건에 참여, 대변인이 되었다.
11월 26일, 제6대 국회의원선거에서 목포에 출마해 당선되었다.

1964 4월 20일, 국회 본회의에서 김준연 의원에 대한 구속동의안 상정 지연을
위해 5시간 19분 동안 의사 진행 발언을 하였다.

1967 5월 15일, 첫 번째 저서 『분노의 메아리』를 출간하였다.
6월 8일, 제7대 국회의원 선거에서 박정희 정권의 집중적인 '김대중 낙선
전략'에도 불구하고 목포에서 당선되었다.

1969 7월 19일, 효창운동장에서 열린 3선개헌 반대 시국 대연설회에서 「3선개
헌은 국체國體의 변혁이다」를 제목으로 연설하였다.

1970 1월 24일, 신민당 제7대 대통령 후보 지명전에 출마를 선언하였다.
9월 18일, 『내가 걷는 70년대』를 출간하였다.
9월 29일, 신민당 전당대회 후보 경선에서 제7대 대통령 후보로 선출되었다.
10월 16일, 대통령 후보 기자회견을 통해 '한반도 평화정착을 위한 미·
소·중·일 4대국 보장, 비정치적 남북 교류 허용, 평화통일론, 예비군 폐

지'를 제창하였다.

1971   2월 3일, 미국 방문 중 워싱턴 내셔널프레스클럽에서 기자회견을 갖고
        3단계 통일 방안을 제시하였다.

        3월 13일, 『김대중 씨의 대중경제 100문 100답』을 출간하였다.

        4월 18일, 장충단공원에서 대통령선거 유세를 개최하였다.

        4월 27일, 제7대 대통령선거에서 낙선하였다.(46% 득표) "투표에서 이기
        고 개표에서 졌다."는 말이 회자되었다.

        5월 24일, 제8대 국회의원선거 신민당 후보 지원 유세차 지방 순회 중 전
        라남도 무안 국도에서 의문의 교통사고를 당하였다.

1972   5월 10일, 어머니 장수금 여사가 사망하였다.

1972   7월 13일, 7·4남북공동성명 발표 후 외신기자 회견에서 남북한 유엔 동
        시가입을 제창하였다.

        10월 18일, 신병 치료차 일본 체류 중 유신 선포를 듣고 유신 반대 성명을
        발표한 후 망명 생활을 시작하였다.

1973   8월 8일, '도쿄 납치 살해 미수 사건'이 발생하였다. 중앙정보부 요원들에
        의해 일본 그랜드팰리스호텔에서 납치당해 수장될 위기에서 극적으로 생
        환하였다.

        8월 13일, 납치된 후 동교동 자택으로 귀환하였다. 귀국하자마자 가택연
        금과 동시에 일체의 정치활동을 금지당하였다.

1974   2월 25일, 아버지 김운식 옹이 사망하였다.

1974   11월 27일, 가택연금 속에서 재야 반유신 투쟁의 결집체인 '민주회복국민
        회의'에 참여하였다.

1976   3월 1일, 윤보선·정일형·함석헌·문익환 등 재야 민주 지도자들과 함께
        '3·1민주구국선언'을 주도하였다.

        3월 10일, '3·1민주구국선언'에 서명한 인사들과 함께 정식 입건되어 서
        울구치소에 구속 수감되었다.

1977   3월 22일, 대법원에서 징역 5년, 자격정지 5년 형이 확정되었다.

        4월 14일, 진주교도소로 이감되었다.

        5월 7일, 진주교도소 수감 중 접견 제한에 항의, 단식투쟁을 하였다.

12월 19일, 서울대학병원으로 이송, 수감되었다. 얼마 후 교도소 때보다 제한(접견 차단, 창문 봉쇄, 서신 제한, 운동 금지)이 더욱 심하자 항의 단식하였다.

1978   12월 27일, 옥고 2년 10개월 만에 형 집행정지로 가석방된 후 장기 가택 연금당하였다.

1979   3월 1일, 윤보선·함석헌·문익환 등과 함께 '민주주의와 민족통일을 위한 국민연합' 결성을 주도, 공동 의장으로 반독재 투쟁에 앞장서 세 차례 연행되었다.

12월 8일, 긴급조치 9호가 해제되고 가택연금에서 해제되었다.

1980   3월 1일, 사면 복권되었다.

3월 26일, 기독교여자청년회 YWCA에서 9년 만에 대중 연설을 하였다. 그 후 사회단체, 대학의 초청으로 전국 순회 시국강연을 진행하였다.

5월 13일, 민주화 시위가 격화되자 시국성명을 통해 학생 시위의 자제를 호소하였다.

5월 17일, 신군부의 비상계엄령 전국 확대 조치로 동교동 자택에서 연행되었다.

5월 18일, 5·18민주화운동이 일어났다.

8월 9일, 육군교도소에 수감되었다.

9월 11일, '내란음모사건' 결심 공판에서 '용공 분자와 제휴하여 정권 탈취를 기도'한 '내란음모' 혐의로, 국가보안법, 계엄법, 반공법, 외국환관리법 위반에 따라 군 검찰로부터 사형을 구형받았다.

9월 13일, '내란음모사건' 18차 공판에서 1시간 48분에 걸친 최후진술을 하였다.

9월 17일, 군사재판에서 사형을 선고받았다.

11월 3일, 육군본부 계엄고등군법회의에서 항소가 기각되어 원심에서 결정된 형량대로 사형을 선고받았다.

11월 6일, 이문영 등 '내란음모사건' 관련자 11명과 함께 육군본부 계엄고등군법회의의 항소심 판결에 불복하여 상고하였다.

1981   1월 23일, 대법원 전원합의체는 서울형사지법 대법정에서 열린 '내란음모사건' 상고심에서 김대중이 제기한 상고를 기각하고 사형을 확정하였다.

그러나 1시간 뒤에 열린 국무회의에서는 "우방 국가들과 본인의 탄원 및 국민 화합을 위한다"는 명목하에 '특별 감형에 관한 건'이 의결되어 김대중의 형량이 사형에서 무기형으로 감형되었다.

1월 31일, 육군교도소에서 청주교도소로 이감되었다.

11월 3일, 수감 중 '브루노 크라이스키Bruno-Kreisky 인권상'을 수상하였다.

1982　3월 2일, 무기형에서 20년 형으로 감형되었다.

12월 16일, 청주교도소 복역 중 서울대학병원 12층으로 이감되었다.

12월 23일, 2년 7개월의 옥고 끝에 형 집행정지로 석방되어, 가족과 함께 신병 치료차 미국 워싱턴으로 출국하였다.

1983　2월, 미국 방송·신문·잡지 회견, 교민 초청 행사 등에 참석하였다. 재미 '한국인권문제연구소'를 창설하고, 교포 사회의 모국 민주 회복 운동을 주도하였으며, 망명 중 미국 학계, 종교계, 사회단체들로부터 초청을 받아 강연을 하였다.

5월 16일, 미국 에모리대학에서 명예 법학박사학위를 받았다.

9월, 미국 하버드대학 국제문제연구소CFIA에서 객원연구원으로 활동하였다. 이듬해 논문 「대중참여경제론Mass-Participatory Economy」을 제출하였다.

12월 23일, 옥중 서신을 묶은 『민족의 한을 안고』를 출간하였다.

1985　2월 8일, 망명 2년 3개월 만에 당국의 반대와 주위의 암살 걱정을 무릅쓰고 귀국하였다. 김포공항에 30만 환영 인파가 집결했으나 대인 접촉이 봉쇄된 채 격리, 가택연금에 처해졌다. 이후 수시로 가택연금에 처해져, 총 55회의 가택연금을 당하였다.

3월 6일, 정치활동 규제에서 해금되었다(김대중·김영삼·김종필 씨 등 16명). 그러나 사면 복권이 안 되어 여전히 정치활동을 금지당하였다.

11월, 『대중경제론』(영어판)과 『행동하는 양심으로』를 출간하였다.

1986　2월 12일, 신민당 민추협 중심의 대통령직선제 개헌 청원 천만 인 서명운동을 시작하였다.

1987　7월 10일, 민정당 노태우 대표의 '6·29선언' 후 '김대중 내란음모사건' 관련자 전원과 5·18민주화운동 관련자 15명 등 모두 2,300여 명과 함께 사면 복권되었다.

9월 8일, 16년 만에 광주를 방문해 망월동 묘역에 참배하였다. 28년 만에 고향인 목포와 하의도를 방문하였다.

10월 27일, 미국 최대 노조인 산별노조총연맹AFL-CIO에서 수여하는 '조지 미니George Meany 인권상'을 수상하였다.

11월 12일, 평화민주당을 창당하여, 대통령 후보 지명 전당대회에서 당총재 및 제13대 대통령 후보로 추대되었다.

12월 16일, 제13대 대통령선거에서 낙선하였다. 이때의 선거는 사상 최악의 불법·왜곡·조작 선거로 규탄받았다.

1988   4월 26일, 제13대 국회의원(전국구)에 당선되었다. 평화민주당이 제1야당이 되어 정국을 주도하였다.

5월 18일, 야 3당 총재 회담, 5공화국 비리 조사, 광주 학살 진상규명 등 5개 항에 합의하였다.

11월 18일, 국회 광주특위 청문회에 증인으로 참석, '김대중 내란음모사건'은 전두환 신군부 세력의 정권 찬탈을 위한 조작극이었음을 증언하였다.

1990   10월 8일, '지자제 실시, 내각제 포기, 보안사 해체' 등을 요구하며 13일간 단식투쟁을 하였다.

1991   4월 9일, 평민당에서 이우정 등 재야 구 야권 출신 등을 영입해 신민주연합당(신민당)으로 창당하였다.

1992   5월 26일, 민주당 전당대회에서 제14대 대통령 후보로 지명되었다.

9월 7일, 러시아 외무성 외교대학원에서 「한국 사회에서의 민주주의의 생성과 발전 원리에 관하여(1945-1991)」라는 논문으로 정치학박사학위를 취득하였다.

12월 18일, 제14대 대통령 선거에서 낙선하였다.

12월 19일, 정계 은퇴를 선언하였다.

1993   1월 26일, 영국으로 출국, 케임브리지 객원연구원으로 연구 활동을 시작하였다.

7월 4일, 영국에서 귀국하였다.

1994   1월 27일, 아시아의 민주화와 남북통일을 연구하기 위해 아시아·태평양 평화재단(아태재단)을 설립하였다.

5월 12일, 미국 내셔널프레스클럽에서 북핵 해결을 위한 '일괄 타결'과 '카터 방북'을 제안하였다.

9월 20일, 아시아태평양민주지도자회의 FDL-AP를 설립, 상임공동의장에 취임하였다.

1995   7월 13일, 정계 복귀를 선언하였다.

9월 5일, 새정치국민회의를 창당하였다.

1997   5월 19일, 새정치국민회의 전당대회에서 제15대 대통령 후보로 선출되었다.

10월 27일, 김종필 자민련 총재와 후보 단일화에 합의하였다.

12월 18일, 대한민국 제15대 대통령에 당선되었다.

1998   2월 25일, 대한민국 제15대 대통령에 취임하였다.

3월 1일, 3·1절 기념사에서 남북 특사 교환을 제의하였다.

10월 8일, 한일정상회담을 통해 '21세기를 향한 새로운 파트너십을 위한 공동선언'에 합의하였다.

12월 15일, 베트남 국가주석과의 회담에서 양국의 불행했던 과거를 청산하고 미래지향적인 우호 협력 관계 발전을 위해 노력하기로 합의하였다.

12월 16일, 제2차 아세안+3 한·중·일 정상회의에서 '동아시아비전그룹' 구성을 제안하였다.

12월 29일, 전국교직원노동조합(전교조)을 합법화하였다.

1999   7월 4일, '필라델피아 리버티 메달'을 수상하였다.

9월 7일, 국민기초생활보장법을 제정하였다.

11월 23일, 민주노총을 합법화하였다.

2000   1월 12일, 광주 민주화운동 관련자 보상 등에 관한 법률을 개정하였다.

1월 15일, 의문사 진상규명에 관한 특별법, 민주화운동 관련자 명예 회복 및 보상법, 제주 4·3사건 진상규명법 등 3대 민주개혁법을 제정하였다.

1월 20일, 새천년민주당을 창당, 총재에 취임하였다.

3월 9일, 독일 베를린자유대학에서 한반도의 냉전 구조 해체와 항구적 평화 및 남북 간 화해 협력을 위한 베를린선언을 발표하였다.

6월 13~15일, 분단 55년 만에 평양에서 남북정상회담을 개최, 6·15남북 공동선언을 발표하였다.

6월 26일, 국회에서 헌정사상 첫 인사청문회가 개최되었다.

8월 1일, 의약분업을 전면 실시하였다.

9월 2일, 비전향 장기수 63명을 북송하였다.

12월 10일, 노벨평화상을 수상하였다.

2001   1월 29일, 여성부가 출범하였다.

5월, 국가인권위원회법을 제정하였다.

7월, 부패방지법을 제정하였다.

8월 23일, 당초 계획보다 3년 앞당겨 국제통화기금IMF을 졸업하였다.

2002   2월 20일, 조지 부시 미국 대통령과 경의선 남측 최북단 도라산역을 방문하였다.

7월 11일, 정부 수립 후 처음으로 여성인 장상 이화여대 총장을 총리로 지명하였다.

9월 14일, 남북한 군 당국이 판문점 실무회담을 통해 경의선·동해선 연결 공사에 따른 비무장지대DMZ 지뢰 제거 작업을 9월 19일에 동시 착수키로 합의하였다. 이로써 휴전 이후 비무장지대가 처음으로 열렸다.

11월 6일, 초고속 인터넷 가입자 천만 명 돌파 기념 행사에 참석하였다.

12월 13일, 조지 부시 미국 대통령으로부터 미군에 의한 여중생 사망 사건과 관련해 사과 전화를 받았다.

2003   2월 24일, 제15대 대통령 퇴임 후 동교동으로 돌아왔다.

5월 27일, 제8회 '늦봄통일상' 수상자로 선정되었다.

6월 12일, 6·15남북정상회담 3주년을 맞아 퇴임 후 처음으로 언론과 회견을 갖고 대북 송금 특검을 비판하였다.

8월 8일, '만해대상'을 수상하였다.

10월 23일, 서울고등법원에 '김대중 내란음모사건'에 대해 재심을 청구하였다.

11월 3일, 연세대학교 김대중도서관이 개관하였다.

12월 15일, '춘사 나운규 영화제'에서 공로상을 수상하였다.

2004   1월 29일, '1980년 김대중 내란음모사건' 재심 선고 재판에 참석해, 사형 선고를 받은 지 23년 만에 무죄를 선고받았다.

6월 29일, 중국을 방문, 장쩌민 군사위 주석 등 중국 지도자들과 면담하였다.

2005 8월 10일, 미열과 염증 증상이 있어 연세대 세브란스병원에 입원해 치료를 받은 후 8월 21일 퇴원하였다.

8월 16일, 병문안을 온 8·15 북측 당국 대표단으로부터 방북을 요청받았다.

2006 3월 21일, 영남대학교에서 명예 정치학박사학위를 받았다.

12월 7일, 코리아 소사이어티가 수여하는 '밴플리트상'을 받았다.

2007 5월 16일, 독일 베를린자유대학에서 제1회 '자유상'을 수상하였다.

9월 17~29일, 미국 뉴욕과 워싱턴을 방문하였다. 클린턴 전 대통령, 헨리 키신저, 메들린 올브라이트 전 국무장관 등을 만나 북핵 문제에 대해 논의하였다.

10월 30일, 일본 교토의 리츠메이칸대학에서 명예 법학박사학위를 받았다.

2008 4월 22일, 24년 만에 하버드대학을 방문해 '햇볕정책이 성공의 길이다'를 제목으로 강연하였다.

10월 27일, 중국 랴오닝성 선양에서 열린 '동북아 지역 발전과 협력 포럼' 개막식에 참석한 후 단둥시에 있는 압록강 철교를 둘러보았다.

2009 5월 5일, 중국을 방문해 시진핑 국가 부주석과 면담하였다.

5월 29일, 노무현 대통령 영결식에 참석하였다. 헌화, 분향한 후 권양숙 여사를 만나 위로하였다.

6월 27일, 6·15공동선언 9주년 기념행사에 참석해 '행동하는 양심이 되자'를 주제로 연설하였다.

7월 13일, 폐렴 증상으로 연세대 세브란스병원에 입원하였다.

8월 18일, 86세를 일기로 서거하였다.